Droemer
Knaur

Knaurs
Kulturführer
in Farbe
Schwarzwald

Knaurs
Kulturführer
in Farbe
Thüringen

Knaurs
Kulturführer
in Farbe
Ägypten

Knaurs
Kulturführer
in Farbe
Belgien und
Luxemburg

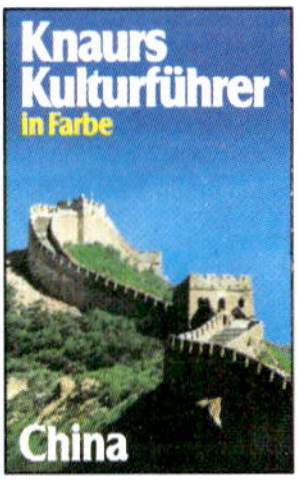
Knaurs
Kulturführer
in Farbe
China

Knaurs
Kulturführer
in Farbe
Dänemark

Knaurs
Kulturführer
in Farbe
Finnland

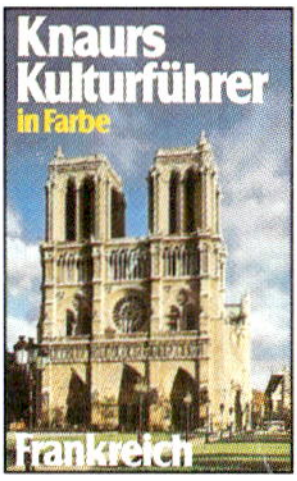
Knaurs
Kulturführer
in Farbe
Frankreich

Knaurs
Kulturführer
in Farbe
Bretagne

Knaurs
Kulturführer
in Farbe
Burgund

Knaurs
Kulturführer
in Farbe
Elsaß

Knaurs
Kulturführer
in Farbe
Paris
und Ile de France

Knaurs
Kulturführer
in Farbe
Provence
und die Côte d'Azur

Knaurs
Kulturführer
in Farbe
Tal der Loire

Knaurs
Kulturführer
in Farbe
Griechenland

Knaurs
Kulturführer
in Farbe
Athen
und Attika

Marianne Mehling (Hg.)

KNAURS KULTURFÜHRER IN FARBE MAROKKO

Über 270 farbige Fotos und Grundrisse
sowie 4 Seiten Karten

Droemer Knaur

Autor: Wolfgang Rössig

Fotos: A. A. M. van der Heyden

Unser Dank gilt dem Office National du Tourisme in Rabat und den lokalen Syndicats d'Initiative et du Tourisme

Die Deutsche Bibliothek - CIP Einheitsaufnahme

Knaurs Kulturführer in Farbe Marokko:
Marianne Mehling (Hg.).
[Autor: Wolfgang Rössig... Fotos: A. A. M. van der Heyden]
München: Droemer Knaur, 1992
ISBN 3-426-26343-2
NE: Mehling, Marianne [Hrsg.]; Rössig, Wolfgang;
Heyden, Antonius A. M. van der

Für Hinweise auf Veränderungen und Ergänzungen ist die Redaktion dankbar
Zuschriften an Droemer Knaur Verlag, Postfach 80 04 80, 8000 München 80
Idee: Redaktionsbüro Harenberg (Schwerte)
Gestaltung und Herstellung: von Delbrück, München
Karten: Herbert Winkler, München
Grundrisse: Karl Schneider, Solms
Reproduktion: Combi-Repro, Wels, Österreich
Einbandgestaltung: Franz Wöllzenmüller
Umschlagabbildung: Stadttor von Meknès (Foto: IFA-Bilderteam/Bohnacker)
Texterfassung und Filmbelichtung: Appl, Wemding
Umbruch: Ventura Publisher im Verlag
Druck: Appl, Wemding
Aufbindung: Großbuchbinderei Sigloch, Künzelsau
Printed in Germany
ISBN 3-426-26343-2

5 4 3 2 1

VORWORT

Al Maghrib al Aksa, Land des äußersten Westens, nennen die Araber Marokko. In keinem anderen Land des Schwarzen Kontinents vereinigen sich so vielfältige Landschafts- und Kulturformen wie hier. Schneeblitzende Gipfel des Hohen Atlas und gelbbraune Vorwüstentäler, wo sich die Oasen wie grüne Perlen aneinanderreihen, felsige Mittelmeerküsten mit verschwiegenen Sandbuchten und ausgedehnte feinsandige Strände der Atlantikküste, verschwenderisch ausgestattete Moscheen, Medresen und Paläste, die von der äußersten Raffinesse der maurischen Kunst und Architektur zeugen, und archaische Berberkasbahs, die sich wie biblische Städte an die Berghänge des Anti-Atlas schmiegen: das alles ist Marokko. Labyrinthische Gäßchen, quirliges Menschengewühl in den Souks der mittelalterlichen Medinas, alle erdenklichen Geräusche und Gerüche des Orients, aber auch die Hochhäuser von Casablanca und die gepflegten Stadtviertel von Rabat mit europäischem Flair machen Marokkos oft widersprüchlichen Charakter aus. Stets war das Land Bindeglied zwischen Orient und Okzident: Vom Maghreb kommend schufen die islamischen Eroberer die unvergleichlichen andalusischen Bauwerke in Spanien, im Gegenzug haben v.a. Portugiesen und Spanier unauslöschliche Spuren an der marokkanischen Küste hinterlassen. Auch heute noch versteht sich das scherifische Königreich als Mittler zwischen Morgenland und Abendland: Gelebte religiöse Traditionen, wie sie sich in zahllosen bunten Festen und Veranstaltungen manifestieren, spielen eine große Rolle im Leben der Menschen, doch ist allenthalben auch der Wille zu spüren, politischen und wirtschaftlichen Anschluß an Europa zu finden, wie das im Moment allerdings wenig aussichtsreiche Beitrittsgesuch Marokkos zur Europäischen Gemeinschaft zeigt. Viele Völker und Dynastien haben in Marokko ihre Spuren hinterlassen. Von der prähistorischen Besiedelung zeugen Steinritzungen und v.a. der berühmte Steinkreis von M'Soura, auf die Phönizier und Karthager gehen zahlreiche Stadtgründungen zurück. Römische Bauten und Mosaiken finden sich v.a. in Volubilis, Lixus und Banasa. Die Spuren des Frühchristentums wurden von den islamischen Eroberern weitgehend getilgt, um so mehr hat der Islam diesem westlichsten Land seines Herrschaftsbereiches den Stempel aufgedrückt. So verewigten sich die Almohaden nach ihrem Zerstörungswerk an almoravidischen Bauten in den Moscheebauten von Marrakech, Rabat und Tin-Mal, von dem Kunstsinn der Meriniden zeugen v.a. die reichen Medresen von Fès und Marrakech, die Saadier bauten die Nekropole und den verschwenderischen Badi-Palast von Marrakech, der selbst als Ruine noch von dem immensen Reichtum einer Zeit Zeugnis ablegt, als Marokkos Herrschaftsgebiet bis ins sagenhafte Timbuktu reichte: eine Ausdehnung, die man durch die umstrittene Annektierung der Westsahara wiederzugewinnen hofft? In Meknés verlieh der größenwahnsinnige Despot der Alaouiten, Moulay Ismaïl, seinen steinernen Großmachtsträumen architektonischen Ausdruck. Doch noch heute vermag die marokkanische Kunst außerordentliche Leistungen zu vollbringen, wie das Mausoleum des Sultans der Befreiung Marokkos, Mohammeds V., oder die eben erst fertiggestellte sündteure Hassan-II-Moschee in Casablanca demonstrieren. Und allgegenwärtig ist die

Folgende Seiten >
Links: Marrakech, Wollfärbersouk
Rechts: Marrakech, Koutoubia-Minarett

Kunst der Berber. Sie findet sich nicht nur in den großartigen Wohnburgen des Südens, sondern auf jedem Markt: Teppiche, Keramik und Silberschmuck und vieles mehr. Ein Reisender, der die besonderen Gegebenheiten in Marokko respektiert, wird nicht nur Sehenswürdigkeiten abhaken, sondern viel von dem in einem Kulturführer kaum zu beschreibenden Zauber des Orients mit nach Hause nehmen, der nicht nur zahlreiche Schriftsteller und Künstler, sondern auch Filmschaffende immer wieder in dieses Land gelockt hat.

Wie in den übrigen Bänden der Reihe stehen auch hier die Farbabbildungen gleichrangig neben dem Text. Von mehr als 130 beschriebenen Orten werden Moscheen, Medresen, Koubbas, Kasbahs, Agadire, Paläste, Souks, Befestigungsanlagen und Museen vorgestellt. Über 270 farbige Fotos und Skizzen sowie 4 Seiten Karten illustrieren den Text. Und analog zu den Vorgängerbänden sind die Artikel alphabetisch nach Orten geordnet. Die Brücken zwischen den Orten, die geographisch benachbart sind, in diesem Buch jedoch durch das Alphabet getrennt wurden, schlägt der Kartenteil auf Seite 256–259. Er führt alle behandelten Orte auf. Große Punkte kennzeichnen einen Hauptort, kleine Punkte der gleichen Farbe im Umkreis die dazugehörigen Umgebungsorte. Verschiedene Farben wurden verwendet, um deutlich zu machen, zu welchem Hauptort die betreffenden Umgebungsorte gehören.
Die Karte bietet so einen Überblick darüber, welche Orte in der Nachbarschaft eines Zielpunktes liegen und deshalb vielleicht zusätzlich in einen Reiseplan einbezogen werden können. Bei jedem Ort sind im Kopf des Artikels Einwohnerzahl und ein Hinweis auf die betreffende Karte (S. 258 □ A3 = Seite 258, Planquadrat A3) angegeben. Die einzelnen Sehenswürdigkeiten sind jeweils fett gedruckt. Im Anhang befinden sich eine Übersicht »Marokkanische Herrscher und Dynastien«, eine Zusammenstellung von Filmen, die an marokkanischen Schauplätzen gedreht wurden, ein Register der Fachausdrücke und ein Register aller behandelten Orte.

Agadir, Koubba im Anti-Atlas

Agadir

Agadir

Einw.: 290 000 Höhe: 5–50 m S. 258 □ A 3

Die Stadt, beliebtester Badeort und Touristenzentrum Marokkos, liegt in einer weiten Bucht der südlichen Atlantikküste, etwas nördlich der Mündung des Oued Sous, am Fuß eines 236 m hohen Vorgebirges. Die frühgeschichtlichen, möglicherweise phönizischen Anfänge der Stadt sind ungeklärt. Angeblich soll der Karthager Hanno hier an Land gegangen sein. Polybius könnte mit seinem Rusaddir diesen Platz gemeint haben. Im Jahre 1505 legte der portugiesische Kaufmann João Lopes de Segueira hier die kleine befestigte Handelsniederlassung Santa Cruz de Cap de Gue nördlich der heutigen Stadt an. Daraus entwickelte sich der spätere Name Santa Cruz de Aguer. 1513 wurde die Festung an den portugiesischen König verkauft, dessen erster Befehlshaber Francisco de Castro (1513–1521) die Anlage zur Absicherung des Hafens an der Mündung des Oued Sous erweitern und verstärken ließ und die benachbarten Berber unterwarf. Bald entwickelte sich ein reger Warenumschlag, da neben portugiesischen auch span., genuesische und französische Schiffe den Hafen nutzten. Nach zehnjährigen Kämpfen wurden Hafen und Festung jedoch 1541 nach einem »Heiligen Krieg« schließlich von dem späteren Saadier-Sultan Mohammed ech Cheikh erobert, der bereits eine eigene Festung in der Nähe errichtet hatte. Die Saadier bauten die von den Berbern Agadir (= Speicherburg) genannte Siedlung zu einer bedeutenden Handelsstadt mit Hafen aus, in der neben Datteln, Leder, Wachs und Gold v.a. Zuckerrohr aus

Agadir, Verschüttetes Kasbah-Haus

dem Sous umgeschlagen wurde. Der schnelle Niedergang der Stadt kam, als die Europäer billigeren Rohrzucker aus der Neuen Welt importierten. 1746 eröffneten holländische Kaufleute eine Faktorei in der Stadt, bevor 1751 die Dänen von dem schwachen Sultan Moulay Abdallah das Handelsmonopol erlangten. 1765 sperrte sein Sohn Mohammed ben Abdallah den Hafen der aufsässigen Stadt für den Handel mit Europa zugunsten des von ihm gegr. neuen Hafens →Essaouira (Mogador), was zum völligen Verfall führte. 1819 waren nach Angaben des Reisenden Cochelet nur noch 12 Häuser bewohnt. Als Anfang des 20. Jh. Blei-, Silber- und Kupfererzvorkommen entdeckt wurden, erwarben einige deutsche Firmen (Gebrüder Mannesmann, Atlas, Marx und Co.) ausgiebige Ländereien und Schürfrechte und richteten Niederlassungen ein. Der deutsche Wirtschaftsstützpunkt an dem einzig sicheren Hafen zwischen Casablanca und dem senegalesischen Dakar war der französischen Kolonialpolitik ein Dorn im Auge. Als die Franzosen 1911 in Marokko militärisch intervenierten und sich auch im südmarokkanischen Bergland festzusetzen begannen, entsandte der deutsche Kaiser Wilhelm II. das Kanonenboot »Panther« nach Agadir, wo es am 1. Juli 1911 eintraf und vor der Küste kreuzte, um, so die offizielle deutsche Version, »nötigenfalls den deutschen Unternehmen und Schutzgenossen wie auch den beträchtlichen deutschen Interessen in jenen Gegenden Schutz zu gewähren«. Allerdings wohnten zu dieser Zeit gerade 5 Deutsche dort. Diese Machtdemonstration, die als »Panthersprung nach Agadir« in die Geschichtsbücher einging, hätte bereits 1911 zu einem Weltkrieg führen können, doch einigte man sich im Berliner Vertrag vom 4. 11. 1911 auf die Preisgabe der deutschen Interessen in Marokko. Als Entschädigung wurde der deutschen Kolonie Kamerun ein Streifen von Französisch-Zentralafrika zugeschlagen. Mit Beginn des französischen Protektorats mußten die deutschen Firmen das Land wieder verlassen. 1917 wurde A. von den Franzosen besetzt und erlebte einen allmählichen wirtschaftlichen Aufschwung. Nach dem Zweiten Weltkrieg wurde die Stadt aufgrund des milden Klimas und des 10 Kilometer langen feinsandigen Strandes rasch zum bevorzugten Badeort. Das verheerende Erdbeben vom 29. Februar 1960, das um 23.47 Uhr binnen Sekunden 15000 der 50000 Einwoh-

Agadir, Kasbah-Mauern

ner tötete, zerstörte auch fast alle historischen Sehenswürdigkeiten. Wegen der Seuchengefahr blieb noch nicht einmal Zeit, alle Verschütteten zu bergen; Planierraupen ebneten die Trümmer ein. Schon 2 Jahre später begann 3 km südlich im Rahmen einer großzügigen Planung der Wiederaufbau in moderner südeuropäischer Architektur. Heute ist A. eine moderne Stadt mit erdbebensicheren Häusern und explosionsartigem Bevölkerungswachstum: das größte und auch teuerste Touristenzentrum Marokkos.

Kasbah: Die Ruinen der Kasbah auf einem 236 m hohen Felsvorsprung, deren Mauern nach dem Erdbeben restauriert wurden, stammen zum Teil von der ursprünglichen Festung, die Mohammed ech Cheikh um 1540 errichten ließ, um die Portugiesenstadt sturmreif zu schießen, und z.T. von Moulay Abdallah, der sie im Jahre 1752 wieder aufbauen ließ und hier eine Garnison von 2000 Renegaten und Türken stationierte, die eine Rückkehr der Portugiesen verhindern sollte.
Eine in Arab. und Niederländisch abgefaßte Inschrift auf dem alten Stadttor erinnert an eine niederländische Handelsniederlassung von 1746. Herrliche Aussicht auf das moderne A., den Hafen und die weite Meeresbucht.

École primaire: Von dem Architekten J.-F. Zévaco entworfene Grundschule von gelungener Modernität.

Hôtel de Ville: Das von den Architekten Le Riou und H. Tastmain entworfene Gebäude des neuen Rathauses, in dem sich auch das O. N. M. T und viele kleine Geschäfte befinden, zeichnet sich durch sehr klare Linienführung aus.

Poste Centrale: Die von dem französischen Architekten J.-F. Zévaco entworfene Hauptpost ist eine der eigenwilligsten Schöpfungen der marokkanischen Moderne. Eine nach vorne geneigte Rohbeton-Fläche bildet die Fassade. Der helle Innenraum wirkt durch seine Lichttechnik und ausgiebige Verwendung von Zedernholz bes. ansprechend.

Tribunal: Der von E. Azagury entworfene Gerichtshof zählt ebenfalls zu den gelungensten Neubauten von A.

Veranstaltungen: Großer Wochenmarkt auf dem Gelände am Ende der Rue des

Agadir, Hôtel de Ville

Agadir, Wochenmarkt

Souks (Samstag/Sonntag). Amateurtheater-Festival (Oktober). Kulturwoche und Kunsthandwerkswoche (Dezember). Viele Moussems in den umliegenden Orten (Mai–Oktober).

Umgebung:

Sidi Rbat-Plage/Massa (62 km s): An diesem wenig besuchten Sandstrand soll sich die antike Stadt Massa befunden haben. Der Sage nach ritt 683 der arab. Glaubenskämpfer Oqba ben Nafi in die Fluten des Atlantiks hinein, um Allah als Zeugen anzurufen, daß nach Westen hin kein Land mehr für den Islam zu erobern sei. Anderen Legenden zufolge soll der auch von Moslems verehrte Prophet Jonas hier vom Wal wieder an Land gespieen worden sein. Hier sollen auch der Antichrist sowie der Mahdi, der letzte von Allah gesandte heilige Führer, erscheinen.

Al Hoceima

Al Hoceima

Einw.: 46000 Höhe: 70 m S. 257 □ D 1

Der Ort liegt etwa in der Mitte der Mittelmeerküste Marokkos am Westrand einer herrlichen, großen Bucht mit exzellenten Sandstränden, umgeben von den hohen Gipfeln des Rif-Gebirges. Die aufständischen Rifkabylen unter Abd el Krim benutzten den nahe gelegenen Ort Ajdir als Ausgangspunkt ihres Widerstandskampfes gegen die Spanier, die 1921 in der verlustreichen Schlacht von Annoual, sö von A., zunächst besiegt wurden. 1925 gelang es dem span. General Sanjurjo jedoch, in Ajdir einzumarschieren und die Rif-Rebellen in die Flucht zu schlagen. Ein Jahr später sprengten die Spanier das Stadtterrain aus den Felsen, verlegten aus dem nahen Massif des Bokkoyas einen Aquädukt und bauten in Windeseile eine Militärbasis auf, die offiziell Villa Sanjurjo hieß. Bis 1956 war A. ein kleines Fischerdorf mit vorwiegend span. Bevölkerung und weist auch heute noch mit seinen weißen Häusern den Charakter einer span. Kleinstadt ohne maur. Einschlag auf.

Umgebung:

Peñón de Alhucemas: Die größte der 3 dem Strand vorgelagerten kleinen Inseln, die sich seit 1673 in span. Besitz befinden, nachdem sie zuvor Zankapfel zwischen Engländern und Franzosen waren, wird von ca. 40 span. Militärs bewohnt. Guterhaltene Festungs- und Gefängnisanlagen.

Torres-de-Alcalá: Hübsches Fischerdorf (1200 Einw.) an der Mündung des Oued Bou Frah ins Mittelmeer, überragt von den Ruinen einer ma Burg (1499) auf einer nahe gelegenen Bergspitze. Die vorgelagerte Insel *Peñón de Vélez de Gomera* war lange Zeit ein berüchtigter Unterschlupf für türkische Seeräuber, ehe sie nach 1912 den Spaniern übergeben wurde, die an ihrem Besitz noch heute festhalten.

Asilah/Arsilah

Tanger

Einw.: 20000	Höhe: 10 m	S. 256 □ B 1

Der hübsche Marktort mit schönem, großen Sandstrand und wichtigem Fischereihafen ist ein beliebter Badeort an der nördlichen Atlantikküste Marokkos. Hier befand sich schon ein karthagischer Handelsplatz mit Namen Zili (Silis), der zur Zeit der mauretanischen Könige sogar eigene Münzen in punischer Sprache prägen durfte. Nach dem 3. Punischen Krieg wurde der Ort römisch. Als seine Bevölkerung den Mauretanier Bogud, einen Parteigänger des Marcus Antonius, unterstützte, wurde sie von dem siegreichen Octavian, dem späteren Kaiser Augustus, nach Hispanien deportiert. Im Austausch wurden römisch-hispanische Bürger in der unter dem Namen Julia Constancia Asila in den Rang einer Colonia erhobenen Stadt angesiedelt. Nach dem Niedergang der Idrissidendynastie wurde der Ort in der ersten Hälfte des 10. Jh. durch Überfälle normannischer Wikinger zerstört, durch den Kalifen der Omayyaden El Hakim II. von Córdoba im Jahre 966 aber wieder aufgebaut, der Geograph El Idrissi erwähnt sie im 12. Jh. als kleine unbedeutende Stadt. Im 14. Jh. gehörte sie für kurze Zeit dem Teilstaat eines spanischen Meriniden, Osman Ibn Idris, an, der sich 1306 zum Sultan von Ceuta (Sebta) ausrief, und wurde zu dessen wichtigster Hafenstadt ausgebaut.

Im Jahre 1471 wurde A., das Handelsbeziehungen mit Venedig, Genua und Marseille pflegte, von einer starken portugiesischen Invasionsflotte mit 477 Schiffen und 30000 Soldaten erobert. Die Portugiesen konnten die Stadt knapp hundert Jahre halten und bauten sie zum Hauptstützpunkt für weitere Eroberungen marokkanischen Staatsgebiets aus. Aus dieser Zeit stammen die noch heute erhaltenen mächtigen Befestigungen. Als ein 1578 hier gelandetes portugiesisches Heer mit 18000 Soldaten unter Sebastian I. von marokkanischen Truppen in der berühmten »Dreikönigsschlacht« von Ksar el Kebir aufgerieben wurde und der portugiesische König dabei den Tod fand, übernahmen die Spanier, an die die vakante portugiesische Krone gefallen war, für neun Jahre die Herrschaft, ehe die Stadt 1589 von dem Saadier Moulay Ahmed el Mansour erobert wurde. In der zweiten Hälfte des 17. Jh. kehrten die Spanier noch einmal zurück, doch schon 1691 gliederte der Alaouitensultan Moulay Ismaïl A. endgültig dem marokkanischen Reich ein, baute eine Moschee, eine Medersa und einen Hammam und siedelte Leute aus dem Rif an. Trotzdem versank die Stadt in Bedeutungslosigkeit. Das bewahrte sie jedoch nicht davor, zweimal von Schiffen der europäischen Mächte beschossen zu werden: einmal von einer österreichischen Flotte Metternichs am 21. Juli 1829, die Vergeltung für die Kaperung eines österreichischen Handelsschiffes durch die Piraten von Salé nahm, ein weiteres Mal am 28. Febr. 1860 von spanischen Kriegs-

schiffen unter Admiral Bustillo im Spanisch-Marokkanischen Krieg.
Um die Jahrhundertwende war A. Schauplatz einer abenteuerlichen Geschichte um einen raffinierten Straßenräuber, der bis zum Pascha von A. aufstieg. Moulay Ahmed el Raïssouli, 1858 in einem Dorf unweit von Tanger als einfacher Bauernsohn geboren, war Angehöriger des Djebala-Stammes. Schon als Jugendlicher terrorisierte er als Anführer einer berüchtigten Räuberbande die ganze Gegend um Tanger, überfiel Karawanen und Sultanstruppen und verlangte Tribut von den Stämmen. 1876 wurde er gefangengenommen und wegen mehrfachen Raubmordes von Sultan Moulay Hassan zu lebenslanger Kerkerhaft in Essaouira verurteilt, aber 1894 bei der Thronbesteigung von Sultan Abd el Aziz amnestiert. Nach seiner Freilassung kam er zu viel Geld und Ansehen, als er den Korrespondenten der Londoner »Times« Harris sowie die Amerikaner Varley und Perdicaris, letzterer Konsul von Tanger, entführte und erst nach Erfüllung seiner Forderungen – ein Lösegeld von 14000 Pfund, die Befreiung seiner Spießgesellen aus dem Gefängnis in Tanger sowie die Absetzung des Paschas von Tanger – wieder freiließ. Als neuer Stammesführer der Djebala raubte und plünderte er wie zuvor und ließ sich durch Bestechung und Erpressung zum neuen Pascha von A. wählen, mußte jedoch ein Jahr später vor den Sultanstruppen fliehen. Der politisch klug taktierende El Raïssouli schlug sich jedoch bei den Kämpfen um die Sultanswürde zwischen Moulay Abd el Aziz und Moulay Hafid auf die Gewinnerseite. 1908 bestätigte ihm der an die Macht gekommene Moulay Hafid dankbar die Paschawürde von A. und ernannte ihn zum Gouverneur der Djebala und der Anjra. In der nun folgenden Zeit seiner größten Macht ließ er sich von den besten Kunsthandwerkern aus Fès seinen Palast in Asilah ausschmücken. Als die Spanier 1911 in A. landeten, bestachen sie den einflußreichen Pascha mit riesigen Geldsummen und Waffenlieferungen, der dafür die Berberstämme gefügig machen sollte. Während des 1. Weltkriegs versuchte der Pascha gar, mit geheimer Hilfe des Deutschen Reichs die Sultanswürde an sich zu reißen. Dabei verscherzte er es sich jedoch mit den Spaniern, die er daraufhin 1915 in Tétouan mit seiner Rebellenarmee belagerte. Nach dem Krieg wurde er jedoch von den Spaniern aus A. vertrieben und verlor die Gefolgschaft der Djebala-Stämme. 1924 ergab El Raïssouli sich nach dem Verrat eines seiner Unterführer den Rif-Rebellen um Abd el Krim und starb ein Jahr später in bitterer Armut, immerhin eines natürlichen Todes. Die Spanier blieben bis zur Unabhängigkeit Marokkos 1956.

Asilah, Place Ibn Khaldoun

Médina: Die reizvolle Altstadt, die viele Künstler angezogen hat und deren Häuser z.T. durch farbenfrohe Wandgemälde belebt werden, umschließt eine gut erhaltene Mauer aus portugiesischer Zeit, die im 15. Jh. unter König Alfons V. errichtet wurde. Von der begehbaren Mauerkrone bietet sich ein schöner Blick auf die Medina. Drei Tore durchbrechen die Stadtmauer: das *Bâb Homar,* das noch Reste des portugies. Wappens aufweist, das östliche *Bâb de la Kasbah* und das sich zum Strand und Meer öffnende *Bâb el Bahar.* Das *Bâb Homar,* auch *Bâb el Djebel* (Bergtor), ist ein in einen großen Rundturm eingelassener Durchgang, gesäumt von Palmen und Eukalyptusbäumen. Es liegt am großen Marktplatz, auf dem am Donnerstag der Souk stattfindet. Südlich des Bâb Homar erstreckt sich die Medina. Ihre weißgekalkten Häuser mit bläulichen, grünen, gelben und roten Sockeln und himmelblauen oder türkisgrünen Tür- und Fensterumrahmungen, oftmals mit schmiedeeisernen Gittern verziert, erinnern an die span. Vergangenheit der Stadt. Die kleine *Place Ibn Khaldoun* wird von einem viereckigen Turm (einst ein Kirchturm) aus portugies. Zeit beherrscht. Wendet man sich von der Westseite des Platzes nach S den inneren Weg der Stadtmauer entlang, kommt man zum *Palais Raïssouli.* Etwas weiter im S erreicht man einen kleinen Wehrvorsprung in der Stadtmauer, deren Besteigung mit einem herrlichen Blick auf den Strand, die Medina und einen direkt an diesen Vorsprung grenzenden kleinen Friedhof belohnt, dessen in auffallender Weise mit emaillierten Keramikziegeln geschmückte Gräber in der Sonne glänzen. Hier befindet sich die weiße *Koubba de Sidi Ahmed el Mansour.*

Palais El Raïssouli: Die äußere Unscheinbarkeit des 1908–09 entstandenen, zweistöckigen Palastes (heute *Centre culturel)* läßt die reiche Innenausstattung kaum vermuten. Die Bauern, die zur Fronarbeit getrieben wurden, nannten ihn »das Haus der Tränen« wegen der unmenschlichen Bedingungen, unter denen sie arbeiten mußten. Eine große, schöne Zedernholztüre führt in das Gebäude, dessen Innenhof mit Marmorplatten gepflastert ist. Zum Hof öffnen sich reich ausgeschmückte Räume mit kostbaren Fayencekacheln, feinsten polychromen Stukkaturen und schön geschnitzten Zedernholzdecken in Stalaktitenform. Das Mobiliar ist nicht erhalten. Vom schmiedeeisernen Balkon des großen Salons im oberen Stockwerk bietet sich eine herrliche Aussicht aufs Meer.

Brauchtum und Veranstaltungen: *Moussem Culturel d'Asilah:* Seit 1977 findet unter internationaler Beteiligung im Juli oder August ein Kultur-Moussem statt, der von der Kulturassoziation Al Mouhit (Der Ozean) veranstaltet wird, die auch das afro-arabische Forum von A. gründete. Präsident dieses Forums ist der ehem. Präsident von Senegal, Léopold Sédar Senghor. Im Jahre 1985 kam die Sommeruniversität »Al Mou'tamid Ibn

Asilah, Stadtmauer

Abbad« (Université maroco-ibéro-américaine) hinzu. Das Kulturprogramm, an dem sich auch die Bundesrepublik Deutschland beteiligt, umfaßt Theaterveranstaltungen, Konzerte, Ausstellungen der bildenden Künste, Kolloquien, Konferenzen und Filmvorführungen. Parallel dazu findet ein Musik-Festival mit Stars der Pop- und Folkloremusik statt.

Umgebung:

Kromlech de M'Soura (39 km sö). Der jungsteinzeitliche, vermutlich 8000 Jahre alte Steinkreis diente wohl als Grabbau. Zusammen mit dem wesentlich kleineren Kromlech von Sidi Harazem bei Fès bildet er das einzige derartige Zeugnis der Megalithkultur in Nordafrika. Der nicht leicht zu findende Kromlech setzt sich aus 167 säulenartig zugehauenen, polierten Menhiren zusammen. Diese Monolithen sind zwischen 0,5 m und 6 m hoch und fast kreisförmig angeordnet (Durchmesser 54–58 m) und umgeben einen Erdhügel, in dessen Mitte eine Grabkammer lag, in der man Knochenreste ohne irgendwelche Beigaben fand. Der Hügel ist durch Grabungen weitgehend abgetragen. Rundum liegen noch die Reste einer ehemals 6 m hohen, mehrtreppigen Mauer rechteckiger, gut behauener Steinblöcke, die ohne Mörtel fugenlos aufeinander paßten. Vor dem Eingang befanden sich ehemals 4 bis zu 5 m große Monolithen, von denen einer noch steht, während 2 umgefallen sind und der letzte bei einem Gehöft in der Nähe liegt. Der spanische Archäologe M. Tarradell vermutet hier das Grab des legendären Riesen Antäus, der anscheinend in der Nähe von Tingis (Tanger) oder Lixus begraben wurde. Im Archäologischen Museum von Tanger ist ein Modell des Kromlechs ausgestellt.

Azemmour/Azimur

El Jadida

Einw.: 24 800 Höhe: 4 m S. 258 □ A 2

Der idyllische kleine Marktort 85 km s von Casablanca und 17 km n von El Jadida liegt landschaftlich sehr schön auf einem Felsplateau am linken Ufer des Oum er Rbia, 3 km vor dessen Mündung in den Atlantik. Die Stadt hat aber keine

Azemmour, Blick auf die Stadt

Azemmour, Stadtmauer

Azemmour, Stadtmauer mit Rundturm

Schiffsverbindung zum Ozean, da zwischen Stadt und Mündung eine Stromschnelle liegt. Sehenswert ist die portugiesische Medina, deren weiße kubische Häuser die ockerfarbene Wehrmauer überragen. Eine denkbare phönizische und ma Besiedlung von A. läßt sich nicht nachweisen. Die Stadt war aber um 1376 schon bedeutend genug, daß der Merinide Abd er Rahman sie erobern mußte, bevor er sie allerdings wenig später an seinen merinidischen Thronrivalen Abbou el Abbas Ahmed abtrat, der bereits in Fès residierte. Im Jahre 1486 wurde portugiesischen Kaufleuten gestattet, eine Faktorei einzurichten. Diese kauften hier Getreide, Pferde, Fische (vor allem Alsen genannte Flußheringe), Djellabahs (weite, wollene Gewänder der Araber) und andere Kleidungsstücke. Die Kleidung tauschten sie in den west- und zentralafrikanischen Ländern des Südens gegen Sklaven und Gold. Bald fanden es die Portugiesen im Schutze ihrer Truppen wesentlich lukrativer, Getreide und Fische nicht mehr einzutauschen, sondern als Tributzahlungen von den umliegenden Berberstämmen einzufordern, was ab 1502 zu häufigen Berberaufständen führte. Diese dienten wiederum als willkommener Anlaß, die Stadt 1513 mit einem 15000 Mann starken Expeditionskorps unter dem Herzog von Bragança einzunehmen, das aus dem schon portugies. El Jadida (damals Mazagão genannt) angerückt war, und A. anschließend zu befestigen. Ein Jahr später schlugen diese Soldaten vor den Toren der Stadt ein marokkanisches Einsatzheer unter der Führung des Sultanbruders Moulay en Nasir. Die Portugiesen konnten die Stadt allerdings nur bis 1541 halten, dann wurden sie von dem Ouattasidensultan Abou el Abbas Ahmed vertrieben. Seitdem ist A. marokkanisch; sein Hafen bewahrte sich bis zur Neugründung jenes von El Jadida eine gewisse Bedeutung.

Médina: Die Stadtbefestigung der Altstadt mit Wehrgang und wuchtigen Rund- und Vierecktürmen, die von 6 Toren durchbrochen wird, stammt aus dem 16. Jh., also aus portugiesischer Zeit. Auch die Ruinen der im W liegenden Kasbah sind z. T. Überreste aus dieser Epoche. Als bes. schönes Zeugnis dürfen die Reste eines got. Fensters der Ruine des großen, ehem. Pulvermagazins *Dar el Baroud (Maison de la Commandante)* gelten. Viele architektonische Details an den Häusern der Medina erinnern noch

Banasa, Koubba am Eingang

an die christl.-portugiesische Epoche, aber auch an die einst große jüdische Gemeinde der Stadt. Die kleine Synagoge der zerfallenen Mellah kann besucht werden. Im SW der Medina befindet sich außerhalb der Stadtmauer die *Zaouïa Moulay Bou Chaïb* (Moussem im August), des Schutzpatrons von A., der hier im 12. Jh. lebte (Zutritt nur für Moslems). Ein weiterer Marabout, die *Koubba de Sidi Ouadoud,* von dessen Besuch sich die Pilger Heilung versprechen, befindet sich neben der Stadt an der Mündung des Oum er Rbia.

Brauchtum und Veranstaltungen: Semaine religieuse (1. Augustwoche).

B

Banasa

Kénitra

Höhe: ca. 30 m S. 256 □ B 1

B. ist die drittwichtigste Ausgrabungsstätte nach Volubilis und Lixus, doch lohnt sich ein Besuch nur für archäologisch stark Interessierte. Die in B. gefundenen kleinen Bronze- und Marmorstatuen, eine Patronatstafel sowie mehrere Militärdiplome sind im Archäologischen Museum von Rabat ausgestellt. Zwischen dem dritten vorchristlichen und dem dritten nachchristlichen Jh. befand sich in B. eine Siedlung, die bei Plinius d. Ä. (23/24–79), bei Ptolemaios (um 100–nach 160) und im Reisebericht des Antonius Erwähnung fand. Nach dem Tode des mauretanischen Königs Bocchus II. wurde sie zwischen 33 und 27 v. Chr., also lange vor der Besetzung durch die römischen Legionen, von dem römischen Kaiser Octavian unter dem Namen *Julia Valentia Banasa* in den Rang einer *Colonia* erhoben.

Ihre Blütezeit, in der viele öffentliche Bauten prunkvoll erneuert wurden, erlebte die Stadt von 160 bis 225 n. Chr.; aus dieser Periode stammen auch die meisten der ausgegrabenen Gebäude. Zu dieser Zeit erlangten die Einwohner Wohlstand durch den Fang von Elefanten, die es damals in der Gharb-Region noch gab und die sie für Roms Zirkusspiele abrichteten.

Überliefert ist die Tatsache, daß im Jahre 216 Kaiser Caracalla zahlreiche Elefanten für seinen Feldzug gegen die Parther in B. bestellte.

Bis zum Rückzug der Römer 285 n. Chr. nach Tingis (Tanger) blieb B. eine rein römische Siedlung. Nach ihrer Aufgabe wurde sie nicht mehr bewohnt und zerfiel. Die wissenschaftlichen Ausgrabungen und Untersuchungen wurden im Jahre 1933 unter der Leitung des französischen Archäologen R. Thouvenot be-

Banasa, Thermen mit Fresken

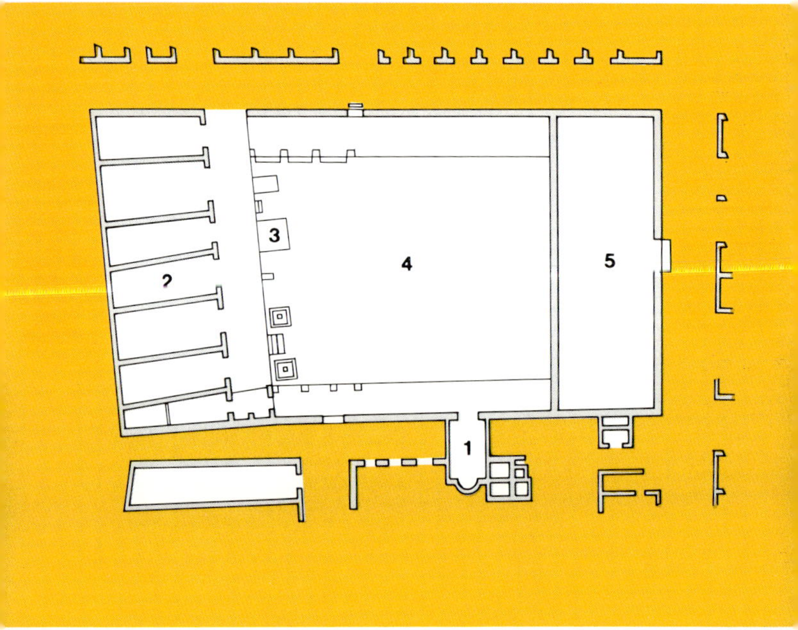

Banasa; Ausgrabungsstätte 1 Tempel mit Apsis **2** Kapitol **3** Rednerbühne **4** Forum **5** Basilika

gonnen und von A. Luquet weitergeführt. Sie sind bis heute nicht abgeschlossen.

Ausgrabungen: Nur geringe Reste der etwa 1100 m langen Stadtmauer haben sich erhalten. Der Eingang befindet sich bei dem Grabungshaus in der Nähe einer Koubba. Von dort führt der Weg in das weiträumige, im 3. Jh. neu angelegte, mit großen Kalksteinplatten gepflasterte Forum, dem ein wesentlich kleinerer Platz aus dem 1. Jh. weichen mußte. Von der Basilika an seiner Nordseite hat sich ein Eingangstorbogen als einziger Mauerrest erhalten. An der Ostseite des Forums lassen sich die Grundmauern eines kleinen Tempels *(Curia)* mit Apsis ausmachen.

Im Süden des Forums liegt das Kapitol mit 6 parallel angeordneten Räumen *(Cellae)* für die Verehrung verschiedener Götter, darunter wohl auch der römischen kapitolinischen Göttertrias (Jupiter, Juno, Minerva). Die Fundamente der Rednerbühne *(Rostra)* liegen auf dem Forum vor dem Kapitol.

Westlich des Forums befinden sich die Großen Westthermen, die mit schönen weißen Marmorfliesen ausgelegt waren, die sich nur bruchstückhaft erhalten haben. Auf Hypokausten ruhten die Warm- und Heißbäder. Direkt im Westen an die Großen Westthermen anschließend stößt man auf die Freskenthermen mit Marmorverkleidung simulierenden Fresken. Das Kaltbad *(Frigidarium)* ist zusätzlich durch ein schönes Fußbodenmosaik geschmückt. Es stellt Triton, den Sohn des Poseidon, dar, der von Meerestieren umschwärmt in ein Muschelhorn bläst, um das tosende Meer zu besänftigen. Im Süden dieser beiden Thermalanlagen und des Forums läßt sich ein Stadtviertel mit zahlreichen

Banasa, Ausgrabungen

Banasa, Thermen

Casablanca, Hassan-II.-Moschee, Detail

Wohnungen, Läden, Werkstätten und einem kleinen Tempel identifizieren. Nach Norden führt der *Decumanus maximus,* die Hauptstraße, von den Thermen in einen Bezirk, in dem die große Markthalle *(Macellum)* gelegen haben könnte, die aus einem von Galerien eingefaßten Hof bestand, dessen Boden mit Mosaiken verziert war.

Nördlich des Macellums liegen nacheinander zwei weitere Thermen: die Nordthermen mit Resten mehrerer Mosaiken, v. a. in den Sälen der Warmwasserbecken *(Tepidarium),* und die bedeutenderen Kleinen Westthermen, deren Mosaikfußboden im Vestibül großenteils gut erhalten ist; er zeigt 4 Eroten (Liebesgötter) mit doppelhenkeligen weitbauchigen Trinkbechern *(Kantharoi),* aus denen Weinranken hervorquellen.

Im Mittelmedaillon war wohl Dionysos abgebildet, der Gott der Ekstase, dessen Kult, nach Meinung des Archäologen Thouvenot, diese Thermen vermutlich dienten.

C

Casablanca/Dar el Beïda

Casablanca

Einw.: 3 Mio.	Höhe: 19 m	S. 256 □ B 2
(offiziell) bis 5 Mio. (Schätzung)		

Die größte Stadt Marokkos und drittgrößte Afrikas nach Kairo und Alexandria in Ägypten, vielfach Casa genannt, ist das Industrie- und Handelszentrum Marokkos mit 10 % der Gesamtbevölkerung. Über die Hälfte der marokkanischen Arbeitnehmer sind hier beschäftigt. Abgesehen von der gigantischen Hassan-II.-Moschee hat C., dessen fast ausschließlich modernes Stadtbild etliche Hochhäuser aufweist, im Prinzip keine echten Sehenswürdigkeiten zu bieten, entbehrt also jeglicher orientalischen Romantik, die der berühmte Film »Casablanca« zu vermitteln suchte.

GESCHICHTE

Die Ursprünge der Ansiedlung Anfa, heute ein Villenvorort der Stadt, liegen im dunklen. Möglicherweise war der Ort seit dem 6. Jh. v. Chr. von Phöniziern bewohnt, älteste Besiedelungsspuren gehen bis ins Paläolithikum zurück. So wurden an mehreren Fundorten Werkzeuge und Spuren von Werkzeugherstellung, in den

Casablanca, Hassan-II.-Moschee, Eingang

Casablanca, Alte Befestigung

Steinbrüchen Sidi Abd er Rahmane sogar Skelette des ältesten Menschen Marokkos (Homme de Casablanca; 300 000 v. Chr.) gefunden. Gesichert ist, daß Anfa nach der arab. Eroberung im frühen 8. Jh. Hauptort der schiitischen und immer aufständischen Berghouata-Berber war, die sowohl gegen die Almoraviden als auch gegen die frühen Almohaden kämpften und erst Mitte des 12. Jh. vom Almohadensultan Abd el Mou'men geschlagen und zerstreut werden konnten. El Idrissi (1100–1166), der Geograph Rogers III. von Sizilien, erwähnt den Hafen im 12. Jh. als Anlegestelle für Handelsschiffe, die hier v. a. Getreide umschlugen.

Durch den Niedergang der Merinidendynastie fand die Stadt wieder zu einer gewissen Unabhängigkeit zurück und entwickelte sich wie Rabat-Salé zu einem Piratenstützpunkt, dessen Schiffe bis nach Cádiz und in die Tejomündung vordrangen, was Vergeltungsaktionen seitens der Portugiesen auslöste. Eine erste Strafexpedition 1468 unter Prinz Ferdinand mit einer Flotte von 50 Schiffen und 10 000 Soldaten machte Anfa dem Erdboden gleich. Als die rechtzeitig geflohenen Piraten bald darauf ihre Kaperfahrten fortsetzten, kehrten die Portugiesen, die sich schon in Mazagão (El Jadida) eingenistet hatten, 1515 zurück und besetzten den zerstörten Ort, den sie Casa Branca (Weißes Haus) nannten und befestigt wieder aufbauten. Trotz zahlreicher Überfälle der benachbarten Stämme hielten die Portugiesen ihren äußersten Vorposten zum Schutze ihrer übrigen marokkanischen Besitzungen bis zur Mitte des 18. Jh., gaben den Platz aber nach dem Erdbeben 1755, das Lissabon verheerte, infolge zu hoher Kosten auf. In arab. Übersetzung des portugiesischen Namens nannten die einrückenden Berberstämme den Ort »Dar el Beïda« und bauten unter dem Alaouitensultan Sidi Mohammed ben Abdallah (1757 bis 1790) eine neue Stadt auf. Aus dieser Zeit stammen die ältesten Gebäude der Stadt, v. a. die Große Moschee und der Borj Sidi El Kairouani. Ende des 18. Jh. durften span. Kaufleute in der Stadt, die wieder zum wichtigen Getreideausfuhrhafen geworden war, eigene Kontore und Getreidesilos einrichten. Sie übertrugen den arab. Namen in ihre Sprache, und so kam es zur Bezeichnung Casablanca, die seit der Mitte des 19. Jh. international gebräuchlich ist. Bald darauf, noch zum Ende des 18. Jh., ließ Sultan Moulay Slimane (1792–1822), als Strafe

Casablanca, Hassan-II.-Moschee, Säulenhalle

für die Rebellion der Stadt und der mit den Bewohnern verwandten umliegenden Stämme, den Hafen der Stadt sperren und erteilte statt dessen Rabat das Recht zum Getreideexport, was zum wirtschaftlichen Niedergang von C. und zur Abwanderung der Bevölkerung führte: 1830, als der Hafen wieder geöffnet wurde, zählte die Stadt gerade noch 600 Einwohner, die in der viel zu großen Medina lebten. Der Aufstieg von C. begann erst um die Mitte des 19. Jh. 1854 ließen französische Händler sich hier nieder, um Getreide und Wolle zu kaufen. Eine Dampfschiffahrtslinie zwischen C. und Marseille, später auch Southhampton, nahm ihren Dienst auf. Ab 1857 richtete England ein Vizekonsulat in C. ein, gefolgt von Spanien (1861) und Frankreich (1865). Zu dieser Zeit betrug die Bevölkerungszahl etwa 8000 Einwohner: Ende des Jahres aber bereits 20000. 1906 wurde mit den Arbeiten zur Errichtung des modernen Hafens begonnen. Kurz nach Beginn dieser Bauarbeiten kam es zu einem fatalen Zwischenfall: der latente Fremdenhaß der Bevölkerung entzündete sich am Bau eines Zufahrtsweges, der durch einen Friedhof und dicht an der Koubba des von der Bevölkerung verehrten Sidi Beliout vorbeiführte. Im Verlauf der Ausschreitungen vom 30. Juli 1907 wurden 9 französ. Bauarbeiter getötet. Als Vergeltung beschossen die Franzosen mit Kriegsschiffen die Stadt. Daraufhin wurde das französ. Konsulat belagert und das Judenviertel (die Juden wurden der Kollaboration mit den Franzosen bezichtigt) geplündert. Die Franzosen nutzten die Vorfälle zur Besetzung der Stadt und ihrer Umgebung: Maßnahmen, die schließlich zur Errichtung des Protektorats 1912 führten. Starker Zuzug französ. und europäischer Einwanderer folgte. 1912 wurde der Bau des Großhafens beschlossen, ausgeführt wurde er nach dem Ersten Weltkrieg, größtenteils mit den Geldern deutscher Reparationszahlungen. Durch Ausfuhr der Phosphate von Khouribga und anderer Bodenschätze erlebte die Stadt, die zum Wirtschaftszentrum Marokkos geworden war, einen stürmischen industriellen Aufschwung; sie wuchs so schnell, daß sie den Beinamen »Ville Champignon« erhielt. Über 40% der französischen Marokkosiedler lebten in C., und die Mellah, das Judenviertel, war die größte Marokkos. Im Zweiten Weltkrieg wurde die Stadt 1942 von den Alliierten besetzt, der Hafen als Nachschubbasis für den Feldzug in Nordafrika

Casablanca, Hassan-II.-Moschee, Kuppel

Hassan-II.-Moschee, Säule mit Mosaik

Koubba de Sidi Beliout

ausgebaut. Vom 14. bis zum 26. Januar 1943 trafen sich in Anfa auf der Konferenz von C. Roosevelt, Churchill, Giraud und de Gaulle, um über eine gemeinsame Strategie zur Beendigung des Krieges und ihre Forderung nach bedingungsloser Kapitulation der Achsenmächte zu entscheiden. Sultan Mohammed V. gewann hier das Versprechen des amerikanischen Präsidenten, sich für die Unabhängigkeit des Landes einzusetzen.

Heute ist die Stadt mit dem größten Hafen Nordafrikas Verwaltungssitz der meisten in- und ausländischen Unternehmen. Seit einiger Zeit ist hier die Universität Hassan II. beheimatet. Das bis heute ungebremste Wachstum der Stadt trug aber auch zum Entstehen zahlreicher slumartiger »Kanisterstädte« (Bidonvilles) und damit verbundener sozialer Konflikte bei.

Als die Brotpreise 1981 und 1984 radikal angehoben wurden, gingen von C. blutige Unruhen aus. Im Jahr 1985 wurde die Stadt von Papst Johannes Paul II. besucht.

SAKRALE UND PROFANE BAUWERKE

Grande Mosquée Hassan II (Zutritt nur für Moslems): Seit Ende der 80er Jahre wird der Boulevard de la Corniche (auf halbem Weg zwischen Hafen und dem Leuchtturm El Hank) von der »Großen Moschee Hassan II.« beherrscht, deren Dekorationsarbeiten noch nicht abgeschlossen sind. Sie entstand auf Befehl des amtierenden Königs Hassan II. als das »anspruchsvollste Bauwerk, das jemals in Marokko errichtet wurde« und soll die größte Moschee überhaupt und darüber hinaus erdbebensicher sein. Das grazile Minarett ragt 185 m in den Himmel und ist damit 30 m höher als die Cheopspyramide und 40 m höher als die Kuppel des Petersdoms (der Turm des Ulmer Münsters ist 161 m hoch). Das damit höchste sakrale Bauwerk der Welt dominiert den Atlantikstrand auf etwa 50 m in beiden Richtungen. Der Muezzin kann mit dem Aufzug auf die Spitze des Minaretts hinauffahren. Nachts soll ein

Laserstrahl, der 30 m weit sichtbar ist, wie ein riesiger Finger in Richtung Mekka weisen. Die reichgeschmückte Moschee, die im modernistischen maur. Stil von dem seit langem in Marokko lebenden französischen Architekten Michel Pinseau entworfen wurde, nimmt eine Grundfläche von 40 000 m^2 ein. Allein die Hauptgebetshalle der Moschee mit elektrisch zu öffnendem Sonnendach über dem zentralen Innenhof umfaßt 20 000 m^2 und gibt damit mehr als 20 000 Gläubigen in kniender Stellung Raum, auf der Esplanade können 80 000 weitere beten. Der Kibla-Wand schließt sich in Richtung Mekka eine 4000 m^2 große Medersa mit halbkreisförmigem Grundriß an, bestehend aus Koranschule, Bibliothek für islam. Studien und Konferenzsälen. Im Souterrain befinden sich die Ablutionsräume (Männer und Frauen getrennt), in denen 1400 Gläubige gleichzeitig ihre rituellen Bäder nehmen können. Der König hat an der Ostseite der Moschee einen eigenen Gebetsplatz; auch das sich nach W öffnende Hauptportal ist nur für ihn reserviert. Für ausländische moslemische Staats- und Regierungschefs wird ebenfalls ein besonderer Raum in der Haupthalle bereitgehalten.

In den Jahren 1988 bis 1989 waren rund 2500 Arbeiter rund um die Uhr und an allen Tagen der Woche – auch im Fastenmonat Ramadan – an dem Bau tätig. Bei den Innenarbeiten wurden 6000 Handwerker, darunter die besten Marokkos, eingesetzt. Da die Moschee direkt am Meer steht, ja z. T. in den Ozean hineinragen sollte, gemäß dem Koranvers »Allah hat seinen Thron über den Wassern«, mußte für die gesamte Grundfläche eine gewaltige, 40 000 m^2 große Betonplatte als Fundament gegossen werden, ebenso 2 riesige Wellenbrecher aus Beton, welche die bis 10 m hohen Atlantikwellen abhalten sollen. Die Baumaßnahmen sollen Unsummen verschlungen haben, die durch freiwillige und bisweilen auch nicht ganz freiwillige Privatspenden der Gläubigen, der Geschäftswelt, der Regierungen anderer reicher arab. Länder wie Saudi-Arabien und Kuweit, aber auch durch Darlehen mehrerer westlicher Länder, darunter

Nouvelle Médina, Moschee

Notre-Dame-de-Lourdes, Fassade

auch der Bundesrepublik Deutschland, zusammengetragen wurden.

Koubba de Sidi Beliout: Jenseits des Boulevards Mohammed el Hansali (vor der Kreuzung mit dem den Hafen entlangführenden Boulevard Moulay Abd er Rahman) liegt die Koubba des Sidi Beliout mit dem kleinen Rest jenes Friedhofes, dessen Zerstörung durch die Hafenbauten im Jahre 1907 die ersten antifranzösischen Unruhen auslöste und letzten Endes zum Protektorat Marokko führte.

Église Notre-Dame-de-Lourdes: Bemerkenswert an der katholischen Kirche an der Place Rond Point d'Europe sind die von dem französischen Künstler Gabriel Loire aus Chartres geschaffenen Glasfenster, die Motive der Marienverehrung, darunter das der Unbefleckten Empfängnis Marias, behandeln und in einem dem berberischen Formenschatz entlehnten Stil darstellen.

Mahakma: Das Verwaltungsgebäude eines islam. Gerichtshofes am Boulevard Victor Hugo, das früher Residenz und Gerichtssitz des Paschas war, wurde 1941 von dem französischen Architekten Cazet entworfen. Bemerkenswert sind die Innenarbeiten marokkanischer Kunsthandwerker: Fayencemosaiken, kunstvolle Stuckverzierungen sowie geschnitzte und teilweise bemalte Holzdecken. Erst 1956 fertiggestellt, darf man dieses von den Einheimischen stolz »Alhambra de Casablanca« genannte Gebäude durchaus als geglückte Nachahmung eines andalus.-maur. Palastes mit zahlreichen Innenhöfen und 64 reichdekorierten Sälen ansehen.

Avenue Prince Moulay Abdallah

VIERTEL, STRASSEN UND PLÄTZE

Ancienne Médina: Die alte Medina von C. hält den Vergleich mit anderen Altstädten Marokkos nicht stand, da sie im 20. Jh. durch zahlreiche moderne Neubauten verändert und zudem stark verkleinert wurde. Die noch vorhandenen Gebäude, Wohnhäuser und Moscheen stammen bestenfalls aus dem 18. und 19. Jh. Lediglich ein Teil der noch streckenweise erhaltenen Stadtmauer stammt aus dem 16. Jh. Die wichtigsten Gebäude sind die unter Sultan Mohammed ben Abdallah gegen Ende des 18. Jh. erbaute Große Moschee *(Djemaa el Kebir)*, die Anfang des 19. Jh. errichtete Moschee *Djemaa ech Chleuh* (nach dem gleichnamigen Berberstamm benannt) und das ebenfalls aus dem 19. Jh. stammende Großheiligtum des Sidi el Kairouani. El Kairouani kam nach der Eroberung Anfas durch den Meriniden Abou el Hassan in die Stadt, um hier zu wirken, und ist ihr Schutzheiliger geworden.

Nouvelle Médina: Die neue Medina wurde 1923 von den Franzosen an den damals sö Rand der Stadt gebaut. Bei der Konstruktion wurde der traditionellen Bauweise der Berber (enge Gassen, zur Straße abgeschlossene Häuser, charakteristische Handwerker- und Händlerviertel, Souks) unter modernen Hygienebedingungen Rechnung getragen. Interessant sind die beiden Moscheen Mohammed V und Moulay Youssef im

Aïn-Diab, Saudi-arabische Moschee >

Casablanca, Justizpalast

almohadischen Stil (zu erkennen am Minarett und an den Eingangspforten), zwischen denen sich eine schöne Arkadenanlage mit Ladengeschäften erstreckt.

Aïn Diab: Der Vorort ist das Bade- und Vergnügungszentrum von C. Etwas von der Küste entfernt liegen palastartige Villen reicher Ölscheichs. Einer von ihnen, der saudi-arab. König Chalid Ibn Abdal Aziz (1975–1982), ließ die moderne Moschee auf der Hügelhöhe von Aïn Diab bauen, die allerdings erst 1983, nach seinem Tod, fertiggestellt wurde. In der Nachbarvilla mit großem Grundstück lebt im Sommer sein Sohn und Nachfolger König Fahd.

Anfa: In diesem Vorort von C. mit den Sommerresidenzen vieler reicher Araber aus den Erdölländern steht das Hotel Anfa, in dem 1943 die Konferenz von C. stattfand.

Avenue Hassan II: An der Prachtstraße der Stadt liegen viele öffentliche Gebäude und auf der rechten, westlichen Seite ein großer Park.

Boulevard Mohammed V: Die belebte Hauptgeschäftsstraße von C. ist mit zahlreichen Läden, Restaurants, Cafés, Kinos und Banken gesäumt. Hier befinden sich auch das Syndicat d'Initiative (Fremdenverkehrsamt), ein Postamt und die Halle des Lebensmittelmarktes. Am Anfang des Boulevards führt die Rue Aristide Briand halbrechts zum elegantesten Teil des Geschäftsviertels, der Place du 16. Novembre und der Fußgängerzone Avenue Prince Moulay Abdallah mit zahlreichen Straßencafés. Parallel zum Boulevard Mohammed V verläuft die Avenue des F. A. R., an der die Büros der Reiseunternehmen, Schiffslinien und Fluggesellschaften, mehrere große Hotels und der CTM-Busbahnhof liegen.

Place des Nations-Unies: Der von dem französischen Architekten Marrast 1920

Casablanca, Parc de la Ligue Arabe

geplante und erbaute Platz der Vereinten Nationen ist der schönste von C. Er bildet das Verwaltungszentrum der Stadt mit Justizpalast, Polizeipräfektur (Wilaya) mit Uhrturm, Staatstheater, Hauptpost und Staatsbank. Bes. erwähnenswert ist das Rathaus, dessen 50 m hoher Turm einen schönen Rundblick über Hafen und Stadt gestattet. Hier befindet sich auch das französ. Konsulat; davor steht die ehemals in der Mitte des Platzes aufgestellte Statue des Hochkommissars der französ. Protektoratszone, General Lyautey.
Den Mittelpunkt des mit Grünanlagen versehenen Platzes bildet ein Springbrunnen, dessen Fontäne bis zu 30 m hoch emporschießt und zu bestimmten Tageszeiten mit musikalischer Begleitung farbig angestrahlt wird.

Place Mohammed V: Der Platz an der Nahtstelle zwischen alter Medina, Geschäftszentrum der Neustadt und den Wohnvierteln im S und SW, von dem aus sternförmig die Straßen in alle Stadtviertel führen, ist Mittelpunkt von C. Hier liegen einige Cafés, Restaurants und Hotels, darunter das Luxushotel Hyatt Regency, dessen »Bar Casablanca« die Einrichtung und Atmosphäre von »Rick's Café« aus dem weltberühmten Spielfilm »Casablanca« von Michael Curtiz nachahmt.

SONSTIGE SEHENSWÜRDIGKEITEN

Parc de la Ligue Arabe: Im S der Place des Nations-Unies beginnt der große, mit weiten Grünflächen, Palmen und Blütenbäumen bereits 1918 angelegte Park, der seinen Namen nach dem Eintritt Marokkos in die Arab. Liga erhielt. An seiner Nordseite steht die um 1930 errichtete einstige Hauptkirche der Franzosen, die *Cathédrale Sacré Cœur,* in der sich heute ein Teil der jurist. Fakultät der 1975 ins

Leben gerufenen Université Hassan II befindet.

VERANSTALTUNGEN

Internationale Kunsthandwerksmesse (Mitte Juni)

Umgebung

Mohammedia (25 km nö): Industriestadt (100 000 Einw.) und Seebad am Atlantik mit Golfplatz, großem Yachthafen und Spielcasino. Standplatz von Erdölraffinerien. Die von Sultan Mohammed ben Abdallah 1773 erbaute Kasbah und die sie umgebende Medina mit Souk sind die wenigen älteren Teile der Stadt, die früher Fedala hieß. Die Gebrüder Mannesmann besaßen hier vor dem Ersten Weltkrieg riesige Ländereien (ein Vorort heißt heute noch Manesman).

Settat (68 km s): Moderne Provinzhauptstadt mit Überresten einer von Moulay Ismaïl (1672–1727) errichteten Kasbah. *Moussem Sidi Lerhlime* im August. 64 km sw von S. eindrucksvolle Ruine der *Kasbah de Boulâouane,* 1710 von Moulay Ismaïl zur Kontrolle der Gegend erbaut. Man erzählt sich, daß die Bewohner der Kasbah ihm ein Mädchen von hinreißender Schönheit zum Geschenk machten, in das sich der Sultan, der für seine Grausamkeit berüchtigt war und über 600 Frauen in seinem Harem hielt, tatsächlich verliebte. Er schenkte ihr die Kasbah und Land, so weit der Blick vom höchsten Turm der Festung aus reichte. Als Halima starb, ließ der Sultan die Festung schließen und kehrte niemals wieder nach Boulâouane zurück. Aber das Landgut, das auf diese wundersame Weise gegr. wurde, konnte allen Stürmen der Zeit widerstehen.

Zu der rechteckigen Burganlage mit 7 Bastionen gehörten neben dem Wohntrakt noch eine Moschee, die Koubba des Sidi Mansara und ein hoher viereckiger Wachtturm. Von den Ruinen schöne Aussicht auf das Flußtal des Oum er Rbia.

Ceuta/Sebta

Cádiz

Einw.: 76 000 Höhe: 10–60m S. 256 □ C 1

C. ist neben Melilla eine der beiden spanischen Enklaven (19,4 km²) an der Mittelmeerküste Marokkos und liegt an der östlichen Einfahrt der Straße von Gibraltar. Die andalusisch wirkende Stadt, zu deren Einwohnern etwa 28 000 Marokkaner und 10 000 spanische Militärs zählen, ist wegen ihrer strategisch günstigen Lage am südlichen Einfahrtstor des Mittelmeers ein wichtiger Militärstützpunkt und Fährhafen nach Spanien. C. wurde von den Karthagern gegr., die lange Zeit eine Durchfahrt fremder Schiffe durch die Meerenge zu verhindern wußten. Die Römer gaben der Stadt den Namen »Septem Fratres« (Sieben Brüder) oder kurz Sebta, nach den 7 Hügeln des Djebel Moussa, an deren Hängen die Stadt angelegt wurde. 429 n. Chr. stürmten die Wandalen die Stadt und vermochten sie bis 534 zu halten, bevor sie der Feldherr Belisar für den oström. Kaiser Justinian I. (527–565) zurückeroberte. Im Jahre 618 landeten Westgoten in Sebta, konnten sich jedoch nicht behaupten. Der Gouverneur unter dem byzantinischen Kaiser Konstantin IV. (668–685), Graf Julian, erklärte sie zur unabhängigen Stadt, die diesen Status während der ersten arab. Eroberung (681/682) gegen Oqba ben Nafi verteidigen und auch noch 705 den Angriff von Moussa Ibn Noceir zurückschlagen konnte. Erst 710 eroberten die Araber nach harten Kämpfen die Stadt und setzten noch im gleichen Jahr zu einem ersten Beutezug nach Spanien über, angeblich von Graf Julian dazu angestiftet, der sich an König Roderich (Rodrigo) dafür rächen wollte, daß dieser seine Tochter mißbraucht hatte. Ein Jahr später brach der Heerführer Tarik Ibn Zijad von hier mit einer gewaltigen Streitmacht zur Eroberung der iber. Halbinsel auf. Von 828 bis 931 gehörte die Stadt, zumindest nominell, dem Idrissiden-Königreich von Fès an, ging in der Folge in den Besitz der Kalifen von Córdoba über und nach deren Fall (1010) an die hammaditischen Idrissiden.

1083 wurde sie almoravidisch, 1145 almohadisch, bevor sie im 13. und 14. Jh. unter den Meriniden zur bedeutendsten Hafenstadt Marokkos aufstieg: als Anlaufstelle sämtlicher Waren aus Andalusien und als wichtiger Handelsstützpunkt am Ende der afrikanischen Goldstraße pflegte C. intensive Handelsbeziehungen mit Italien (Pisa, Genua, Venedig), Frankreich (Marseille) und Spanien (Barcelona, Murcia). Im Jahre 1415 eroberte Johann I. (João I.) von Portugal auf Initiative seines Sohnes Heinrich des Seefahrers mit 50 000 Soldaten und 200 Schiffen die Stadt. Durch die Vereinigung Portugals mit Spanien nach dem tragischen Tod König Sebastians I. in der »Dreikönigsschlacht« von Ksar el Kebir wurde C. unter Philipp II. spanisch. Obwohl die Stadt immer wieder arab. Angriffen ausgesetzt war, darunter einer von 1674 bis 1701 dauernden Belagerung durch die Truppen von Moulay Ismaïl, konnten die Spanier sie bis heute ohne Unterbrechung halten. Der letzte – vergebliche – Angriff der Marokkaner fand 1860 statt. Im 19. bis zum Beginn des 20. Jh. geriet C. als span. Sträflingskolonie in Verruf, bevor sie ab 1912 zum Haupthafen der span.-nordmarokkanischen Protektoratszone ausgebaut wurde, und erlebte aufgrund des dazugewonnenen Hinterlandes einen enormen Aufschwung. Der Krieg der Spanier gegen die Rifkabylen unter Abd el Krim wurde hauptsächlich von C. aus geführt, und Franco bereitete hier 1936 seinen Militärputsch gegen die Spanische Republik vor. Die Unabhängigkeit Marokkos, die der Stadt das Hinterland nahm, führte zu einem starken Niedergang, die Einwohnerzahl von 1956 sank auf fast die Hälfte.

Catedral: Die zweitürmige Kathedrale am Südende der Plaza de África wurde mit einer spätbarocken Fassade und einem schwarzen Marmorportal erbaut und 1729 geweiht. Sie steht auf den Fundamenten der ehemaligen Großen Moschee, die bereits 1432 von Papst Eugen IV. in eine Kathedrale umgewandelt worden war. Die Seitenwände im Inneren sind mit Szenen aus dem Alten Testament geschmückt. Im Hauptschiff sind unter schönen Grabplatten einige Bischöfe von C. begraben.

Iglesia de San Francisco: Diese Kirche soll eine Zeitlang die Reliquien des unglücklichen, bei Ksar el Kebir gefallenen Königs Sebastian I. von Portugal beherbergt haben, der jedoch eigentlich als verschollen gilt.

Nuestra Señora de África: Die Kirche »Unsere Liebe Frau von Afrika« ist der Stadtpatronin von C. geweiht, der man die Beendigung einer Pestepidemie im 16. Jh. zusprach. Das barocke Gotteshaus mit dem schmalen Glockenturm wurde 1704–1726 an der Stelle einer Moschee errichtet. Von der barocken Innenausstattung sind v. a. der Hauptaltar mit der vermutlich portugiesischen Statue der Muttergottes (16. Jh.) sehenswert sowie der in einem Nebenraum ausgestellte Kirchenschatz mit Gemälden, Banner und einem handgeschriebenen Gebetbuch in portugiesischer Sprache aus dem 17. Jh.

Alle neuernannten Gouverneure von C. legen bei ihrer Amtseinführung einen Olivenzweig in die Hände der Madonnenstatue. Der Brauch geht bis ins 15. Jh. zurück, als der erste, von König Johann in sein Amt eingeführte Gouverneur von C. einen Olivenzweig in der Hand hielt, der von da an in das Wappen von C. übernommen wurde. 1744 legte der Gouverneur D. Pedro de Vargas Maldonado einen Zweig in die Hände der Madonna und stellte somit die von der Pest heimgesuchte Stadt unter den Schutz der Gottesmutter.

Ayuntamiento (Palacio Municipal): In den Räumen des Rathauses (1329) befinden sich u. a. Wandgemälde von Mariano Bertuchi, einem bedeutenden Maler der Kolonialzeit. Ein Glasfenster zeigt Johann I. mit seiner Flotte vor C. Die rotgoldene Fahne von C. im Ratssaal enthält die beiden Wappen der Könige von Portugal sowie von León und Kastilien.

Candelero: Die von den Portugiesen 1530 errichtete und im 17. und 18. Jh. verstärkte Festung El Candelero zeugt von der Vergangenheit C.s als heftig umkämpfte Garnison. Erhalten geblieben sind eine mächtige Befestigungsmauer sowie 2 Bastionen. Auch der w vor dieser Mauer liegende, wassergefüllte Graben San Felipe, der den Weg vom Festland zur Stadt an der schmalsten Stelle der Halbinsel versperrte, stammt aus dieser Zeit.

Casa Grande: Eine Gedenktafel erinnert an das Geburtshaus der spanischen Freiheitskämpferin Augustina de Aragón, die den heldenhaften Widerstand der span. Stadt Saragossa gegen die Napoleonischen Truppen im Jahre 1808/1809 organisierte. Es steht ö neben der eher reizlosen Barockkirche *Nuestra Señora de los Remedios* von 1716.

Museo de la Legión: Das bescheidene Militärmuseum wurde 1920 von General Millan Astray gegründet und informiert über die Geschichte der span. Fremdenlegion, die in C. eine Garnison unterhält.

Museo Municipal de Arqueología: In den Jardines de la República Argentina befindet sich ein kleines archäologisches Museum. Es enthält Keramik, Waffen, Waffenbruchstücke und andere Objekte aus neolithischer, karthagischer und römischer Zeit, wobei die römische Epoche v.a. durch Keramiken aus Arezzo vertreten ist. Andere Vitrinen zeigen ma und neuzeitliche Objekte europäischer und arab.-berberischer Herkunft. Vor dem Museum stehen zwei Bronzekanonen aus der Zeit Heinrichs IV.; unter dem Museum beginnen 2,5 m lange unterirdische Gänge (Galerías subterráneas) aus dem 16. und 17. Jh., die das Vorfeld der Stadt und ihre Wasserversorgung militärisch sichern sollten.

Brauchtum und Veranstaltungen: Prozessionen und Volksfest am Antoniustag (12./13. Juni), Meeresprozession am 16. Juli.

Umgebung

Monte Hacho (4 km w): Der 194 m hohe Berg gilt zumindest den Spaniern als Pendant zum Felsen von Gibraltar, wohl vor allem deshalb, weil der ungleich höhere Djebel Moussa außerhalb des span. Hoheitsgebietes liegt. Es soll sich hierbei um den sagenhaften Berg Abila handeln, der in der Antike als eine der »Säulen des Herkules« galt, welche die damals bekannte Welt im W begrenzten. Herakles soll den Bergstock, der die Zufahrt zum Atlantik versperrte, auseinandergerissen haben, im Norden des Kanals blieb der Kalpe-Felsen, im Süden der Abila-Felsen stehen. Von dem Leuchtturm am Kap Almina bietet sich ein herrlicher Blick sowohl nach N auf Gibraltar, wie nach SO auf das Rifgebirge und das Hinterland von Tétouan. Die Festung El Desnarigado auf dem Gipfel ist als militärisches Sperrgebiet nicht zugänglich. Sehenswert sind jedoch der andalusische Garten von San Amaro, der christliche und jüdische Friedhof (Cementerio) vor der Insel Santa Catalina mit den Resten des Meriniden-Forts *Borj el Ma* (Seefestung) aus dem 14. Jh. und die *Ermita de San Antonio.* Zu Ehren des Heiligen wird am 12. Juni ein Fest mit Tanz und Folklore gefeiert.

Punta Blanca (10 km w): Die Berghänge auf dem Weg zur schmalsten Stelle der Straße von Gibraltar weisen zahlreiche Naturhöhlen auf, in die von der Mythologie der Griechen die Wohnung der Kalypso, der Tochter des Atlas, verlegt wurde, die hier an der Grenze zwischen Himmel und Erde Odysseus auflauerte. Vom nahe gelegenen Strand von Benzu setzten Araberheere nach Spanien über, Relikte der Hafen- und Befestigungsanlagen sind erhalten. In der Bucht lieferten sich 1342 die Galeeren von Alfons XI. mit den Schiffen der Herrscher von Granada eine Seeschlacht.

Chefchaouen/Chaouen

Chefchaouen

Einw.: 26500 Höhe: 620–700m S. 256 □ C 1

Die malerische Kleinstadt (kurz auch *Chaouen* genannt) mit ihren braunrot gedeckten, blauweiß gekalkten Häusern liegt mitten im Rifgebirge zu Füßen des

Chefchaouen, Blick auf die Stadt

Chefchaouen, Kasbah

Djebel Kalaa (2050 m) und des Djebel Meggou (1615 m). Die Nachkommen der vor der religiösen Intoleranz des christl. Spanien geflüchteten andalusischen Mauren, die den überwiegenden Teil der Bevölkerung ausmachen, betrachten C. als »heilige« Stadt. Tatsächlich war sie bis 1902 für Christen absolut tabu. C. wurde 1471 von Chérif Moulay Ali Ben Rachid als Bollwerk gegen die sich an der Rif-Küste festsetzenden Portugiesen gegründet, die bereits Ceuta und Tanger erobert hatten. Zwar fiel Ben Rachid den Portugiesen 1487 in die Hände, er wurde jedoch schon bald gegen christl. Gefangene ausgetauscht. Das Grabdenkmal des Schutzpatrons von C. ist heute noch ein vielverehrtes Wallfahrtsziel. Nach dem Fall Granadas im Jahre 1492 diente C. den aus Spanien vertriebenen andalusischen Mauren und Juden als Zufluchtsort. Da das Städtchen den wichtigen Handelsweg zwischen Fès und Tétouan beherrschte, gelangte es trotz Verweigerung jeglichen Handels mit Christen in kurzer Zeit zu erheblichem Wohlstand, der auch unter den Saadiern, die 1561 C. für sich gewannen, weiter gedieh. Einen zusätzlichen Aufschwung brachte im Jahre 1609 der erneute Zuzug andalus. Flüchtlinge: Mauren und Juden, die sich geweigert hatten, ihrem Glauben abzuschwören. Als einziger Christ, der es bis Ende des 19. Jh. schaffte, in die verbotene Stadt vorzudringen, gilt der nachmalige französische Saharaforscher und Missionar Charles Foucauld, der als Jude verkleidet 1883 unter abenteuerlichen Umständen eine Nacht in C. zubrachte und sich anschließend in Schwärmereien erging. 1920 brachen einmarschierende span. Truppen das Tabu endgültig; die Stadt wurde dem span. Protektoratsgebiet einverleibt. Aber bereits 1921 eroberten sie die aufständischen Rifkabylen unter Abd el Krim, der C. zum Mittelpunkt seines Widerstandskampfes machte und hier 1925 die Republik des Rif ausrief.

Erst nachdem die Spanier sich mit den Franzosen verbündet hatten, konnte ein vereintes, 25 000 Soldaten umfassendes Heer die 20 000 Mann starke Rifkabylenarmee besiegen, nicht zuletzt durch die Bombardierung der Medina und unter Einsatz von Giftgas.

Im Mai 1926 kapitulierte Abd el Krim, und die Stadt blieb bis zur Auflösung des Protektorats 1956 in span. Hand. Abd el Krim erwartete seine langjährige Verbannung auf die Insel Réunion in einem ma Turm der Stadt.

Chefchaouen, Place el Makhzen

Kasbah: Die Ruinen der Kasbah liegen hinter noch gut erhaltenen, mit Zinnen bewehrten, begehbaren Mauern. Von der Mauerkrone bietet sich eine sehr schöne Aussicht auf Medina und Umgebung. Im Inneren der Kasbah haben sich noch Gebäudereste des Sultanspalastes *Dar el Makhzen* erhalten, der 1672 unter Moulay Ismaïl entstand und um 1925 Hauptquartier Abd el Krims war.
Darin befindet sich heute ein kleines Volkskunstmuseum, das Kunsthandwerk, traditionelle Musikinstrumente und einige bemerkenswerte Hochzeitssänften aus bemaltem Holz ausstellt. Davor liegt ein schöner kleiner andalusischer Garten.

Médina: Die kubischen Häuser der mauerumgürteten Altstadt sind in maurisch-andalusischem Stil gehalten, meist weiß-blau gekalkt oder mit ockerfarbenen Steinen gebaut und stammen fast alle noch aus der Gründungszeit der Stadt Ende des 15.Jh. Besonders beachtenswert sind ihre schmiedeeisenvergitterten Rechteckfenster und Doppelbogenfensterchen. Über jeder Tür und jedem Fenster ragt ein Vordach aus grünen oder roten Ziegeln auf. Auch die mit bunten Kacheln geschmückten Türrahmen und die engen Arkadendurchgänge mit Holzbalkendecken einiger Straßen erinnern an die span. Protektoratszeit. Neben der *Place el Makhzen* mit vielen kleinen Läden bildet das eigtl. Zentrum der Medina die von Maulbeerbäumen umstandene *Place Uta el Hamman.* Dieser überaus malerische Platz wird von zahlreichen Bauten mit andalus. Patios gesäumt, in denen sich viele kleine maurische Kaffeestuben und Restaurants befinden. An der SO-Seite des Platzes stehen nebeneinander die mit einem schönen achtekkigen Minarett versehene Große Moschee *Djemaa el Kebir* und die zerfallene *Kasbah* (beide 15.Jh.). Am NW-Ende der *Place Uta el Hamman* befindet sich eine noch immer frequentierte Karawanserei.

Souks: Im ältesten Stadtteil der Medina befinden sich die Souks und die belebte Händlergasse *(Souika).* Hier werden v.a. Erzeugnisse des heimischen Kunsthandwerks feilgeboten: Teppiche, typische gestreifte handgewebte Baumwollstoffe, aus denen die Bäuerinnen des Djebala-Stammes Djellabahs (Umhänge) fertigen, Lederwaren, Kupferartikel und Keramik. Am Ende der Straße steht die schöne *Zaouïa Moulay Ali Chakour* aus

Chefchaouen, Teppichladen

Chefchaouen, Djemaa el Kebir

dem 19. Jahrhundert. Auf dem Weg dorthin passiert man weitere kleine Moscheen.

Brauchtum und Veranstaltungen: Markt am Montag und Donnerstag; Festivals mit maurisch-andalusischer Folklore zu wechselnden Terminen; Großer Moussem am (beweglichen) islamischen Neujahrstag.

Umgebung

Râs el Ma (3 km sö): Die berühmte Mineralwasserquelle mit Brunnenhaus, deren Reiz durch moderne Schöpfanlagen leider getrübt wird, liegt hinter dem *Bâb Onsar*. Ein steil ansteigender Weg l der Quelle führt zu der weithin sichtbaren, auf einer Hügelspitze gelegenen Moschee *Djemaa Bouzafar*.
Sie diente allerdings nie als Gotteshaus, sondern wurde von den Rifkabylen als getarnter Beobachtungspunkt erbaut. Von hier aus herrlicher Blick auf die Stadt.

E

El Jadida/Al-Jadidad

El Jadida

Einw.: 82 000 Höhe: 4 m S. 258 □ A 2

El Jadida ist eine recht moderne Provinzhauptstadt, die an der mittleren Atlantikküste in einer schönen Meeresbucht mit einem herrlichen, feinsandigen Strand liegt. Die komplette Stadtanlage der Portugiesen aus dem 16. Jh. ist die besterhaltene ihrer Art in Marokko. Vermutlich liegt E. an der Stelle der karthagischen Handelsniederlassung Rusibis, die der karthagische Admiral Hanno, Berichten antiker Historiker zufolge, um 460 v. Chr. anlegte. Rusibis wird als Siedlung und Handelsplatz von antiken Historikern wie Polybios (um 200–um 120 v. Chr.) und Plinius d. Ä. (23/24–79 n. Chr.) erwähnt, doch sichere archäologische Beweise, die E. mit Rusibis in Verbindung bringen könnten, konnten bisher nicht vorgelegt werden. Selbst für eine ma Siedlung gibt es keine schriftlichen oder archäologischen Zeugnisse. Gesichert scheint lediglich, daß unter dem Almohadensultan Abd el Mou'men (1160) die in dieser Landschaft der Doukkala ansässigen rebellischen Berberstämme in die Berge vertrieben und

El Jadida, Haus mit portugiesischem Wappen

dafür mehrere arab. Stammesgruppen angesiedelt wurden. Immerhin mußte die Region den Portugiesen schon einige Zeit Tributzahlungen leisten, als diese 1502 ein kleines Fort errichteten, dem die einheimische Bevölkerung den Namen »Brija el Jedida«, kurz »El Jedida« (»die Neue«) gaben. Angeblich soll es zur Gründung gekommen sein, nachdem vor der Küste eine Karavelle von Vasco da Gamas Indienflotte in Seenot geraten war. Das Schiff sank, die Besatzung konnte im Sturm von anderen Schiffen nicht aufgenommen werden und rettete sich an Land. Vier Jahre später erweiterten die Portugiesen aufgrund der strategisch günstigen Lage das von den Matrosen angelegte Fort zu einer gut befestigten Stadt, die sie Mazagão nannten. 1513 landete im Hafen von Mazagão der Herzog von Bragança, ein Neffe des portug. Königs Manuel I. des Glücklichen, mit 500 Schiffen, 2000 Reitern und 13000 Fußsoldaten, die auch Kanonen mitführten. Schon bald entwickelte sich Mazagão zum bedeutendsten portug. Stützpunkt und Handelsplatz am Atlantik, der als Etappen- und Versorgungsstation für die nach Indien segelnden Schiffe diente. Die starke Befestigung und die strategisch günstige Lage ermöglichten es den Portugiesen, alle Angriffe sowohl einzelner aufsässiger Berberstämme als auch der marokkanischen Sultane über 260 Jahre bis 1769 zurückzuschlagen. Selbst der Saadier-Sultan Moulay Abdallah, der die Stadt und ihre 2600 Bewacher 1562 mit einem zahlenmäßig weit überlegenen Heer hartnäckig belagerte, vermochte die Portugiesen nicht zur Aufgabe zu zwingen. Als die portugiesische Krone für 60 Jahre (1580 bis 1640) an Spanien fiel, rückte eine span. Garnison in die Stadt ein, die anschließend wieder portugiesisch wurde. Nach fast 270 Jahren waren die Portugiesen militärisch und wirtschaftlich (das große Erdbeben von Lissabon hatte 1755 sein übriges getan) so geschwächt, daß sie 1769 ihren letzten marokkanischen

El Jadida, Portugiesisches Haus

El Jadida, Citerne Portugaise

Stützpunkt angesichts der Übermacht des Alaouitensultans Mohammed ben Abdallah fluchtartig räumten. Dabei kam es zu einer Tragödie: Als die Sultanstruppen in die verlassene Stadt einzogen, detonierten die Sprengladungen, welche die Portugiesen vor ihrem Abzug in der Festung gelegt hatten. Hunderte marokkanischer Soldaten kamen dabei ums Leben. 50 Jahre lang wollte kein Marokkaner in der verfallenden Stadt mit zahlreichen noch ungeborgenen Leichen wohnen. Erst 1815 setzte der Aufbau unter Moulay Slimane ein, Mazagão erhielt seinen arab. Namen El Jadida zurück. Im Jahre 1821 wurden viele aus Azemmour ausgewiesene Juden unter Moulay Abd er Rahman in der Portugiesenstadt angesiedelt, während sich in neuen Stadtvierteln vor der Mauer Berber aus der Landschaft Doukkala niederlassen mußten.

Die Juden sind jedoch seit der Protektoratszeit fast alle nach Casablanca gezogen oder ausgewandert. Bis zur Protektoratszeit blieb die Stadt trotzdem nur ein kleines, bedeutungsloses Provinznest. Die Franzosen machten sie jedoch zu einer wohlhabenden Hafen- und Handelsstadt mit dem Namen Mazagan, der von der portug. Stadtbezeichnung abgeleitet war. Erst nach Erlangung der Unabhängigkeit bekam sie ihren alten Namen El Jadida zurück.

Cité Portugaise: Die meisten Häuser der Portugiesenstadt, heute ein reines Wohnviertel ohne Geschäfte, sind im typischen Stil portugies. Städtchen errichtet, weiß gekalkt mit blau gestrichenen Fenster- und Türrahmen sowie kleinen eisernen Balkonen versehen: ein wirkungsvoller Kontrast zu den hermetisch zur Straße abgeschlossenen Häusern der moslemischen Medinas. Die Cité portugaise nimmt eine Fläche von 200 × 300 m ein. An allen 4 Seiten ist sie von meterdicken, begehbaren Mauern umwallt. An den 4 Ecken erheben sich mächtige, weit aus den Mauern herausragende Bastionen: Im SW die Bastion Saint-Esprit (Heiliggeist-Bastei), im NW

Bei Moulay Abdallah > (El Jadida), Marabout

die Bastion Saint-Antoine (Antonius-Bastei), im NO die Bastion Saint-Sébastien (Sebastians-Bastei) und im SO die Bastion de l'Ange (Engels-Bastei). Die Ostmauern fallen steil zum Meer, die Südmauern senkrecht zu einem Teil des Hafens und einem Rest des ehemaligen wassergefüllten Wehrgrabens ab.

Torre Decadeia: Zu Anfang der schnurgerade durch die gesamte Cité führenden *Rue Mohammed el Hachmi Bahbah* (portug. *Rua da Carreira*) steht ein aus dem 16. Jh. stammender Turm, den die Portugiesen errichteten.

Église de l'Assomption: Die Himmelfahrtskirche, ehemalige Hauptkirche der Portugiesen aus dem 17. Jh., verwendeten die Moslems später als Lager- und Wohnhaus (19. Jh.) sowie als Moschee (Anfang 20. Jh.). 1912 wurde der Bau restauriert, und seit den achtziger Jahren ist dort ein Kulturzentrum untergebracht (keine Besichtigung möglich).

Citerne Portugaise: Die Portugiesische Zisterne, ein erst 1917 unter dem Laden eines Händlers entdeckter, riesiger unterirdischer Saal von 33 × 34 m Größe zum Auffangen von Regenwasser, wurde im Jahre 1541 von den Portugiesen gebaut. Die vollständig erhaltene Decke aus 36 spätgot. Kreuzrippengewölben in relativ niedriger Höhe wird von 12 gedrungenen Rundsäulen und 13 Pfeilern getragen, die den Raum in 6 Schiffe teilen. Durch eine kreisförmige Öffnung (3,5 m Durchmesser) in der Mitte der Decke fällt diffuses Licht in den Saal ein. Darunter befindet sich ein Wasserbekken aus Hausteinen, das möglicherweise in der Art eines altrömischen Impluviums Regenwasser auffangen sollte. Der Fußboden besteht aus schönem, rotbraunem Backsteinpflaster. Es sind allerdings Zweifel angebracht, ob der Raum tatsächlich als Zisterne diente. So fehlen Zuflußrinnen oder Rohre, die das Wasser von draußen in den Raum leiten könnten.

Zwar ist fast der ganze Fußboden des Effektes wegen mit einer dünnen Wasserschicht bedeckt, in der sich heute bei zusätzlicher künstlicher Beleuchtung stimmungsvoll das Gewölbe spiegelt, doch vermuten viele Historiker und Architekten, daß der Saal wohl eher als Warenlager und bei Belagerungen als sicherer Zufluchtsort für Frauen und Kinder diente. Orson Welles drehte in der Zisterne Teile seines Filmes *Othello.*

Erfoud, Moussem

Umgebung

Moulay Abdallah (11 km sw): Bedeutender Wallfahrtsort mit 25000 Einw. Namenspatron des Dorfes ist der heilige Moulay Abdallah, ein Idrisside und Nachfahre des Abou El Fida Ismaïl. Letzterer war Stammesoberhaupt und lebte zwischen 1100 und 1150 zur Zeit der Almohaden. Zur Überwachung der Doukkala ließen sie die moslemische Klosterfestung *Tit* erbauen, deren Umfassungsmauer in den Hauptteilen restauriert wurde. Das Osttor mit rechtwinkligem Bogendurchgang ist am besten erhalten. Zwei ockerfarbene Almohaden-Minarette überragen das Dorf. Eines gehört zum Mausoleumskomplex. Das zweite, schmalere erhebt sich mitten im Ort neben der verfallenen Moschee, der auch eine Koranschule angegliedert ist. Beherrscht wird der Ort von dem Mausoleumskomplex Moulay Abdallah mit grünlasiertem Pyramidendach. 6 Heilige sind in den 3 Kuppelgebäuden bestattet, darunter Mutter und Gattin des Moulay Abdallah, beide Lalla Haoua genannt. Im tonnengewölbten Nebengebäude befindet sich eine Koranschule. Anläßlich des Jahres-Moussem, das Mitte August stattfindet, versammeln sich rund 200000 Pilger zu Füßen des Heiligtums. Berühmt ist der Moussem v. a. wegen seiner Fantasias, der Reiterspiele, bei denen Wettkämpfe, Kunststücke, aber auch wilde kriegerische Szenen vorgeführt werden, die sich oft auf historische Ereignisse beziehen. Die Fantasias haben hier nichts mit den üblichen Touristenspektakeln gemein, sondern wenden sich an ein sehr kritisches einheimisches Publikum. Die Reiter erscheinen dabei in Gewändern, wie sie vor mehreren 100 Jahren getragen wurden.

Erfoud

Er Rachidia

Einw.: 11000 Höhe: 802 m S. 259 □ C 3

Das junge E. mit seinen roten Lehmbauten liegt inmitten des Tafilalet, einer der größten Oasen Nordafrikas, am Fuße des Djebel Erfoud (935 m). 1917 von den Franzosen als Standort einer wichtigen Militärgarnison gegründet, ist die heutige Hauptstadt und das Marktzentrum des Tafilalet aufgrund des marokkanisch-algerischen Grenzkonflikts nach wie vor

Erfoud, Erg Chebbi

eine strategisch wichtige Garnisonstadt der marokkanischen Armee. Begehrt sind die Lederarbeiten der Stadt, unter dem Begriff »Filali-Leder« (Filali nennt man die Bewohner des Tafilalet) weithin bekannt. Das Leder wird dabei mit einem »Takaout« genannten Gerbmittel behandelt, das dem Leder seine Naturfarbe beläßt.
Zu kaufen gibt es jedoch auch, z.T. schön poliert, in der Umgebung von E. gefundene Fossilien. Ausgesprochene Sehenswürdigkeiten bietet die schachbrettartig angelegte Stadt zwar nicht, sie wird aufgrund ihrer Nähe zu den faszinierenden Sanddünen des Erg Chebbi und ihres berühmten Dattelfestes im Oktober jedoch gern besucht.

Brauchtum und Veranstaltungen: Berühmt ist E. v.a. wegen seines Dattel-Moussems im Oktober. Wenn die Datteln geerntet sind, treffen sich hier viele Filalis, die Einwohner des Tafilalet, ein Mischvolk aus Arabern, Berbern und Haratin. Zunächst wählt man ein junges Mädchen zur Dattelkönigin, ein Festzug, Folkloretänze, Kabarettvorstellungen sowie traditionelle Musik in Form eines Gesangs- und Orchesterwettbewerbs schließen sich an.

Umgebung

Borj Est (3 km ö): Auf dem Gipfelplateau des Djebel Erfoud mit herrlichem Blick auf Oasen- und Wüstenlandschaft befinden sich die Ruinen einer alten Kasbah. Ein Teil der Anlage wurde zu dem Militärposten Borj Est (Ost-Fort) ausgebaut, der nicht betreten werden darf.

Palmeraie de Tizimi (10 km s): Im schönsten Palmenhain der Gegend kann man nebeneinander die verschiedenen Möglichkeiten der Wasserversorgung in nordafrikanischen Oasen beobachten: Neben den unterirdischen Kanälen der Foggaras gibt es auch altertümliche Brunnen, von denen das Wasser mit Kamelen, Eseln, aber auch von Menschen in Behältern aus Tierhaut geschöpft und in kleine offene Wasserrinnen (Segouias) geschüttet wird. Auch die archimedische Schraube fehlt nicht, welche die Saadier im 13./14. Jh. in das Tafilalet eingeführt haben. Die Saadier sollen in diesem Zeitraum vom arab. Hidjas zunächst ins Dra-Tal gerufen worden sein, um mit ihren Kenntnissen auf dem Gebiet der Bewässerung und bes. der Dattelpalmenkultur als Nachfahren von Mohammed

Erfoud, Erg Chebbi

die Dattelernten zu verbessern, wovon in Folge auch das Tafilalet profitierte.

Erg Chebbi (59 km s): Der Erg Chebbi (Erg bedeutet »Sandberg«) zählt zu den größten Sandwüsten Marokkos mit weit über 100 m hohen Sanddünen. Er ist etwa 40 km lang und 10 km breit. Die beeindruckendsten und höchsten Dünenfelder finden sich bei der kleinen Oase Merzouga, die am Sonntag einen Souk abhält. Auf der Fahrt passiert man ein Hochplateau, dessen grauviolettes Sedimentgestein von unzähligen Fossilien durchsetzt ist. Paläontologische Untersuchungen ergaben, daß sich hier vor 350 bis 480 Millionen Jahren ein tropisches Urmeer befand. Fortschreitende Austrocknung, vielleicht auch eine plötzliche Anhebung des Meeresbodens ohne Vulkanismus führte dann zur Versteinerung der Meereslebewesen. Etwa 25 km weiter s trifft man in der Nähe des alten Ksar Taouzin auf alte Grabhügel, Ruinen ehem. Befestigungsanlagen und v.a. jungsteinzeitliche Felszeichnungen und Steinritzungen. Zu erkennen sind zahlreiche Rinder, die nicht als Umrißzeichnung ausgeführt, sondern in Punktiermanier eingeschlagen sind. Der Besuch des militärischen Sperrgebietes an der umstrittenen Grenze zu Algerien ist jedoch nur mit Sondererlaubnis und Militärbegleitung möglich.

Essaouira/As-Sawirah

Essaouira

Einw.: 42 000	Höhe: 10 m	S. 258 □ A 3

Die Provinzhauptstadt E. breitet sich auf einer kleinen, flachen Landzunge an der mittleren Atlantikküste aus. Die Stadt ist ein bedeutender Fischereihafen mit vollständig erhaltener Medina und beeindruckenden Befestigungsmauern. Die Holzeinlegearbeiten von E. sind weithin bekannt. In der Umgebung befindet sich das größte zusammenhängende Arganienwaldgebiet. Orson Welles machte die Stadt 1949 zur Kulisse seines Films *Othello.* Wie Keramikfunde belegen, haben phönizische Seefahrer wohl schon seit dem 7. Jh. diesen Ort besucht, und vermutlich hat auch der karthagische Admiral Hanno bei seiner Afrikafahrt im Jahre 465 v. Chr. hier Station gemacht. Doch erst am Ende des ersten vorchristlichen Jh. beginnt die große Zeit der Gegend, als der mauretanische König Juba II. eine Purpurmanufaktur auf

Essaouira, Festungsmauern

Essaouira, Eingang zur Medina

den vorgelagerten Inseln einrichtet, um die Römer mit der sündteuren Textilfarbe zu beliefern. Im 11. Jh. berichtet der arab. Geograph El Bekri von einem »Hauptankerplatz«, der die ganze Sous-Provinz belieferte. Er bezeichnet diesen Ort mit dem Namen »Amogdoul«, wahrscheinlich eine Abwandlung des phönizischen »Migdol« (Wachturm), das sich auch im Namen des Stadtheiligen von E., »Sidi Mogdoul«, bewahrt hat. In den portugiesischen Seekarten des 14. Jh. wurde daraus »Mogadouro«, die Spanier nannten den Ort dann »Mogador«. Diesen Namen sollte der Ort bis zum Ende der Protektoratszeit im Jahre 1956 behalten. Im Jahre 1506 legten die Portugiesen in Mogador einen kleinen Hafen und eine Festung ungefähr an der Stelle der heutigen Kasbah in Mogador an, die 1628 unter dem Saadier-Sultan Abd el Malik restauriert und vergrößert wurden. Die Gründung einer ummauerten Stadt erfolgte jedoch erst 1760, als der Alaouiten-Sultan Sidi Mohammed ben Abdallah den Hafen von Agadir für den Europahandel schloß, um die aufsässigen Einwohner zu bestrafen, und den französischen Gefangenen Théodore Cornut mit der Planung einer Befestigungsanlage und der gesamten Stadt beauftragte (As-Suwaira bedeutet »kleine Festung«, aber auch »die gut Gezeichnete«). Die Europäer, bes. die Briten, verlegten ihren Handel schnell nach E., das vom Karawanenhandel der Sahara profitierte und zum Hafenplatz für Timbuktu aufstieg, bis die Franzosen 1894 mit ihrer Besetzung des marokkanischen Vorpostens in der Sahara den Handel abwürgten. Bis dahin wickelte die Stadt, der 1764 Mohammed ben Abdallah das Privileg eines Freihafens verliehen hatte, 40 % des Handels am Atlantik ab: Europäische Produkte wurden dort gegen Salz, Gold und Straußenfedern, aber auch gegen Sklaven eingetauscht. Viele jüdische Händler zogen hierher, bis schließlich die Hälfte der Bewohner Juden waren, deren Wohnviertel darüber hinaus der ganzen Stadt ihren auch heute noch gebräuchlichen Namen »Mellah« verlieh. Im 20. Jh. verlor E. zunehmend an wirtschaftlicher Bedeutung.

Cimetières: Die sehenswerten Friedhöfe sind nördlich des Bâb Doukkala an der Atlantikküste angelegt. Neben einem moslemischen gibt es einen europäischen, dessen französische, britische, spanische und holländische Gräber von der bewegten Geschichte der Stadt zeugen. Der große jüdische Friedhof erinnert ebenso an die Vergangenheit von E., das im Volksmund oft »Mellah« genannt wird.

Marabout Sidi Mogdoul (Zutritt nur für Moslems): Grün überkuppeltes Mausoleum des Schutzpatrons der Stadt, mit einem Betsaal und Pilgerzellen. Moussem im Juli.

Médina: Die noch vollständig erhaltene Medina weist im Gegensatz zu allen anderen Altstädten Marokkos einen regelmäßigen Grundriß mit geradlinig verlaufenden, sich rechtwinklig kreuzenden Straßen auf. Die massiven Befestigungsbauten erinnern an jene des fran-

Essaouira, Hafen

zösischen Festungsbaumeisters Ludwigs XIV., Sébastien le Prestre de Vauban (1633–1707). Der Grund für dieses europäische Element von Medina und Befestigungsanlagen ist bei ihrem Erbauer, dem französischen Architekten Théodore Cornut aus Avignon, zu suchen. Als christlicher Gefangener von Sultan Mohammed ben Abdallah plante er auf dessen Befehl die Stadt und versteckte pikanterweise im Straßengrundriß des Stadtkerns ein großes lateinisches Kreuz. Die Ausführung der Bauten in den Jahren von 1760 bis 1764 übernahmen andere gefangene Christen. Die weiß gekalkten, zweistöckigen Häuser mit ihren grün und blau gestrichenen Tür- und Fensterrahmen sowie runden, gelb eingefaßten Torbögen erinnern an portugiesische bzw. südspan. Landstädtchen. Zahlreiche Tore, Bogengänge und Arkaden schmücken die Straßen, besonders in den sehenswerten Souks. Neben der Medina umfassen die Festungsmauern noch die ansprechende *Mellah* und zwei Kasbahs. An den Mauern der Mellah schließt sich im O und SO die Neustadt an.

Musée des Arts et Traditions Populaires Sidi Mohammed Ben Abdallah: Das 1980 eröffnete, wohlgeordnete Museum bietet wertvolle Informationen über die traditionelle marokkanische Musik sowie Anschauungs- und Informationsmaterial über religiöse Bruderschaften. Der große Saal im Erdgeschoß stellt Musikinstrumente der 3 in E. vertretenen moslemischen Bruderschaften aus, der Aïssaoua, der im 17. Jh. gegründeten Hamadscha und der Gnaoua, welche einzig Nachkommen schwarzer Sklaven aufnimmt. 3 weitere Vitrinen präsentieren Instrumente der arabischen und der berberischen Volksmusik und der Kunstmusik aus Andalusien, die sich nach dem Fall von Granada in ganz Marokko verbreitete. In den weitläufigen Räumen des 1. Stocks findet man in der umlaufenden Galerie eine schöne Sammlung von Berberschmuck: Ringe, Ketten, Reifen und riesige Fibeln. In den angrenzenden Räumen sind Beispiele der einzelnen Kunsthandwerke ausgestellt: Waffen, bemalte und geschnitzte Holzarbeiten, Webarbeiten (Stoffe und Kleider), Teppiche aus dem Tensift, Keramik, Kupfer und Messingartikel sowie Intarsienarbeiten. Der letzte Saal zeigt Bilder, Zeichnungen und Informationsmaterial zu den religiösen Bruderschaften (Ausbildung der Schüler, Zeichen, Amulette u.a.). Faszinierend bes. Abbildungen von Ornamenten und Zeichen, welche die Berber sich bei familiären und religiösen Festen mit Henna auf den Körper malen.

Port de Pêche: Mit Ausnahme der modernen Schutzmolen im S, die übrigens von deutschen Kriegsgefangenen errichtet wurden, stammt die gesamte Hafenanlage noch aus der Zeit ihrer Entstehung, dem 18.Jh. Das einzige Hafenbecken ist an der Atlantikseite durch eine vorspringende Felsnase geschützt, die mit starken, hohen Mauern, der Sqala du Port und einem wuchtigen Turm bewehrt ist. Auf den 2 Batterieterrassen stehen 6 bzw. 13 span. Kanonen aus den Jahren 1743 bis 1781. Im Norden schließt die 1769 von einem englischen Renegaten errichtete *Porte de la Marine,* das säulenflankierte Marinetor mit arabischer Inschrift im Giebelfeld, das Hafengebäude ab.

Sqala de la Ville/Sqala de la Kasbah: Die mächtigen, rund 200 m langen Festungsmauern sichern die Medina gegen die Atlantikseite im Westen ab. An ihrer N-Seite begrenzt sie die runde, massive *Bastion Nord.* Die zinnenbewehrten Maueranlagen der Bastei sind so breit, daß auf ihrer Mauerkrone nicht nur ein schmaler Wehrgang Platz findet, sondern auch eine breite Terrasse *(Sqala de la Ville).* Auf dieser Geschützstellung stehen auf Räderlafetten noch zahlreiche span. Bronze- und Eisenkanonen aus Barcelona und Sevilla, teilweise mit Wappen versehen und mit ihren Rohren auf den Atlantik gerichtet. Die ältesten wurden unter Philipp II. (1595) und Philipp III. (1614) gegossen, die jüngsten stammen aus dem 18.Jh. Die Terrasse eröffnet einen schönen Blick auf die Medina, aber auch auf das Meer und die nahen Purpurinseln.
In den ehemaligen Kasematten der Sqala, rechteckigen Tonnengewölberäumen mit eisenbeschlagenen Flügeltüren, befinden sich heute Kunstschreiner-Werkstätten, die sehr schöne Möbel, runde Tischplatten, aber auch ganze Zimmereinrichtungen, Spiegelrahmen und Schmuckkästchen aus Thujaholz bzw. Nußbaum und Mahagoni herstellen, verziert mit Intarsien aus hellem Zitronenholz, dunklem Ebenholz, Perlmutt, Elfenbein, Messing, Kupfer und Silber.

Brauchtum und Veranstaltungen: Markt am Freitag. Folklore-Festival im Sommer. Der bedeutendste Moussem im Juli zu Ehren des Schutzpatrons der Stadt.

Umgebung

Îles de Mogador: Auf diesen »Purpur-Inseln« wurde in der Antike in großen Mengen der begehrte Farbstoff hergestellt, der wegen seiner Seltenheit und entsprechenden Kostbarkeit zum Symbol von Macht und Reichtum wurde. Für die Herstellung von 1–1,5 Gramm reinen Farbstoffes benötigte man etwa 6000 Schnecken, so daß er fast unerschwinglich teuer war. Gerade deshalb war er schon bei persischen Königen, Alexander dem Großen, den Diadochen, später bei den römischen Kaisern und Senatoren der bevorzugte Farbstoff für die Staatsgewänder. Schließlich konnte man auch den reichsten Bürgern des Römischen Reiches nicht mehr verweigern, sich in purpurne Gewänder zu hüllen. Das Purpurtragen hat sich in der Tracht des Kardinals erhalten, weil er zum Zeichen seiner Würde »mit dem Purpur gekleidet« wird. Eine Purpurmanufaktur wurde unter dem mauretanischen König Juba II. im 1.Jh. v.Chr. auf der größten der Purpurinseln errichtet. Archäologen legten die Reste ihrer Grundmauern sowie diejenigen einer großen, reich ausgestatteten römischen Villa mit Privatthermen frei. Gegen Ende des 19.Jh. ließ Sultan Moulay el Hassan (Abou Ali Hassan I.) auf der gleichen Insel ein Gefäng-

nis für Sträflinge errichten, in dem er auch den berüchtigten Straßenräuber und späteren Pascha von Asilah, Ahmed el Raïssouli, einkerkerte. Heute sind die Inseln Vogelschutzgebiet, mit Nistplätzen von Wanderfalken und Korallenmöwen. Ein Besuch ist daher nur mit Sondererlaubnis möglich.
Der Purpurfarbstoff wurde aus einem Drüsensekret der Stachelpurpurschnekke (Murex brandaris) gewonnen, die damals an den Küsten dieser Inseln in großer Zahl vorkam. Das Sekret ist zunächst farblos oder gelblich. Färbt man Textilien damit, so nehmen diese unter Einfluß von Sonnenlicht und Sauerstoff über gelbe, rote und dunkelrote Farbschattierungen die charakteristische violett-rote, lichtechte Purpurfarbe an. Bereits die Phönizier aus Tyros konnten mit Purpur umgehen (der Purpur aus »Phönizien« = »Land des roten Purpurs«, war eines ihrer Hauptexportgüter). Man fixierte die den Schnecken entnommenen Drüsen, die das weißliche Sekret enthielten (besonders reichlich von Oktober bis April), drei Tage lang in einer Salzlösung, wusch dann das Salz aus und seihte den Brei durch feinmaschige Tücher, bevor er durch Kochen eingedickt wurde. Zur Konservierung wurde Honig beigemischt.
Diabat (5 km s): Im W dieses Dorfes nahe der Mündung des Oued Ksob findet man ausgedehnte, wenn auch z.T. von Sanddünen völlig bedeckte Ruinen eines ehemaligen Palastes, den sich Sultan Sidi Mohammed ben Abdallah (1757–1790) als Sommerresidenz errichten ließ. Der gleiche Sultan ließ auch das nahe gelegene, zerfallene kleine Rundfort an der Küste zur besseren Kontrolle der Küste anlegen.
Zaouïa de Moulay Bou Zerktoun (29 km n). An dieser Stätte eines der 7 Heiligen Männer des Regraga-Stammes, der für sich in Anspruch nimmt, als erster marokkanischer Berberstamm den islamischen Glauben angenommen zu haben, findet jedes Frühjahr (April/Mai) ein riesiger Moussem statt, der 44 Tage dauert. An diesen Feiern dürfen Frauen auch ohne Erlaubnis ihrer Männer teilnehmen und sich dort völlig ungezwungen verhalten. Die Regraga glauben, der Heilige werde denjenigen schwer bestrafen, der den Frauen hier nicht den nötigen Respekt entgegenbringt, wenn sie auf dem Fest ihre seltenen Freiheiten ausnutzen.

Fès

Fès

Einw:. 450 000 Höhe: 370 m S. 256 □ C 2

Die nach der Einwohnerzahl viertgrößte Stadt Marokkos ist die älteste und bedeutendste der 4 Königsstädte. Das Zentrum des westlichen Islams, der Händler und der Kunsthandwerker liegt im fruchtbaren Sebou-Becken zwischen dem Mittleren Atlas und dem Rifatlas an den Hängen des Oued-Fès-Tals. Die gesamte Medina, deren Stadtbild sich seit einem halben Jahrtausend erhalten hat und in der heute noch das öffentliche Leben wie im Mittelalter pulsiert, wurde von der UNESCO zum Kulturgut der Menschheit erklärt.

GESCHICHTE

Die Stadt soll am Ostufer des Oued Fès als kleine Berbersiedlung mit dem Namen *Médinat Fas* von Moulay Idriss I. gegr. worden sein, der den Ort kurz vor seiner Ermordung durch Abgesandte des

Fès, Aussicht von den Tombeaux Mérinides

Bagdader Kalifen Harun al Rachid im Jahre 791 zu seiner Hauptstadt bestimmte. Den wahren Gründer der Stadt sehen viele islam. Chronisten jedoch in seinem postumen Sohn Idriss II., der um 809 den Sitz der Idrissiden-Dynastie ans andere Ufer des Oued Fès verlegte. Diese Stadt trug angeblich urspr. den Namen *El Aliya* (Oberstadt).
Im Jahre 818 ließen sich 8000 islam. Flüchtlinge aus Andalusien, die sich in Córdoba gegen die Herrschaft der Omayyaden–Dynastie erhoben hatten, am Ostufer des Oued Fès nieder, während weitere 2000 Sunniten, die von den schiitischen Fatimiden aus Kairouan (Tunesien) vertrieben worden waren, sich gegenüber am Westufer ansiedelten. Andalusier wie Kairouaner waren fähige Handwerker und Kaufleute, Rechtsgelehrte und Ärzte, die die Doppelstadt F. schnell zu hoher Blüte führten und erheblich zur Arabisierung Marokkos beitrugen. Es entwickelten sich 2 sehr unterschiedliche Stadtviertel, *Adouat el Qaraouiyyin* (jenes der Kairouaner) und *Adouat el Andalous* (jenes der Andalusier), die jeweils ihr eigenes Leben führten, eigene Moscheen, Souks und Befestigungsanlagen hatten und sich auch gelegentlich befehdeten.
Als der Maghreb nach dem Niedergang der Idrissiden-Dynastie lange Zeit ein Schlachtfeld für die Auseinandersetzungen zwischen Omayyaden und Fatimiden war, verlor F. zwar vorübergehend an Bedeutung, wurde jedoch von seinen sich ständig abwechselnden Herrschern städtebaulich erweitert. Es entstanden neue Moscheen, öffentliche Bäder, eine breite Befestigungsmauer usw. Die Almoraviden, die Marrakech zu ihrer Hauptstadt machten, rissen die Befestigungen nieder, welche die beiden Viertel trennten, und zogen eine einzige Mauer um die Doppelstadt, Brücken über den Oued Fès verbanden fortan die gegnerischen Viertel miteinander. Unter Ali ben Youssef wurde die Kairaouine-Moschee 1135 neu aufgebaut und erhielt ihre heu-

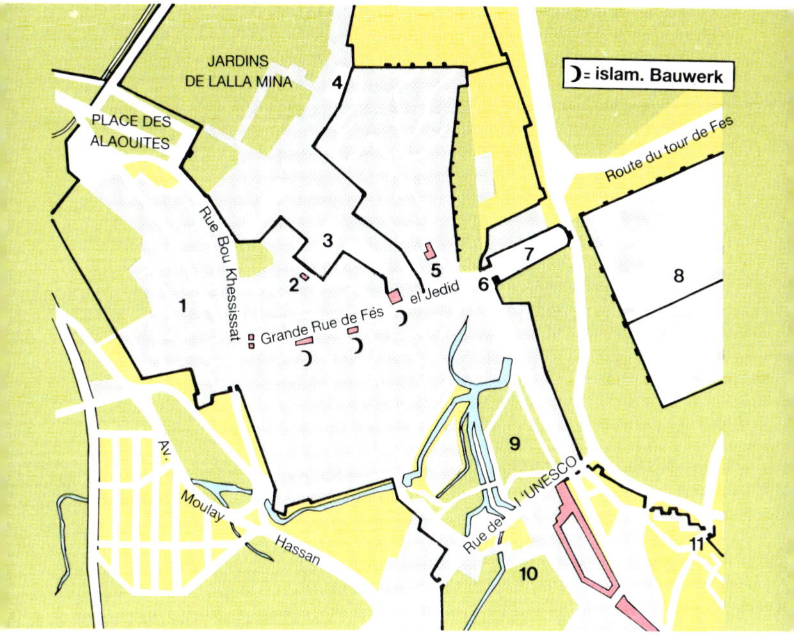

Fès el Djedid **1** Mellah **2** Djemaa el Azhar **3** Dar el Makhzen **4** Mosquée Moulay Abdallah **5** Grande Mosquée **6** Bâb es Seba **7** Vieux Méchouar **8** Kasbah des Cherarda **9** Jardins de Boujeloud **10** Dar el Beïda **11** Bâb el Mahrouk

tigen Ausmaße. Außerdem entstanden die Kasbahs Filala und Boujeloud. Aus Spanien eingewanderte Handwerker führten eine Art Wassermühle ein, von der sich einige Stücke bis heute erhalten haben. 1146 schleiften die ebenfalls in Marrakech residierenden Almohaden die Mauern, errichteten aber schon bald neue Befestigungen, und immer wieder kamen neue prächtige Bauwerke hinzu. Die Stadt konnte sich ihren religiösen, geistigen und künstlerischen Führungsanspruch sichern, die almohadische Vorherrschaft über Spanien führte darüber hinaus zu regem Handelsaustausch und trug so zusätzlich zur Blüte der Stadt bei.

Die Eroberung von F. im Jahre 1250, also 16 Jahre vor jener Marrakechs, durch die Meriniden machte die Stadt 1258 wieder zur Hauptstadt; nun wurde sie neuerlich vergrößert und verschönert. Die alte Stadt wurde der neuen Dynastie zu eng, und so schuf 1276 nach seinem großen Sieg über die Christenheere bei Ecija in Spanien Abou Youssef Yâcoub auf einem Plateau sw der Stadt ein neues F. unter dem Namen *El Medinet el Beïda,* die Weiße Stadt. Der auf dem Reißbrett entworfene Stadtteil wurde unverzüglich mit einer Befestigungsanlage, einem Sultanspalast, Kasernen und Wohnviertel, öffentlichen Bädern und einer großen Moschee versehen und sollte bald unter dem Namen *Fès el Jedid,* Fès die Neue, im Gegensatz zu *Fès el Bali,* Fès der Alten, bekannt werden. Zwischen 1310 und 1325 wurden die Juden von Fès el Bali, deren Zahl durch Einwanderungen aus Andalusien ständig zunahm, nach Fès el Jedid in die neue Mellah umquartiert.

Die Herrschaft des Merinidensultans Abou er Rabi (1308–1310) und v.a. seines Nachfolgers Abou Saïd Othman (1310–1331) waren der Beginn einer ganz bes. blühenden Periode. Es wurden marmor- und fliesenverzierte Häuser und Paläste errichtet, und überall verbreitete sich Luxus. Die Nachfolger Abou Saïds gründeten zahlreiche religiöse Bauwerke, so die Medresen Seffarin, Attarin und Misbahiya, die zur Hochblüte der hispano-maur. Architektur zählen. Die Kairaouine-Universität, an der die berühmtesten Gelehrten des Islam die damals unerhörte Zahl von über 8000 Studenten unterwiesen, erreichte ein noch nie dagewesenes Ansehen. Der Hafen von Badis verband F. mit dem moslemischen Granada, aber ebenso mit dem christl. Okzident, und bestimmte sie zu einem regen Handelszentrum. Die Stadt soll zu dieser Zeit über 200000 Einwohner gehabt haben, für die 785 Moscheen, 200 Fondouks und mehrere tausend Läden bereitstanden. Straßenbeleuchtung war ebenso eine Selbstverständlichkeit wie öffentliche Küchen, in denen die Armen gespeist wurden.

Mit dem von Unruhen begleiteten Niedergang der Meriniden-Dynastie verblaßten auch Macht und Glanz von F. 1465 fiel der letzte Merinidensultan Abd el Haqq einem Aufstand, der in F. ausgebrochen war, zum Opfer. Die Stadt ging 1471 in den Besitz der Ouattasiden über, die weder die Einnahme der letzten maur. Bastion in Spanien (Granada) verhindern noch die Portugiesen davon abhalten konnten, an mehreren Stellen der marokkanischen Atlantikküste Stützpunkte einzurichten. Sogar in F. eröffnete Portugal eine Handelszentrale, die den gesamten Warenumschlag nach Europa kontrollierte. 1522 wurde die Königsstadt zum Großteil von einem Erdbeben zerstört. 1554 eroberten sie die Saadier, deren fünfter Herrscher Ahmed el Mansour (1578–1603) die Stadt wieder prächtig aufbaute, obwohl die Dynastie in Marrakech residierte. Trotz alledem herrschte in F. wirtschaftlicher Verfall und Anarchie, da die Stadt in den Strudel um die Auseinandersetzungen um die Thronfolge ab 1603 hineingerissen wurde. Nach 1610 wurde F. Hauptstadt des nördlichen Reichsteiles. Die Alaouiten unter Moulay Rachid eroberten schließlich die Stadt und machten sie erneut zur Hauptstadt von ganz Marokko. Der zweite Alaouitensultan Moulay Ismaïl (1646–1727) verlegte allerdings seine Hauptstadt nach Meknès und siedelte in F. den ihm treu ergebenen Stamm der Oudaïa an. Nach seinem Tode zettelte dieser Stamm mehrmals Aufstände an, bis er 1833 von Sultan Abd er Rahman aus der Stadt vertrieben wurde.

Unter Moulay Abdallah (1732–1757), dem Nachfolger von Moulay Ismaïl, wurde F. bis 1912 wieder zur Hauptstadt Marokkos. Die Alaouiten errichteten Moscheen und Medresen, bauten Brücken und ließen die Straßen von Fès el Jedid pflastern. 1799 brach die schwerste Pestepidemie Marokkos aus, die Zehntausende Menschenleben forderte. Am Ende des 19. Jh. erfuhr das Stadtbild noch einmal einschneidende Veränderungen, als unter Moulay el Hassan die Bebauung des Geländes zwischen Fès el Bali und Fès el Jedid einsetzte und die beiden Stadtteile durch den Boujeloud-Palast, eine Waffenfabrik neben dem Dar el Makhzen und sonstige Erweiterungen vergrößert wurden. Als im Frühjahr 1911 rebellische Berberstämme die Stadt bedrohten, rief Sultan Moulay Abd el Hafiz (1908–1912) französische Truppen zu Hilfe, die am 21.5. 1911 unter Führung von General Moinier in F. einmarschierten. Am 30.3. 1912 wurde in F. der Protektoratsvertrag mit Frankreich unterzeichnet. Die Franzosen legten eine

Fès el Bali 1 Mosquée el Qaraouiyyîn **2** Médersa Attarine **3** Médersa Mesbahia **4** Kissaria **5** Souk Attarine **6** Souk au Henné **7** Place en Nejjarine **8** Zaouïa de Moulay Idriss **9** Médersa ech Cherratine **10** Place es Seffarine **11** Médersa es Seffarine **12** Quartier des Teinturiers **13** Mosquée er Rsif **14** Médersa es Sahrij **15** Mosquée des Andalous **16** Quartier des Tanneurs **17** Mosquée ech Cherabiyyîn **18** M'Zara **19** Médersa Bou Inania **20** Dar Batha **21** Bâb Boujeloud **22** Bâb ech Chorfa **23** Bâb el Mahrouk **24** Bâb Guissa **25** Palais Jamaï **26** Tombeau Mérinides **27** Borj Nord

☽ = islam. Bauwerk
Ceinture Nord
Route du tour de Fês
Rue du Grand Talâa
R. du Petit Talâa
Rue Souikat
R. ech Cherabliyyin
Souq el Attarin
Rue Achabine
Dar Tayine
Rue Mechat.
Louiyat
EL AOUAD
Rue Sidi Youssef
Rue Seffa
Rue Sidi Bouyida
Route du tour de Fês
1
2
3
4
5
6
7
8
9
10
11
12
13
14
15
16
17
18
19
20
21
22
23
24
25
26
27

Fès, Innenhof der Mosquée el Qaraouiyyîn

moderne Neustadt, die Ville Nouvelle an. In der Protektoratsszeit war F. eines der Zentren des Widerstandes gegen die Franzosen, doch verlor die Stadt nicht nur ihre politische Bedeutung an die neue Hauptstadt Rabat, sondern konnte auch wirtschaftlich nicht mit Casablanca, der größten und reichsten Stadt Marokkos, mithalten. Die reichen Handelsfamilien von F. stellen aber bis heute einen großen Teil der politischen und wirtschaftlichen Elite auch in diesen Städten. Seine Rolle als Mittelpunkt des intellektuellen, religiösen und künstlerischen Lebens hat F. mittlerweile wieder gefestigt. Seit der Unabhängigkeit ist F. nicht nur Provinzhauptstadt, sondern auch wichtiges Handelszentrum und Standort von Textil- und Nahrungsmittelindustrie. Gelegentlich residiert auch König Hassan II. noch in seinem Palast von Fès el Jedid. Die UNESCO, die Fès el Bali in ihre Liste des erhaltenswerten kulturellen Welterbes aufgenommen hat, fördert seit 1980 mit über einer halben Milliarde US-Dollar die Sanierung der alten Stadtviertel. Neubauviertel sollen die Bevölkerungsdichte (100 000 Einw./km^2!) reduzieren.

SAKRALE BAUTEN

Mosquée el Qaraouiyyîn (Zutritt nur für Moslems): Die zweitgrößte Moschee Marokkos, einfacher Kairaouine genannt, wurde um 857–860 von Lalla Fatma, der Tochter des aus Kairouan (Tunesien) geflüchteten reichen Kaufmanns Mohammed el Feheris, als bescheidene Bethalle gegr. Ihren Namen erhielt die kleine Moschee nach dem Flüchtlingsviertel der Kairouaner, in dem sie lag. 933 stieg sie unter dem Fatimidenstatthalter von F. zur Großen Freitagsmoschee auf und wurde dementsprechend ausgebaut und vergrößert. Das einfache quadratische Minarett von 956, das genau dreimal so hoch ist wie an der Basis breit, war eine Stiftung des Kalifen Abd er Rahman III. aus Córdoba, der die Fatimiden vorübergehend aus der Stadt vertrieben hatte. Zu einem der größten Sakralbauten des Islams erweiterte der Almoravidensultan Ali ben Youssef zwischen 1135 und 1144 die Moschee. Die Almohaden ergänzten das Gebäude durch einen großen Saal für rituelle Waschungen, und die Meriniden umgaben es mit 3 Medresen, darunter auch jene von Attarin. Auf einer Grundfläche von 5950 m^2 (85 m × 70 m) finden 22 000 Menschen Platz.

Einen diskreten Blick ins Innere kann man nur durch die zu den Gebetsstunden teilweise offenstehenden Tore im Vorbeigehen werfen. Das kostbare Brunnenbecken von 1202 in vertiefter Mitte flankieren an den Schmalseiten des mit schwarzen Fliesen belegten Innenhofes 2 von schmalen Säulen getragene Pavillons aus saadischer Zeit, die an den Löwenhof der Alhambra in Granada erinnern. Der Blick durch das mit reichem Rahmenstuck verzierte Tor des Betsaals auf das zum Mihrab führende Mittelschiff endet an einer Zedernholzschranke. Die Moschee ist in 16 Schiffe mit 270 über

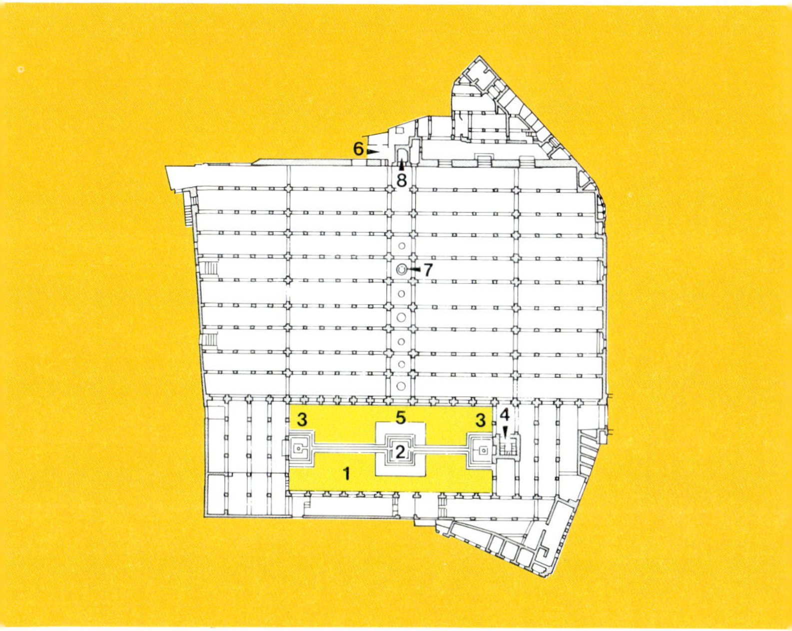

Fès, Mosquée el Qaraouiyyın 1 Innenhof **2** Brunnenbecken **3** Pavillons **4** Minarett **5** Eingang in den Betsaal **6** Großer Lüster **7** Mihrab **8** Bibliothek

Fès, Innenhof der Mosquée el Qaraouiyyîn

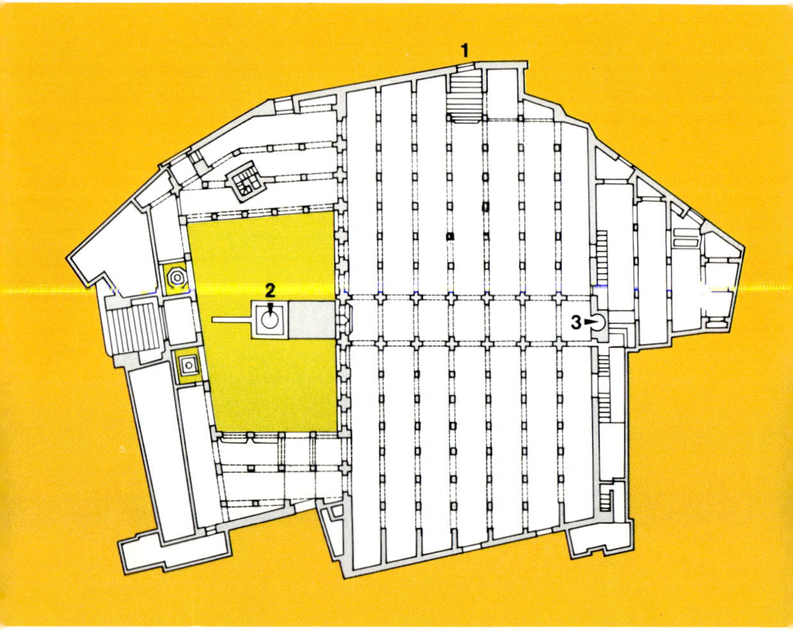

Fès, Mosquée des Andalous 1 Nordportal **2** Reinigungsbrunnen **3** Mihrab

Hufeisenbögen miteinander verbundenen schlanken Säulen gegliedert und hat 14 Haupttore, von denen 3 Reste alter Bronzeornamente noch aus der Zeit der Almohaden (1136) stammen. Der Boden ist mit Majolikafliesen ausgelegt. Die Schiffe verlaufen – dies ist einmalig unter allen Moscheen des Maghreb – nicht senkrecht auf die Kibla (Ostwand mit dem Mihrab) zu, sondern parallel zu ihr. Die Bedeutung des Mihrab wird jedoch durch ein einziges, senkrecht auf ihn zulaufendes Mittelschiff hervorgehoben, das die Parallelschiffe schneidet und durch 2 bes. schöne Säulenreihen mit Zackenbögen sowie durch außergewöhnlich prächtige Kuppeln ausgezeichnet ist. Jede dieser Kuppeln ist anders ausgeführt und zeigt abwechselnd kostbare, geschnitzte Holzgewölbe, Rippengewölbe oder die typischen Mukarnas- oder Stalaktitengewölbe. Der innere Gebetsraum enthält einen bemerkenswerten Mihrab, einen prachtvollen Mimbar mit außergewöhnlich schönen Holzschnitzereien aus dem 12. Jh., einen großen almohadischen Bronzelüster von 1203, der über 700 kg wiegt und früher mit 509 Öllampen ausgestattet war, und eine schöne astronomische Uhr von 1317, die urspr. vor dem Minarett stand. Vom Dach der *Médersa Attarine* bietet sich der schönste Blick auf den Innenhof und die mit grünen Fliesen bedeckten Grabendächer der Kairaouine.

Zur Moschee zählt auch die Bibliothek, die in Bauten südöstlich des Gebetssaales untergebracht ist. Sie wurde vom Ende des 13. Jh. an mit Hilfe großer Zuschüsse der Sultane eingerichtet und enthält heute über 30000 Bände, darunter auch viele seltene, alte Handschriften: u. a. eine Koranhandschrift aus dem 9. Jh., ein 638seitiges Manuskript des Lehrbuches von Ibn Rochd (Averroes) von 1320 sowie ein von Ibn Khaldun (1332–1406) der Universität persönlich geschenktes Exemplar seines Hauptwerkes, der »Muqaddima«.

Die Kairaouine-Moschee ist der Sitz der

956 gegr. islam. Universität von F., die damit als die älteste Universität überhaupt angesehen wird (die Al-Azhar-Universität in Kairo wurde 988, Salerno um 1000, Parma 1065 gegr.). Einer ihrer ersten abendländischen Studenten war Gerbert von Aurillac (um 940–1003), der als späterer Papst Silvester II. (999–1003) das hier kennengelernte Dezimalsystem mit den arab. Ziffern und den Gebrauch der Null in Europa einführte. Jahrhundertelang blieb die Kairaouine das geistige Zentrum des westlichen Islams. In ihrer Blütezeit im 14. Jh. wurde hier die zu damaliger Zeit sensationell hohe Zahl von 8000 Studenten unterwiesen, die, oft über Jahrzehnte, in den umliegenden Medresen lebten. Unterrichtsfächer waren v. a. Theologie, islam. Recht, Grammatik, Mathematik, Geographie, Astronomie und Medizin. Berühmte Männer wie der weitgereiste Ibn Battuta aus Tanger und der große Historiker Ibn Khaldun lehrten hier, und die Professoren der Kairaouine genossen ein derartiges Ansehen, daß viele von ihnen auch an die Hochschulen des christl. Abendlandes berufen wurden. Im Gründungsjahr der ersten medizinischen Fakultät Frankreichs in Montpellier eröffneten Ärzte der Kairaouine die Vorlesungen. In der Protektoratszeit schürten die Professoren von F. den Widerstand gegen die Kolonialherren und unterstützten den Kampf Mohammeds V. für die Unabhängigkeit Marokkos. Seit 1960 hat sie jedoch an Bedeutung eingebüßt, da die Fakultäten an die Peripherie der Medina übersiedelt sind und Medizin und Naturwissenschaften heute an den modernen Universitäten von Casablanca und Rabat gelehrt werden. Von Bedeutung ist die Kairaouine jedoch nach wie vor als Treffpunkt der islam. Rechtsgelehrten *(Ulemas)*.

Mosquée des Andalous (Zutritt nur für Moslems): Die alte Hauptmoschee des Andalusierviertels, urspr. nur ein einfaches Bethaus, wurde 862 von Myriam Bent Mohammed Ben Abdallah Al Feheri, der Schwester der Gründerin der Kairaouine-Moschee, gestiftet. Bes. beachtenswert ist das mit glasierten Fliesen (Zelliges) reichverzierte N-Portal mit einem hohen Stalaktiten-Schnitzvordach aus Zedernholz, das durch die zu ihm emporführende Treppengasse noch monumentaler wirkt. So wie die Kairaouine wurde auch diese Moschee mehrmals vergrößert: 956 wurde ein Minarett in Nachahmung desjenigen der Kairaouine angebaut. 1203–1207 wurde sie auf Befehl des Almohadensultans Mohammed en Nasir praktisch gänzlich neugestaltet (das große Tor stammt aus dieser Zeit). Die Meriniden stifteten 1307 einen Zelliges-Wandbrunnen, den der Alaouitensultan Moulay Ismaïl 1682 restaurieren ließ. 1415 wurde eine Bibliothek angeschlossen. In der Moschee befindet sich ein Mimbar, der z. T. aus dem 11. und dem 13. Jh. stammt. Der Mihrab wurde hingegen im 18. Jh. erneuert.

Fès, Médersa Attarine

Folgende Seiten: >

Links: Fès, Médersa Attarine
Rechts: Fès, Médersa Bou Inania

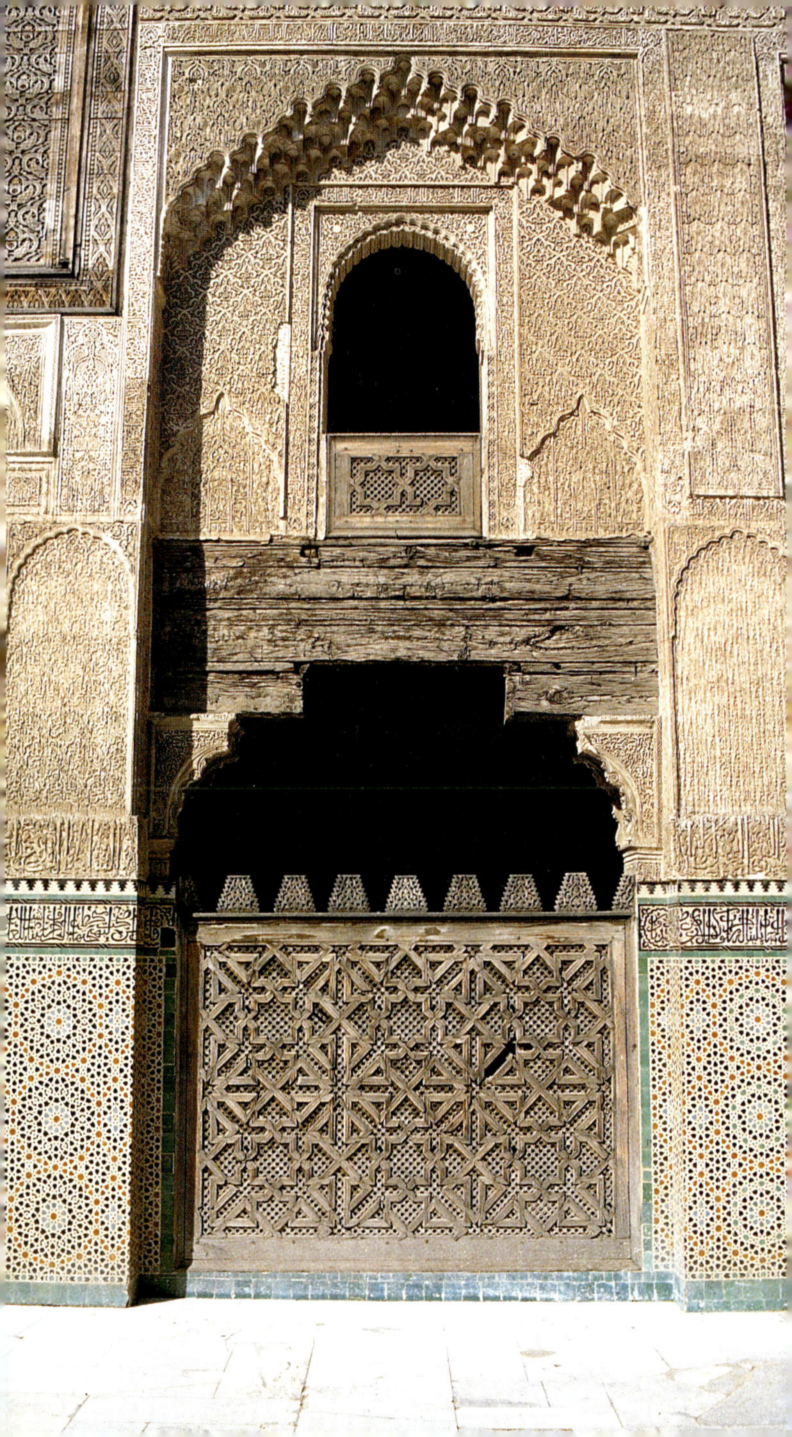

Fès, Médersa Bou Inania, Detail

Zu Frühlingsbeginn ist die Moschee Zielpunkt einer farbenfrohen Prozession von Kairaouine-Studenten zum Freitagsgebet. Die große *Fête du Sultan des Tolba,* ein Studentenfest, das alljährlich im April stattfindet und fast eine Woche lang dauert, erinnert an die Gründung der Alaouitendynastie im Jahre 1666, als die Studenten der Kairaouine Moulay er Rachid bei seinem Kampf um die Herrschaft unterstützten. Als Dank dafür gewährte ihnen der neue Sultan große Privilegien. Seitdem wird alljährlich eine Krone versteigert; der Gewinner wird »Sultan der Studenten« und von König Hassan II. empfangen.

Médersa Attarine: Die Koranschule am Ende des Souk el Attarine gilt als Kleinod merinidischer Baukunst. Sie wurde 1323–1325 von Sultan Abou Saïd Othman (1310–1331) erbaut. Obwohl sie wesentlich kleiner ist als die *Médersa Bou Inania,* besticht sie durch eine besondere Harmonie der Proportionen. Hervorzuheben sind bes. das mit feinziselierten Bronzeplatten geschmückte Zedernholztor, der schöne blütenförmige Reinigungsbrunnen aus weißem Marmor, die grazilen Fayencemosaiken und Fliesen-Sgraffiti, äußerst feine, zu Rautengittern, Arabesken, Stalaktiten und Kursivschriftbändern geschnittene Gipsstukkatur, die sämtliche Wandflächen überzieht, und die vielfarbigen, z.T. vergoldeten Schnitzarbeiten. Bes. schön sind die schlanken Ecksäulen des mit Marmor und Onyx ausgelegten quadratischen Innenhofs, die großen, fast runden Hufeisenbögen, die unten kaum eingezogen sind, und das holzgeschnitzte Vordach. Ein Bronzelüster, auf dessen Inschriften das Gründungsdatum der Medersa abzulesen ist, hängt von der prachtvollen Zedernholzdecke des Betsaales. Im Obergeschoß wohnten wie üblich die Studenten. Von der nicht immer zugänglichen Dachterrasse bietet sich eine herrliche Aussicht über die Medina bis zu den Merinidengräbern und ein Einblick in den Hof der Nichtmoslems verschlossenen benachbarten Moschee Kairaouine.

Médersa Bou Inania: Die jüngste, größte und bedeutendste der merinidischen Medresen von F., die zwischen 1350 und 1357 entstand, diente nicht nur als Hochschule, ihr wurde sogar der mehr als ungewöhnliche Status einer Predigermoschee zugebilligt. Die anders als ihre berberischen Vorgängerdynastien jeglicher religiöser Legitimation entbehrenden Meriniden suchten so ihrer Herrschaft eine religiöse Weihe zu verschaffen, indem sie Moscheen und Koranschulen in großer Zahl stifteten. Die Médersa Bou Inania ist eine Stiftung des Merinidensultans Abou el Hassan (1331–1351), wurde aber erst unter seinem Sohn Abou Inan Faris (1351–1358) vollendet, dessen Namen sie auch trägt. Die Rechnungen soll der eher durch seine Zeugungskraft als durch seine Frömmigkeit bekannte Sultan in den Fluß geworfen haben, da Schönheit sich nicht in Zahlen ausdrücken ließe. 1961–1963 unterzog man die Medersa einer gründlichen Restaurierung, doch weisen die Holz- und Stuckpartien schon wieder

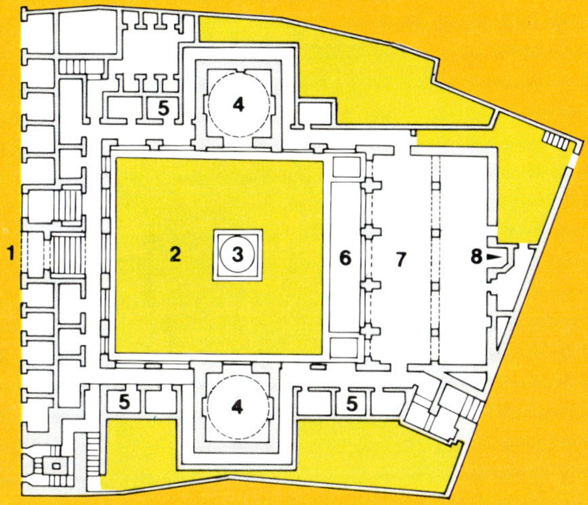

Fès, Médersa Bou Inania **1** Eingangsportal **2** Innenhof **3** Reinigungsbecken **4** Vorlesungsräume **5** Studentenzellen **6** Wassergraben **7** Betsaal **8** Mihrab

starke Verfallserscheinungen auf. Die Medersa ist das einzige noch benutzte Sakralgebäude, das von Nichtmoslems, zumindest bis zum Innenhof, wo die Gläubigen ihre Waschungen vornehmen, betreten werden darf.

Gleich beim Eingang entfaltet sich der überbordende Reichtum der Innenausstattung: Türflügel mit ziselierten Bronzeplatten und massiven Türklopfern, mit Onyxplatten und Fayencekacheln eingefaßte Treppen. Polychrome Fliesen dekorieren die unteren Wandflächen. Die Wände mit ihren in Stuck geschnittenen Inschriften und floralen Ornamenten überdacht eine Pyramidenkuppel, die von Tausenden von holzgeschnitzten und bemalten Bögen mit nischenartigen Wölbungen (Trompen) gestützt wird. Mehrere Stufen führen zu einer reichverzierten Zedernholzwand, durch deren Bogendurchgang man den großen, von einer Galerie umgebenen, mit weißem und rosafarbenem Carrara-Marmor sowie mit Onyx ausgelegten quadratischen Innenhof (etwa 18 × 18 m) betritt, in dessen Mitte ein kleines rundes Reinigungsbekken steht. Über den aus glasierten Kacheln bestehenden Mosaiken *(Zelliges)* der Pfeiler und Wände verläuft ein dekorativer Inschriftenfries mit Koransprüchen in schwarzer Kursivschrift. Darüber sind die Wände mit Stuckornamenten bedeckt, die als Stalaktiten spitzgiebelig die braunen Bogenfensterchen der im ersten Stock gelegenen winzigen, nur 2,50 × 2,50 m großen, heute nicht mehr benutzten Studentenzellen rahmen. Den oberen Abschluß bis zum grünlasierten Ziegelvordach bildet wundervoll geschnitztes und polychrom bemaltes Holzwerk. Prächtig gearbeitete Reliefschnitzereien weist das Gebälk der Pfeilerkolonnaden auf. Die dem Eingang

Fès, Haus des Glockenspielers

gegenüberliegende Hofseite wird vom Betsaal beherrscht, den ein kleiner Kanal des Oued Fès vom Hof trennt. 2 mit Flechtwerkmosaik gepflasterte Stege führen über den Kanal, der, wie das Reinigungsbecken, zu rituellen Waschungen diente. Von hier aus ist ein Blick in den für Nichtmoslems unzugänglichen Betsaal möglich, auf die Reihe von 4 Onyxsäulen mit maur. Kapitellen, auf denen spitze, stuckgeschmückte Hufeisenbogen das Dach mit reichverzierter kassettierter Holzdecke (Artesonado-Täfelung) tragen, auf den mit filigranem Gipsspitzenwerk überzogenen Mihrab in der Mitte der Kiblawand sowie die herrlichen alten Glasfenster. Den Hof flankieren 2 quadratische, von je einer Halbkuppel überwölbte Hörsäle, wobei der rechte Lehrsaal eine alte Holztür aufweist, die mit kunstvollen Schnitzereien verziert ist. Das schöne Minarett in der W-Ecke der Medersa ist höher als alle anderen Moscheetürme der Medina. Von seiner Galerie aus leiteten die Muezzine maßgebend für sämtliche Moscheen der Stadt den Ruf zum Gebet ein. Die genaue Uhrzeit für den Ruf bestimmte eine kunstvoll gearbeitete, inzwischen zerstörte Wasseruhr über dem Hauptportal. Von dem nicht immer zugänglichen Dach der Medersa und dem dazugehörigen Minarett bietet sich ein schöner Blick auf den Innenhof und die Altstadt.

Dem Hauptportal der Medersa schräg gegenüber, also auf der anderen Seite der Tala-Kebira-Straße, steht das *Haus des Glockenspiels.* In diesem innen nicht mehr zu besichtigenden Haus soll der berühmte jüdische Philosoph und Arzt Maimonides (1135–1204) seit seiner Vertreibung aus Córdoba im Jahre 1148 gewohnt haben, bis er 1165 nach Kairo ging und Leibarzt am Hofe Sultan Saladins wurde. Auf kleinen Zedernholzkonsolen in Höhe des ersten Stockwerks ruhen 13 Bronzehammerglocken, von denen nur noch 7 Originale sind. Die 13 Fensterchen darüber zeigen Spuren der

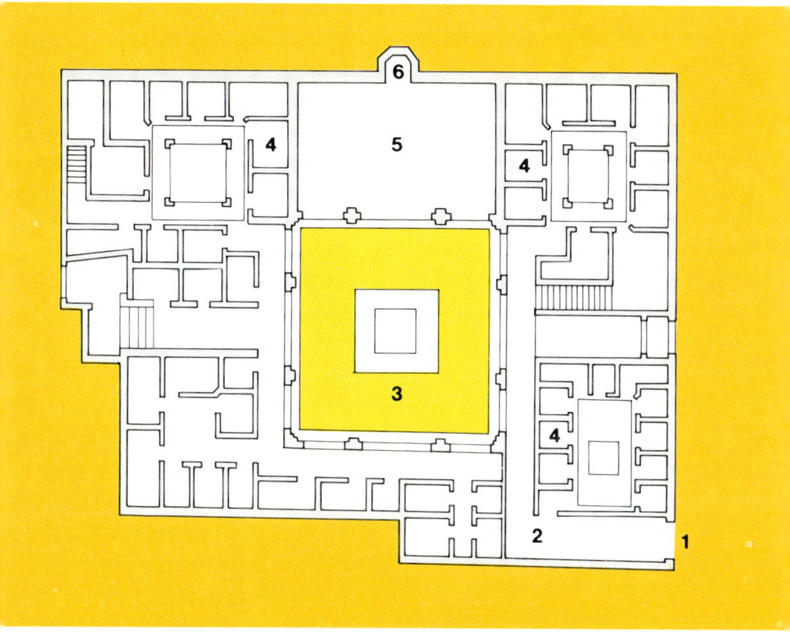

Fès, Médersa ech Cherratine 1 Eingangsportal **2** Vorraum **3** Innenhof **4** Studentenzellen **5** Betsaal **6** Mihrab

Triebwerke dieses Apparats, dessen Mechanismus im Zuge der von der UNESCO unterstützten Altstadtsanierung wieder in Gang gebracht werden soll. Schöpfer dieses 1357 installierten Glokkenspiels soll ein Meister aus Tlemcen (Algerien) gewesen sein; die Legende will wissen, daß er ein Zauberer war und daß ein anderer Zauberer das Glockenspiel zum Verstummen gebracht hat. Erzählt wird aber auch, daß ein Fluch die Uhr traf, als eine vorbeigehende Jüdin ihretwegen so erschrak, daß sie eine Fehlgeburt erlitt.

R von der Glockenspielfassade steht ein um die Mitte des 14. Jh. errichteter Reinigungssaal mit einem Becken für rituelle Waschungen aus weißem Marmor. Rings an den Wänden befinden sich die Abtritte, offene Toiletten. Die Saaldecke ziert prachtvoll geschnitztes Flechtwerk. Der Saal wird noch heute als öffentliche Männertoilette und für rituelle Waschungen benutzt.

Médersa Cherratine: Die Medersa wurde 1670 vom Alaouitensultan Moulay er Rachid gegr. und ist die größte der Stadt. 150 Studenten fanden dort Unterkunft. Auffallend schön sind die große, mit ziselierten Bronzeplatten versehene Zedernholztür sowie die geschnitzten und bemalten Holzdecken der Gänge im Erdgeschoß.

Médersa Mesbahia: Über dem Eingang dieser Medersa befindet sich ein schönes hölzernes Vordach mit reichen Schnitzarbeiten. Im Inneren sind v.a. die Kapitelle am Eingang des Betsaals beachtenswert.

Médersa es Sahrij: Die baufällige Medersa mit einem außergewöhnlich großen Reinigungsbecken (dem sie ihren Namen

Fès, Zaouïa de Moulay Idriss II

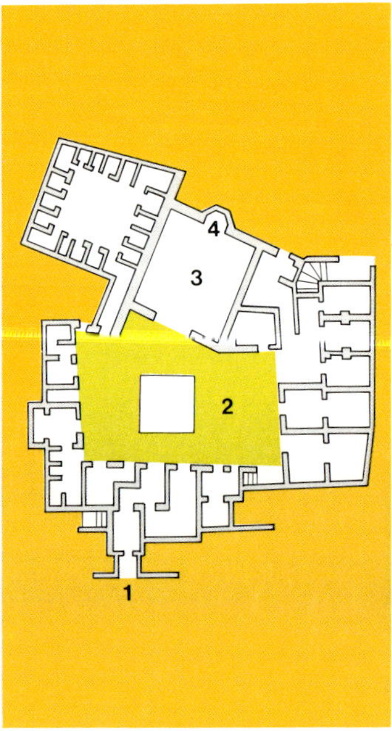

Fès, Médersa es Seffarine 1 Eingang **2** Innenhof **3** Betsaal **4** Mihrab

»Medersa des Brunnenbeckens« verdankt), wurde zwischen 1321–1323 von Prinz Abou el Hassan, der damals noch Thronprätendent war, erbaut. Die unteren Räume einschließlich der Deckengewölbe sind, bes. im Gebetsraum, außerordentlich kunstvoll ausgeschmückt.

Médersa es Seffarine: Die älteste, schlichte Medersa aus merinidischer Zeit am Ufer des Oued Fès (um 1280) wurde von ihrem Gründer mit einer reichen Bibliothek ausgestattet, die später der Grundstock zur Sammlung der Kairaouine werden sollte.
An dieser Hochschule studierte Abd el Krim, der Führer des Aufstandes der Rifkabylen. Vom Dach aus schöner Blick auf die Medina.

Médersa es Sebbaiyîn: Ihren Namen erhielt die meist geschlossene baufällige »Medersa der Sieben« nach den »Riouaya«, den 7 Methoden, den Koran zu lesen. Bes. sehenswert ist der von einer Galerie mit grazilen Marmorsäulen umstandene Hof.

Zaouïa de Moulay Idriss (Zutritt nur für Moslems): Die im 9. Jh. von den Idrissiden erbaute, aber verfallene Ruhestätte des Stadtheiligen und Stadtgründers Idriss II. (Er wird häufig mit seinem Vater Idriss I. verwechselt), die völlig in Vergessenheit geraten war, wurde 1437 von den Meriniden, deren Dynastie sich im Verfall befand, wiederentdeckt und politisch genutzt. Noch im selben Jahr errichtete man über dem Grab des Idrissidensultans eine Zaouïa, die seit den Ouattasiden Ziel eines Heiligenkultes und heute neben der Grabeshalle des heiligen Idriss I. in Moulay Idriss das wichtigste Wallfahrtsziel Marokkos ist. Im 18. Jh. wurde der Grabbau von den Alaouiten gründlich renoviert. Hier nah-

Fès, Zaouïa de Moulay Idriss II

men die neuen Sultane durch feierliche Annahme der *Baia* die Huldigung der Stämme entgegen. In den Baia, kostbar illustrierten Handschriften, die unter dem Gewölbe des Heiligtums aufgehängt wurden, erkannten die Stämme nicht nur die Oberhoheit des neuen Herrschers an, sondern formulierten auch ihre Forderungen an den Sultan. 1908 hob Sultan Abd el Hafiz diese Tradition auf und ließ alle im Heiligtum bewahrten Baia entfernen.

Die Zaouïa besteht aus dem Mausoleum, der Moschee, dem Opferhof, Ablutionsraum und Nebengebäuden. Tagaus, tagein kommen unzählige Muslime hierher, um die Baraka, den Segen des Heiligen, zu erbitten. Durch eines der reichverzierten Zedernholzportale kann der Nichtmoslem im Vorübergehen einen diskreten Blick durch das tagsüber offene Dreibogentor im W an der reichgeschmückten Hauptfassade werfen. Dieser Eingang, den nur Männer benützen dürfen, führt zum Katafalk des Heiligen, der mit kostbaren Brokaten bedeckt ist, die jährlich von der Zunft der Seidenweber ausgetauscht werden. Auf der Rückseite gestatten 2 Tore einen Blick in den offenen, mit zahllosen Lampen und einem prächtigen Zedernholzbaldachin geschmückten Vorraum ohne Verbindung zur Grabstätte, der den moslemischen Frauen vorbehalten ist, die das Innere des Heiligtums mit dem Grabmal auch nicht betreten dürfen. Neben dem einen Frauentor ist an der mit Stuck und bunten Kacheln verzierten Außenwand unter einem gitterverzierten Fenster eine sternförmige Kupferplatte mit einem Loch angebracht, in das die vorbeiziehenden Gläubigen die Hand stecken und eine Münze werfen. So glauben sie in den Genuß der Baraka, der heiligen Kraft Idriss' II., dessen Grab sich unmittelbar hinter dieser Platte befindet, zu gelangen.

Die Portale umlagern zahlreiche Bettler und Kerzenhändler, und in den umliegenden Läden werden verschiedenste

Fès, Zaouïa de Moulay Idriss II

Devotionalien feilgeboten. Ende August/Anfang September findet rund um die Zaouïa alljährlich ein großes Moussem der Handwerkszünfte zu Ehren des Stadtgründers statt. Dabei wird ein großes Fest mit Gesängen, Tanz und alter maur.-andalus. Musik gefeiert. Um die Grabmoschee herum läuft das *Horm* genannte Sacratum, das heute auch von Nichtmoslems betreten werden darf. In diese unverletzliche Asylstätte, deren Grenzen von Balken in den Gassen markiert werden, damit kein Reiter oder unreines Vieh eindringen kann und auch die Fußgänger sich neigen müssen, können sich heute noch von der Obrigkeit Verfolgte flüchten. Als der von den Franzosen eingesetzte Sultan Moulay Arafa 1954 das geheiligte Recht brach und 40 Rechtsgelehrte *(Ulema)* der Kairaouine-Universität, die die Rückkehr des abgesetzten Sultans Mohammed V. forderten, in diesem Bezirk verhaften ließ, trug dies mit zu jenen Unruhen im ganzen Land bei, die Frankreich schließlich zwangen, Mohammed V. wieder einzusetzen und sich selbst aus Marokko zurückzuziehen.

PALÄSTE

Dar Batha: Der ehemalige Wesirspalast im historisierenden span.-maur. Stil, der heute das *Musée des Arts marocains (Museum für marokkanische Kunst)* beherbergt, wurde unter Abou Ali Hassan (1873–1894) und Abd el Aziz (1894 bis 1909) erbaut. Die 2 Gebäudeteile des Museums sind an ihren Enden durch überdachte Galerien verbunden und umschließen einen schönen andalus. Garten. Die Säle sind mit herrlichen Schnitzdecken aus Zedernholz geschmückt und die Fußböden mit bunten Kachelmosaiken ausgelegt.

Im vorderen Flügel zu sehen sind Schöpfungen der moslemischen Buchkunst (Saal I und II), darunter eine Koran-

Fès, Dar el Makhzen

Fès, Kasbah des Cherarda

Fès, Fondouk Nejjarine

Fès, Fontaine Nejjarine

handschrift aus dem 12. Jh.; Keramik und Musikinstrumente (Saal III); Holzverzierungen, Kupfer- und Messingarbeiten sowie ländliche Teppiche, v. a. aus dem S von F. und dem Mittleren Atlas (Saal V); Töpferei, ländliche Gebrauchsgegenstände und Berbersilberschmuck aus dem Mittleren Atlas und der Gegend von Marrakech, zumeist aus dem 19. Jh. In einem kleinen Innenhof (Saal VII) sind Arbeiten aus Schmiedeeisen zu bewundern, darunter eine merinidische Türe aus dem 14. Jh. mit 2 Türklopfern, einer für Fußgänger, der andere für Besucher hoch zu Roß. Saal VIII ist den verschiedenen Dynastien Marokkos gewidmet. Im Saal IX, den Keramikfliesen mit kufischen und kursiven Inschriften, bisweilen im berühmten Fès-Blau, sowie ein verziertes Holzdach schmücken, findet man eine Sammlung marokkanischer Münzen vom 8. bis zum 18. Jh.; kunstvolle Holzschnitzereien sind im Saal X zu bewundern, darunter ein Mimbar (Mitte 14. Jh.) aus der *Médersa Bou Inania,* Teile eines Holzplafonds (14. Jh.) aus der *Médersa Misbahiya,* geschnitzte Balken, eine feingearbeitete Bibliothekstür aus Zedernholz sowie eine umfangreiche Sammlung von kunstvoll gedrechselten arab. Holzgittern *(moucharabiehs),* die ältesten darunter aus dem 14. Jh. In einem weiteren Innenhof (Saal XI) sind Bauelemente aus Gips und Alabaster wie Säulen, Türbögen etc. von Häusern, Medresen sowie moslemische und römische Grabsteine zu besichtigen. Im hinteren Flügel am Ende des Gartens sind Stickereien (Frauengürtel, Wandstickereien, Petit-Point-Stickereien mit Seiden- und Goldfaden, ein Aussteuerkoffer aus dem 16. Jh.), die berühmte blaue Keramik von F. mit zumeist aus dem 17. u. 18. Jh. stammenden Exponaten sowie bäuerliche Töpferei und Beispiele islam. Kalligraphie untergebracht. Schließlich sind hier noch Buchbinderwerkstätten zu besichtigen. Das Museum beherbergt die zentrale Überwachungsstelle für die verschiedenen *Maisons d'Artisanat,* bei der man sich informieren, aber auch eventuelle Beschwerden anbringen kann.

Fès, Bâb Boujeloud >

Dar el Beïda: Der Palast, genannt »Weißes Haus«, entstand im späten 19. Jh. unter Abu Ali Hassan I. und wurde unter Abd el Hafiz (1908–1912) vergrößert. In diesem Komplex wohnte der französische Generalresident, bevor er seinen Amtssitz nach Rabat verlegte. Heute wohnen in dem restaurierten Gebäude Gäste des Königs (keine Besichtigung).

Dar el Makhzen: Der 80 ha große Bezirk des Königspalasts ist für die Öffentlichkeit nicht zugänglich, da König Hassan II. hier bisweilen residiert. Zum Palastbezirk gehören außer dem eigtl. Dar el Makhzen u. a. eine von Abu Saïd Othman (1310–1331) gestiftete Medersa, der von Mohammed ben Abdallah (1757 bis 1790) errichtete prächtige Palastteil *Dar Ayad el Kebira,* eine Moschee, mehrere Méchouars als Paradeplätze und weitläufige Gartenanlagen. Die eindrucksvolle Fassade des Sultanspalastes mit den Zedernholztüren, die seit 1971 mit getriebenem, fein ziseliertem Goldblech versehen sind, sieht man vom Ende der 60er Jahre angelegten Place des Alaouites am Übergang zur Ville Nouvelle aus.

Palais Jamaï: Der Palast war 1878 urspr. als Lustschloß *(Menzeh)* des Wesirs Jamaï errichtet worden, eines Ministers unter Sultan Abou Ali Hassan I. (1873 bis 1894). Der von einem herrlichen Garten im andalus. Stil umgebene Palast ist heute das luxuriöseste Hotel von ganz F.

BEFESTIGUNGSANLAGEN

Bâb Boujeloud: Das neue Doppeltor von 1913 im Stil der Meriniden-Epoche ist prachtvoll mit grünen und blauen Fayencen geschmückt. Die 2 Symbolfarben erinnern an das Grün des Islams und das Fès-Blau der Stadt. Reizvoller Durchblick auf 2 Minarette der Medina.

Bâb ech Chorfa: Hinter dem schönen, von 2 Wehrtürmen flankierten wuchtigen Tor findet täglich ein Flohmarkt statt. Dicht hinter ihm liegt eine von Moulay Slimane restaurierte, ältere Moschee.

Fès, Lederverarbeitung im Souk >

Bâb el Mahrouk: Das »Tor des Verbrannten« wurde 1214 unter dem Almohaden Mohammed en Nasir erbaut und hieß offiziell *Bâb ech Cheria (Tor der Gerechtigkeit),* da der Führer der aufständischen Ghomara-Berber, El Obeidi, hier auf einem Scheiterhaufen endete.

Bâb es Seba: Das aus dem frühen 15. Jh. stammende Tor, Zugang zum *Vieux Méchouar,* war Zeuge leidvoller Begebenheiten. An die Zinnen dieses Tores hängte man 1443, mit dem Kopf nach unten, nach grausamer Folterung, den nackten Leichnam des Infanten von Portugal, Prinz Ferdinand, des Sohnes von Johann I. Dieser war bei dem Versuch, Tanger zu erobern, in Gefangenschaft geraten, die 6 Jahre dauerte. Der »standhafte Prinz« (so der Titel eines Dramas von Calderón) hatte sich geweigert, gegen seine Freilassung den Verzicht Portugals auf Ceuta auszusprechen. Wenige Tage nach seiner Abnahme wurde die abgezogene Haut des Prinzen 29 Jahre lang unter dem Tor in einem offenen Sarg zur Schau gestellt. 1523 wurde der Franziskanerpater André de Spolète vor dem Bâb es Seba auf einem Scheiterhaufen verbrannt.

Bâb Ftouh: Das Tor wurde auf den Fundamenten des aus der Zeit der Stadtgründung stammenden *Bâb el Kibla,* das die Richtung nach Mekka angab, unter den Ouattasiden neu errichtet und im 18. Jh. unter Sidi Mohammed Ben Abdallah umgebaut. Hier beginnt der große Bâb-Ftouh-Friedhof mit Koubbas von Heiligen und Universitätsprofessoren. Bei Pilgern bes. beliebt ist die Koubba des Sidi Ali Ben Harazem († um 1164), dessen Vorlesungen so spannend gewesen sein sollen, daß ihnen sogar die Geister *(djinns)* beiwohnten, sowie die des Begründers der Alaouiten-Dynastie, Moulay er Rachid. Von hier aus nimmt jährlich eine feierliche Prozession von Studenten zur Andalusier-Moschee ihren Anfang, die daran erinnert, daß die Studenten der Kairaouine-Universität den Sultan einst im Kampf gegen die

Fès, Quartier des Tanneurs

Saadier unterstützt hatten. Auf der Höhe des Friedhofshügels sind die Mausoleen der Sieben Männer *(Sebatou Rijal)* zu sehen; es sind dies 7 anonyme, als Apostel verehrte Marabouts, deren Schutz und Segen *(baraka)* von vielen Gläubigen gesucht wird.

Bâb Guissa: Das Nordtor der Medina ist das älteste noch erhaltene Stadttor von F.; es wurde 1204 von dem Almohaden Mohammed en Nasir errichtet und unter dem Merinidensultan Abou Youssef Yâcoub (1259–1286) restauriert. Am Tor stehen eine kleine Moschee und eine Medersa.

Borj Nord: Das v. a. zur Einschüchterung der Stadtbevölkerung gedachte Fort ließ der Saadiersultan Ahmed el Mansour (1578–1603) von Christensklaven errichten. Seit 1964 ist dort eine umfangreiche Waffensammlung von prähistorischer Zeit bis zum modernsten Maschinengewehr untergebracht: Streitäxte, Speere, Lanzen, Dolche, Schwerter, Degen, Säbel, Helme, Schilde und moderne Feuerwaffen. Nicht nur marokkanische, sondern auch europäische Kriegs- und Jagdwaffen sind zu sehen.

Borj Sud: Dieses Fort bildet das Gegenstück zum Borj Nord und wurde zur gleichen Zeit und zum gleichen Zweck unter Sultan Ahmed el Mansour erbaut.

STADTVIERTEL, STRASSEN UND PLÄTZE

Kasbah des Cherarda: Die etwa 300 × 400 m große Kasbah der Cherarda ließ der erste Alaouitensultan Moulay er Rachid 1670 zur Kasernierung seiner Leibgarde errichten. Als diese die Bevölkerung von F. zu tyrannisieren begann, wurden sie in andere Gegenden umgesiedelt. In die Kasbah rückten zunächst der Stamm der Oudaïa (18. Jh.), später

Fès, Quartier des Teinturiers

der Stamm der Cherarda (19. Jh.) ein. Seit einigen Jahren werden die alten Kasernen und Wohnquartiere durch moderne Gebäude der Kairaouine-Universität ersetzt.

Kissaria (oder Qaysariya): In diesem durch Tore verschließbaren Stadtteil befinden sich die Souks, in denen nur kostbare Güter, wie Stoffe und Frauenschmuck, feilgeboten werden. Das unbeschreibliche Gewirr von Gassen und Gäßchen brannte 1954 ab und wurde anschließend im rechtwinkligen Reißbrett-Format wieder aufgebaut.

Mellah: Als Sultan Abou Youssef Yâcoub F. zur neuen Hauptstadt des Merinidenreichs erhob und 1276 das »Neue Fès« *(Fès el Jedid)* gründete, kamen immer mehr Juden aus Andalusien und ganz Marokko hierher, so daß das alte Judenviertel im nördlichen Teil der Medina bald hoffnungslos übervölkert war. So beschloß Sultan Abou Saïd Othman im Jahre 1310, im S seines Palastes ein neues Getto einzurichten, in die er alle Juden von F. umsiedelte. Das Viertel erhielt den Namen *mellah,* was auf arab. »Salz« bedeutet, weil es die Aufgabe der Juden war, die Köpfe enthaupteter Rebellen zu trocknen und einzusalzen, bevor diese über den Stadttoren aufgespießt wurden. Diese Mellah war von einer hohen Mauer geschützt, ihre Tore wurden nachts zur Sicherheit der Insassen geschlossen, die als Geldverleiher, Goldschmiede und Juweliere (Berufe, die den Moslems als unrein galten) oft für den Sultan selbst tätig waren. Innerhalb der Mellah bestand weitgehende Selbstverwaltung mit einem gewählten Stadtrat und einem vom Sultan ernannten Bürgermeister *(Sheikh el Jhoud)* sowie eigener Gerichtsbarkeit, die von 3 Rabbinern ausgeübt wurde. Mit Beginn der Protektoratsherrschaft im Jahre 1912 hob der französische Generalresident Marschall Lyautey den Residenzzwang und die Pflicht, einen schwarzen

Fès, Tombeaux Mérinides

Kaftan zu tragen, auf, worauf die meisten Juden in die Ville Nouvelle oder nach Casablanca zogen und später nach Israel auswanderten. Ärmere Moslems zogen in die heute recht verwahrlosten zwei- und mehrstöckigen Häuser, deren Straßenfront nicht abweisend verschlossen, sondern mit Türen und vielen größeren Fenstern versehen ist, die häufig geschnitztes Holzflechtwerk oder schmiedeeiserne Gitter aufweisen, z. T. auch schöne Holzbalkone im andalus. Stil. Von den einst 12 Synagogen sind heute noch 2, allerdings stark verfallene, erhalten: die Synagogen *Sarfati* und *des Fassine.* Lohnend ist ein Gang über den alten jüdischen Friedhof im S der Mellah.

Place en Nejjarine: Der Platz im Souk en Nejjarine, dem Tischler-Souk, gehört zu den malerischsten der Medina. Seine Westseite beherrscht das Eingangsportal des *Fondouk Nejjarine.* Die Flügeltür ist mit gerillten Ziernägelköpfen geschmückt. Über dem Hufeisenbogen bauen sich schöne Gipsrautenbänder mit Kachelfüllung, Koransurenstuck, zart durchbrochene Blendbogenfriese und ein Schnitzvordach aus Zedernholz mit grünlasierten Ziegeln auf. 2 quadratische Türmchen säumen die im Inneren sehr baufällige Kaufmannsherberge aus der Zeit um 1700. Hier fanden nicht nur Mensch und Tier Unterkunft, hier lagerten die Importhändler auch ihre Waren ein, bis sie von Einzelhändlern abgeholt wurden. Der verschlossene Innenhof des Fondouks, auf den hin sich im Erdgeschoß die Lagerhallen und in den oberen Geschossen die ehemaligen Übernachtungsräume der Händler öffnen, ist umrandet von schönen, reichverzierten Holzgalerien, die untereinander mit Holztreppen verbunden sind. R neben dem Portal des Fondouks steht die grazile *Fontaine Nejjarine,* der schönste Stadtbrunnen von F. Die Brunnenwand schmücken Mosaiken aus emaillierten Fayencekacheln *(Zelliges),* sowie Stuck-

und Schnitzwerk. Grüne Ziegel schützen das Zedernholzvordach.

Place es Seffarin: Am Eingang dieses schönen Platzes, der zum Souk der Kessel-, Kupfer- und Messingschmiede gehört, steht r ein sehr schöner, mit Pflanzenmotiven verzierter Brunnen. Etwas weiter r liegt der Eingang zur berühmten Bibliothek der Kairaouine.

Quartier des Tanneurs: Das nicht nur für europäische Nasen bestialisch stinkende, aber sehr pittoreske Gerberviertel *(Chouara)* in der Nähe des Oued Fès läßt sich am besten von einigen Dachterrassen aus überblicken. Die Häute werden in den als Kooperativen betriebenen Gerbereien noch heute mit zumeist einfachen Methoden bearbeitet. Nach der Enthaarung legt man sie in aus Lehm und Ziegelsteinen errichteten kreisförmigen Behältern mit 1–2,50 m Durchmesser in Kalk. Nach 3–4 Wochen werden sie dann gut gewässert und in anderen, ähnlichen Behältern von den Arbeitern mit bloßen Füßen weichgetreten, anschließend erneut gewässert und in einer scharfen Lauge, die z.T. aus Taubenkot gewonnen wird, weiter bearbeitet. Nach einer weiteren guten Wässerung färbt man sie mit natürlichen oder chemischen Farben und bearbeitet sie anschließend mit aus Pflanzen und Holz gewonnenen Gerbstoffen. In einem letzten Durchgang werden sie erneut gewässert und dann getrocknet.

Quartier des Teinturiers: Hier haben die Wollfärber ihren Souk, und überall hängen bunte Wollbündel zum Trocknen längs der *Rue des Teinturiers* und quer darüber. Mit Farbspritzern ist zu rechnen.

Souk Attarine: Die pittoreske, enge und sehr belebte Straße der Gewürzhändler ist von Gerüchen und Düften erfüllt. In Schalen und Säckchen findet man dort eine Vielzahl von Gewürzen und Kräutern.

Souk au Henné: Die Stände des Henna-Souks bieten einen unerschöpflichen Vorrat an Haar- und Gesichtsfarben feil.

Vieux Méchouar: Auf dem von hohen Mauern umgebenen »alten Empfangshof« des Dar el Makhzen gaben die Sultane festliche Empfänge, hier fanden die öffentlichen Gerichtsverhandlungen und Aburteilungen statt, und hier wurden die Köpfe der Hingerichteten zur Schau gestellt. Nachmittags unterhalten hier Tänzer, Gaukler und Geschichtenerzähler ihr Publikum, doch wird der Platz heute an normalen Wochentagen überwiegend als Parkplatz benutzt. Die *Makina* an der Westseite des Vieux Méchouars wurde 1886 von Italienern als Fabrik für Gewehre und kleinere Kanonen gebaut. Gegenwärtig ist in dem Gebäude eine Teppichknüpferei untergebracht.

WEITERE SEHENSWÜRDIGKEITEN

Djemaa el Azhar (Zutritt nur für Moslems): Unter Abou Inan 1357 errichtete Moschee mit elegantem Minarett und einem schön verzierten Steinportal, das angeblich aus Andalusien stammt.

Fondouk Tsétaouine: Sehenswert die Eingangshalle dieser Karawanserei der Leute von Tétouan, deren Decke noch aus merinidischer Zeit stammt, ebenso wie das mächtige Schloß der Eingangstüre.

Grande Mosquée de Fès el Djedid (Zutritt nur für Moslems): Die Moschee wurde 1276 vom Merinidensultan Abou Youssef Yâcoub (1258–1286) errichtet. Seit dem Umbau 1395 hat sich ihr Grundriß in der traditionellen T-Form nicht mehr geändert. Der 54 × 34 m große Gebetssaal besteht aus 7 Schiffen, von denen 2 als Riwaks für den quadratischen Hof verlängert sind. Das Minarett steht in der Nordwestecke des Hofes. In dem benachbarten Grabbau ruht Sultan Abou Inan Faris (1351–1358).

Mosquée ech Cherabiyyîn: (Zutritt nur für Moslems): Die unter dem Merinidensultan Abou el Hassan (1331–1351) erbaute »Moschee der Babuschenmacher« besticht durch ihre eleganten Proportio-

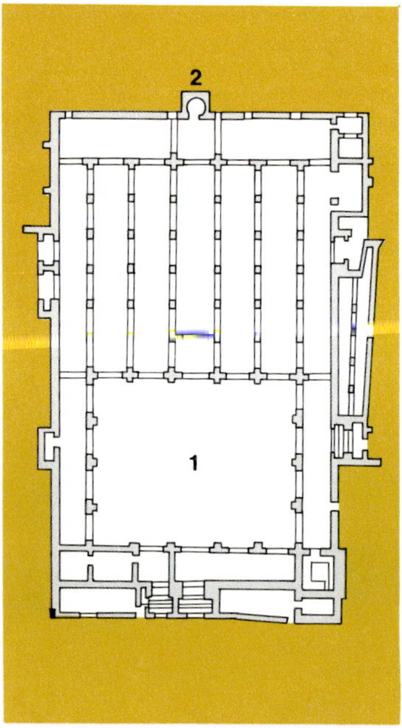

Fès, Grande Mosquée de Fès el Djedid 1 Vorhof **2** Mihrab

Fès, Grande Mosquée de Fès el Djedid

nen und die feinen polychromen Kacheln. Das mit bunten Kacheln verzierte Minarett stammt allerdings vom Anfang des 19. Jh. In der Nähe der Moschee befindet sich ein kleiner Brunnen, an dessen Gitter Passanten und Anwohner Wollfäden befestigen, die nach altem Volksglauben die Erfüllung eines Wunsches bewirken.

Mosquée er Rsif (Zutritt nur für Moslems): Die unter Sidi Mohammed Ben Abdallah (1757–1790) erbaute Moschee besitzt ein hübsches, mit grünen Kacheln geschmücktes Minarett. Vor der Moschee ist der Gemüsemarkt.

Mosquée Moulay Abdallah (Zutritt nur für Moslems): Die Moschee wurde unter dem gleichnamigen Alaouitensultan (1727–1757) errichtet und birgt in einer Koubba dessen sterbliche Überreste. Daneben finden sich noch weitere Gräber von Mitgliedern der alaouitischen Königsfamilie.

M'Zara: Überdachte, stuckverzierte und von einem Minarett flankierte Bank in der Tala-Kebira-Straße. Die Gedenkstätte erinnert daran, daß Sultan Idriss II. sich an dieser Stelle ausgeruht und die Gründung von F. beschlossen haben soll.

Tombeaux Mérinides: Hier fanden die Merinidensultane seit Abou Inan Faris († 1358) ihre letzte Ruhestätte. Nur noch spärliche Ruinen sind von den Grabstätten erhalten, die Leo Africanus im 16. Jh. noch in den leuchtendsten Farben schilderte. Herrliche Aussicht auf die Medina.

Jardins du Boujeloud: Dieser Park besitzt mehrere Teiche, einen Bambushain und ein schön gelegenes Café, von dem aus eine alte Noria, ein Wasserschöpf-

Ifrane (Fès), Rathaus

rad, zu sehen ist. In dem Park wird das Wasser der Bäche Oued Zitoun und Oued Fès in zahlreiche Kanäle verteilt, die die Stadt und ihre Umgebung bewässern.

BRAUCHTUM UND VERANSTALTUNGEN

Mehrere große Moussems innerhalb der Stadt oder in der engeren Umgebung, darunter als bedeutendster der Moussem des Moulay Idriss II. (Ende August/Anfang September) zu Ehren des Stadtgründers. Im April feiern die Studenten der Kairaouine-Universität mit Umzügen das traditionelle Fest des Sultan du Tolba. *Semaine de Tapis* (Teppichwoche) im September und *Moussem de l'Artisanat* (Kunsthandwerk) im April. *Moussem Sidi Lahcen* in Sefrou (September). *Moussem Moulay Bouchta* mit vielen Fantasias (Oktober).

Umgebung

Ras el Ma (13 km sw): Schöngelegener Ort mit königlicher Residenz (seit 1970). In seiner Nähe entspringt einer der Quellflüsse des Oued Fès in einer Grotte, dort alte Kasbah und die Reste eines Minaretts.

Sidi Harazem (15 km ö): Thermalbad um eine berühmte artesische Quelle, in der schon die Römer badeten.

Der heilige Sidi Harazem liegt hier in einer weißen Koubba im Palmenhain begraben.

Das Mineralwasser des Ortes wird im ganzen Land getrunken. Nahe bei dem Ort befindet sich ein Steinkreis *(Kromlech)*, etwas kleiner als der bekannte von Larache.

Moulay Yâcoub (25 km): Kleines, ganzjährig besuchtes Thermalbad um eine heiße Quelle mit Marabout. Die Koubba des heiligen Moulay Yâcoub bildet den Mittelpunkt der alten Siedlung. Ihr ist im

O eine holzgedeckte Arkadenhalle vorgestellt, in der Frauen mit Kindern hokken und auf Heilwunder warten.
Sefrou (28 km s): Hübsche Kleinstadt, die vom Obstanbau lebt (im Juni dreitägiges Kirschenfest). Schöner Souk am Donnerstag für Holz- und Kunstschmiedearbeiten sowie Teppiche aus der Region. Stadtgründung im 7. Jh. von dem Berberstamm der Ahel Sefrou jüdischer Konfession. Im 9. Jh. wurden sie zwar offiziell islam., blieben innerlich aber ihrem Glauben noch lange treu. Im 13. Jh. großer Wohlstand als Karawanenstation und Ansiedelung von jüdischen Flüchtlingen aus dem Tafilalet und Südalgerien. Heute nur noch 3 jüdische Familien. Im W oberhalb der Stadt steht der von einer Mauer umgebene *Ksar el Kelaa.* In der Nähe die heiligen Höhlen Kef el Moumen mit Siebenschläfer-Legende. Bei einer Quelle am Westrand von S. *Marabout de Sidi Bou Ali Serghin.* Hier alljährlich archaisches Tieropfer durch moslemische Pilger, das Tierblut stärkt die Heilkraft der Quelle.
Ifrane (61 km s): Von den Franzosen 1929 völlig neu errichtetes exklusives Erholungszentrum im Mittleren Atlas. Sommerresidenz von Hassan II., nach dem Vorbild europäischer Burgen errichtet. Viele Häuser mit grünlasierten Ziegeln gedeckt (sonst nur für religiöse und offizielle Bauten üblich). In unmittelbarer Umgebung liegt der berühmte *Forêt de Cèdres* (Zedernwald). 18 km s liegt der kleine Wintersportort *Mischliffen.* Im O vulkanisch geprägte Landschaft mit 5 Kraterseen.

Figuig
Figuig

Einw.: 37 000 Höhe: 900 m S. 257 □ E 2

Das im äußersten Südostzipfel Marokkos nahe der algerischen Grenze in einer elliptischen, 20 km² großen Mulde gelegene F. gilt als eine der schönsten Oasenstädte Nordafrikas. Ihre Bewohner, vorwiegend Berber vom Stamm der Beni Guil, leben in 7 ummauerten, da ehemals verfeindeten Ksour (Zenaga, El Oudaghir, El Maïz, El Abidat, Ouled Slimane, El Hamman el Foukani und El Hamman et Tahtani) und einem modernen Verwaltungsviertel. Sie kultivieren in erster Linie Datteln der 200 000 Dattelpalmen, die durch Foggaras, unterirdische Kanäle, bewässert werden. Von einer frühen

Sefrou (Fès)

Besiedelung zeugen zahlreiche prähistorische Höhlenmalereien und Felsritzungen am Djebel Sidi Youssef und am Djebel Zenaga. Im 17. und 18. Jh. war die Oase eine wichtige Karawanenstation. Danach wurde sie bis zur Mitte des 18. Jh. zum ständigen Streitobjekt zwischen Marokko und Algerien, ehe sie 1845 endgültig an Marokko fiel. Als im Jahre 1875 der algerische Rebell Sidi Bou Amama nach F. floh, um von hier den Widerstand gegen die Franzosen mit dem Bau einer Festung fortzuführen, kam es zu Kämpfen mit den Franzosen. 1903 kam der französische Gouverneur von Algerien, Jonnart, nach F., um mit dem örtlichen Vertreter des Sultans über die Grenzzwischenfälle und den in der Bevölkerung umstrittenen Bau einer Anschlußbahnstrecke von Bouarfa nach Colomb Béchar zu sprechen (die nicht zustande kam). Als er und seine Delegation im Ksar Zenaga Opfer tätlicher Angriffe wurden, nutzten die Franzosen dies zum Vorwand, die Oase zu bombardieren und zu besetzen. Erst mit der Unabhängigkeit Marokkos 1956 räumten die französischen Truppen F. Marokkanische Ansprüche auf das zu Algerien gehörende Colomb Béchar führten 1963 in der Umgebung von F. zu wochenlangen militärischen Auseinandersetzungen zwischen den beiden Ländern. Das Grenzabkommen von 1964 (1970 erneuert) sprach die Oase definitiv Marokko zu. Als wichtiges Handelszentrum für die Nomaden der Umgebung bis weit in die Sahara hinein ist sie jedoch wirtschaftlich immer noch sehr stark mit Algerien verhaftet. Schutzpatron von F. ist Sidi Abd el Kader, ein Nachkomme des Prophetenschülers Abou Bakr Sadiq aus Arabien. Der Heilige kam im 7. Jh. im Gefolge des arab. Eroberers Oqba ben Nafi in den Maghreb. Sein 1447 gegründetes, 1896 restauriertes Mausoleum liegt n außerhalb der Oase.

Ksar el Hamman el Foukani: Vor den Dorfmauern dieses Ksar mit dem Namen »Oberes Dampfbad« befindet sich eine unterirdische heiße Quelle (33 °C), die durch einen schmalen, engen Treppeneingang zugänglich ist. Neben ihr steht die ehemalige Zaouïa des Sidi Bou Amama (1840–1908), jenes algerischen Aufständischen, der 1875 die Bevölkerung zum Widerstand gegen die Franzosen aufrief.

Der Palmenhain dieses Ksar ist besonders üppig.

Figuig, Palmeraie

< *Figuig, Musizierende Einheimische*

Ksar el Maïz: Hübscher Ksar mit Häusern, die durch bienenkorbartige Veranden besonders ansprechend wirken. Vor der Moschee befindet sich ein größerer, arkadengesäumter Platz. Viele seiner Gassen sind mit Schilfrohrmatten überdacht, die vor der brennenden Sonne schützen sollen und ein eigenartiges Spiel von Licht und Schatten hervorrufen.

Ksar Zenaga: Die kleinen würfelförmigen Stampflehmhäuser des größten Ksar der Oase weisen zur Straße hin, mit Ausnahme der Eingangstür, keine Maueröffnungen auf. Auch hier sind die Gassen überdacht.

Plateforme de Djebel Djorf: Von dieser Aussichtsterrasse auf dem gleichnamigen Berg genießt man einen herrlichen Blick auf die gesamte Oase, die umliegende Berglandschaft bis hin zur beginnenden Sahara.

G

Guelmim/Goulimine/Kulimin

Guelmim

Einw.: 38 000 Höhe: ca. 500 m S. 258 □ A 4

Die moderne Wüstenstadt liegt am Fuße des rund 1000 m hohen Westausläufers

Goulimine, »Blaue Männer«

des Anti-Atlas. G., einst als Etappe der Timbuktu-Karawanen das Tor zur marokkanischen Sahara, war ein wichtiger Warenumschlagplatz für Salz, Gold, wertvolle Stoffe und schwarze Sklaven zwischen dem Maghreb und Schwarzafrika. Die moderne Stadt wurde um 1882 von Moulay Hassan I. als Militärstützpunkt angelegt und erhielt während des Saharakrieges weitere reizlose Betonbauten. Seine Attraktivität verdankt G. allein dem samstäglichen Kamelmarkt der Saharanomaden.

Brauchtum und Veranstaltungen: *Kamelmarkt:* Zu diesem Markt, der früher regelmäßig am frühen Samstagmorgen auf einem eingefriedeten Marktplatz am n Rand der Stadt stattfand, kamen früher auch in großer Zahl die berühmten »Blauen Männer« aus dem Nomadenstamm der Reguibat.
Sie waren einst die bedeutendsten Dromedarhändler Nordafrikas. Heute wird dieser Markt nicht mehr regelmäßig ab-

Goulimine, Marabout

gehalten und ist weitgehend zum Touristenspektakel degeneriert, da die Saharanomaden durch den westsaharischen Sperrwall südlich von Smara/Boukraa weitgehend daran gehindert werden, noch zu Tausch und Handel nach Guelmim zu kommen, und auch die Fracht der Kamele längst von LKWs übernommen wird.

Die in G. noch anzutreffenden »Blauen Männer«, die ihren Namen einer als vornehm geltenden Verfärbung der Haut durch die von ihnen bevorzugten indigoblauen Gewänder verdanken, sind zumeist keine echten Nomaden mehr, sondern nur noch Fotoobjekte für illusionsgläubige Touristen.

Auch der »alte« Silberschmuck, den diese Männer anbieten, ist zumeist industriell gefertigt und oft genug aus minderwertigem Metall.

Berühmt waren auch die samstäglichen Darbietungen der »Guedra«, des »Kochtopftanzes«. Dabei beginnen die Tänzerinnen auf Knien sich zunächst nur langsam im mit Händeklatschen begleiteten Takt einer Trommel zu bewegen, bei der ein Ziegenfell über einen Keramiktopf gespannt wird. Die immer ekstatischeren Bewegungen werden zunehmend vom ganzen Körper aufgenommen, der sich in wilden Zuckungen windet. Dabei fallen nach und nach alle Hüllen des Oberkörpers zu Boden. Immer schneller wird der Takt, zu dem die mit Henna geröteten Hände der Tänzerinnen geheimnisvolle Bewegungen vollführen, bis die schweißbedeckte Frau in Ekstase zusammenbricht. Daraufhin endet der Trommelwirbel, und eine neue Tänzerin nimmt ihren Platz ein.

In seiner ursprünglichen Bedeutung diente der Tanz, der abends im Zelt, aber auch im Freien bei Feuerschein getanzt wird, rituellen Zwecken, ist für Touristen normalerweise jedoch nur als folkloristische Show in Nachtclubs und Hotels zu sehen.

Im Juli Moussem *»Al Moggar du Sidi Al Ghazi«*.

Imilchil, Plateau des Lacs

Imilchil
Er Rachidia

Einw.: 11 000 Höhe: 1800 m S. 256 □ C 2

I. ist ein großes Bergdorf der Berber auf dem zwischen 1800 m und 2500 m hohen *Plateau des Lacs* (Seenplateau), zwischen dem sö Mittleren Atlas und dem Nordrand des Hohen Atlas. Die beste Zufahrt ist diejenige über das nw gelegene Kasba Tadla. Die zumeist einstöckigen Stampflehmhäuser der hier lebenden Aït-Hadiddou-Berber, die von Ackerbau und Viehzucht leben, dominiert ein sehr schöner Tihremt, eine Berberkasbah mit 4 mächtigen, mit Lehmstrukturen dekorierten Ecktürmen. Berühmt ist das Dorf wegen seines jeden September abgehaltenen Verlobungsmarktes, zu dem auch viele Touristen anreisen.

Brauchtum und Veranstaltungen: *Moussem des Fiançailles:* Meist in der dritten Septemberwoche, abhängig von Mondwechsel und Ernteabschluß, findet auf einem 25 km nö von I. mitten auf dem Hochplateau gelegenen Festplatz das Moussem der Aït Hadiddou zu Ehren des hl. Sidi Ahmed Oulmaghni statt, dessen Koubba sich an dieser Stelle befindet. Gleichzeitig gibt es einen riesigen

Imilchil, Heiratsmarkt

Imilchil, Heiratsmarkt

Viehmarkt. Über 30000 Menschen, die oft von weither mit Eseln, Kamelen, Lastwagen und Bussen kommen, leben hier während der 5 Tage in einer riesigen Zeltstadt. Einzigartig ist der während dieser Zeit stattfindende Verlobungsmarkt, mit dem die Aït Hadiddou, die sich aus den lange verfeindeten Stämmen der Aït Brahim und Aït Yazza zusammensetzen, an eine berberische Romeo-und-Julia-Geschichte erinnern wollen. Man erzählt sich nämlich, die beiden Seen dieses Plateaus, der Lac Tislit (Brautsee) und der Lac Isli (Bräutigamsee) seien entstanden, als zwei Liebende, die den gegnerischen Stämmen angehörten und denen deshalb von den Familien die Heiratserlaubnis verweigert wurde, so bitterliche Tränen weinten, daß daraus die 2 Seen entstanden. Seitdem veranstalten die beiden Stämme diesen gemeinsamen Verlobungsmarkt, damit sich solches Leid niemals mehr wiederholen könne. Die Frauen der Hadiddou schmücken sich an diesem Tag besonders festlich mit nur hier getragenen *Handiras,* einem schwarzen Umhang, den grün-rot-gelbe Streifen verzieren. Über der Brust wird er offen gehalten, damit der Brautwerber den Schmuck begutachten kann, für den die Frauen lange sparen, meist dicke Bernsteinketten oder schwere Silberarbeiten. Die Augen sind mit schwarzem Antimonpulver *(kohel)* gerahmt, Nase und Wangen stark mit Henna eingerieben, die Innenflächen der Hände meist bräunlichrot gefärbt und mit strahlenförmigen Linien bemalt, um böse Geister abzuwehren. Die heiratswilligen Frauen tragen entweder runde Hauben oder spitz zulaufende Kapuzen. Im ersteren Fall sind es Jungfrauen, deren Ehen von den Eltern gestiftet werden, im zweiten Fall aber Witwen oder geschiedene Frauen. Nur bei der ersten Ehe hat das Mädchen, zu dieser Zeit zwischen 13 und 15 Jahre alt, keine freie Wahl. Darum veranlassen viele Frauen ihre Männer bald zur Scheidung, um sich auf dem Heiratsmarkt selbst einen neuen Mann auszusuchen. Dort flirten sie in ungewohnt freizügiger Art und fordern ihnen sympathische Männer zum Heiratsgespräch auf, das eine halbe Stunde dauern, sich aber auch mehrere Tage hinziehen kann. Bis in die frühen Morgenstunden wird getanzt. So können sich Braut und Bräutigam besser kennenlernen. Am letzten Tag des Heiratsmarkts sitzt der aus Er Rachidia eingeflogene Gouverneur oder sein Stellvertreter auf dem Vorplatz der Koubba an einem Holztisch und beglaubigt die Vermählungen. In dem Grabmal des Marabouts erbittet das Paar dann den Segen *(baraka)* des Heiligen und verspricht, eine geordnete und religiöse Ehe zu führen. Die Hochzeitsfeiern finden nach der Dattelernte in den Heimatdörfern der Ehemänner statt. Sehr viele Ehen sollen auf diese traditionelle Weise heute allerdings nicht mehr geschlossen werden.

K

Kasba Tadla

Beni Mellal

Einw.: 28 500 Höhe: 725 m S. 256 □ B 2

Der Ort ist wichtiger Verkehrsknotenpunkt in der fruchtbaren Tadla-Hochebene am rechten Ufer des Oum er Rbia. 1687 veranlaßte der mächtige Alaouitensultan Moulay Ismaïl hier den Bau einer starken Festung und einer Steinbrücke, um das ständig umkämpfte Gebiet, wo sich wichtige Karawanenwege kreuzten, unter Kontrolle zu halten. Zu-

nächst ließ der Sultan 1000 Soldaten seiner schwarzen Spezialtruppe als Bewacher zurück. Um 1700 machte Moulay Ismaïl einen seiner Söhne, Ahmed ed Dehbi, zum Statthalter, ließ die Kasbah erheblich vergrößern und weitere 2000 schwarze Soldaten in der Umgebung stationieren.
Noch immer ist in dieser Gegend ein großer Anteil an negrider Bevölkerung anzutreffen. Die Schwäche der marokkanischen Sultane im 19. Jh. führte dazu, daß die berberischen Bergstämme hier die Macht an sich rissen und die von Marrakech nach Fès verkehrenden Händlerkarawanen zu großen Umwegen zwangen. Die Franzosen konnten zwar nach verlustreichen Kämpfen das Gebiet 1913 besetzen, bis 1933 setzten sich die Berber jedoch mit kleineren Kämpfen und Attacken gegen die verhaßten Franzosen zur Wehr.

Kasbah: Die hoch über der Stadt am Fluß gelegene Festung dominiert mit ihren ockerfarbenen, riesigen umzinnten Mauern, die an jeder Seite etwa 300 m lang sind, das Stadtbild.
Bes. architektonische Strenge zeichnet die zu den mächtigsten Festungsanlagen Marokkos gehörende Kasbah aus. Eine zweite, kleinere, aber ebenso mächtige Mauer schützt im Inneren zwei Moscheen (eine davon weist ein mit Netzwerkdekor verziertes Vierkantminarett auf) und den alten Palast des Statthalters *(Dar el Makhzen).*
Von der in der Zeit Moulay Ismaïls errichteten zehnbogigen Steinbrücke von 150 m Länge, die *Pont Portugais* genannt wird (obwohl die Portugiesen an dem Bau völlig unbeteiligt waren), bietet sich ein herrlicher Blick auf die gesamte Festungsanlage.

Umgebung

Boujad (24 km nw). In dieser heiligen Stadt der Chergui-Sekte mit zahlreichen Moscheen, Koubbas und Grabheiligtümern, die für Nichtmoslems jedoch tabu sind, findet im September alljährlich eine Wallfahrt statt.
Beni Mellal (30 km südlich): Hauptattraktion der unter Moulay Ismaïl gegründeten Stadt (650 m) ist die auf einem weiten Hügel gelegene *Kasbah Aït Asserdoune.*
In den Obstplantagen rings um die Stadt steht die *Zaouïa Sidi Ahmed bel Kacem*

Kasba Tadla, Pont Portugais

mit einem almoravidischen Minarett. Die Stadt ist Ausgangspunkt für Ausflüge zum Stausee *Bin el Ouidane* und zu den beeindruckenden *Cascades d'Ouzoud,* den Wasserfällen von Ouzoud, wo das Wasser über 100 m zu Tale stürzt.
Khénifra (99 km nö): Sehenswert in diesem von Moulay Ismaïl zur Kontrolle der aufständischen Zaïane-Berber errichteten Ort (26500 Einw.) sind die *Kasbah d'Adekhsane* in der heutigen Medina mit ihren karminroten Häusern und eine Steinbrücke, der *Pont Portugais,* der wie die Kasbah Tadla nichts mit den Portugiesen zu tun hat.
Berüchtigster Bewohner von K. war Ende des 19. Jahrhunderts Moha ou Hammou ez Zaiani, den Sultan Moulay el Hassan zum Caïd ernannte, zum Vertreter der Zentralgewalt in K. Moha machte K. zu einem frequentierten Marktort, errichtete Bäder, eine Moschee, Fondouks und schüttelte dann die Vormundschaft ab.
Bald überfiel er Karawanen und plünderte wiederholt die ganze Region bis Meknès. Schließlich rief er den Heiligen Krieg *(Djihad)* gegen die Franzosen aus, die zwar bereits 1914 in die Stadt einrückten, aber erst nach 7 Jahren die Gegend wirklich befriedet hatten.

Ksar el Kebir/Al-Qsar al Kabir

Tétouan

Einw.: 74000 | Höhe: 25 m | S. 256 □ C 1

Die Stadt ohne herausragende Sehenswürdigkeiten liegt inmitten der fruchtbaren Loukkosebene am Nordufer des gleichnamigen Flusses. Der Emir Abd el Krim el Ketami gründete sie im 12. Jh. wahrscheinlich an der Stelle der von antiken Geographen erwähnten röm. Stadt *Oppidum Novum.*
Unter dem Almohadensultan Yâcoub el Mansour (1184 bis 1199) erhielt sie Ende des 12. Jh. wuchtige Mauern und Festungsanlagen, woher ihr Name (»große Festung«, aus dem die Spanier »Alcazarquivir« machten) rührt. Als bedeutende und wohlhabende Handelsstadt weckte sie im 15. und 16. Jh. die Begehrlichkeit der Portugiesen, die bereits Agadir, Safi und Azemmour hatten räumen müssen. Diese Rückschläge veranlaßten den schwärmerischen jungen König Sebastian, Vergeltung in einem Kreuzzug gegen die »Ungläubigen« zu suchen, obwohl ihm allgemein davon abgeraten wurde. Die höchsten portugies. Adligen gingen 1578 in Tanger und Asilah an Land. Der

Beni Mellal (Kasba Tadla), Kasbah

großen Armee von rund 20000 Soldaten schloß sich der von seinem Onkel Abd el Malik gestürzte Saadier Mohammed el Motaouakil an, um sich seinen Thron zurückzuerobern. Am 3. August traf das portugies. Heer, auf einer Landspitze zwischen dem Oued Loukkos und einem seiner Nebenflüsse, dem Oued Makhanine, in die Falle geraten, auf die 50000 Reiter von Abd el Malik I. Alle 3 Könige kamen ums Leben: Der wahre Leichnam Sebastians I. ist wohl verschollen geblieben, El Motaouakil und der kranke Abd el Malik starben noch vor dem Ende der Schlacht. Außer ihnen kamen fast 25000 Soldaten um. Die Schlacht, als die »Dreikönigsschlacht« in die Geschichte eingegangen, wurde für die Portugiesen zur größten Katastrophe ihrer Geschichte. Der größte Teil der Armee wurde vernichtet, die Überlebenden in die Sklaverei geführt oder gegen enormes Lösegeld freigelassen. Der Tod des Königs und die Schwächung des Heeres führten dazu, daß Portugal sich gegen seine 80jährige Annexion durch Spanien, an das die portugies. Krone gefallen war, nicht wehren konnte. Hartnäckig halten sich seitdem Gerüchte in Portugal, der junge König werde dereinst zurückkehren und sein Land zu neuer Größe führen. Die triumphierenden Marokkaner erlebten unter dem Bruder des toten Sultans, dem noch auf dem Schlachtfeld zum Sultan ausgerufenen Ahmed el Mansour, eine neue, allerdings kurze Blütezeit ihres Reiches, das der »goldene« Sultan bis nach Timbuktu ausdehnte.

Ab der Mitte des 17. Jh. wurde K. in die innermarokkanischen Machtkämpfe der untergehenden Saadier-Dynastie verwikkelt, wobei es ab 1652 sogar ein kurzes Gastspiel als Hauptstadt eines kleinen, unabhängigen Staates unter El Khider Ghaïlane gab. Ab 1666 unter Moulay er Rachid wieder in marokkanischer Hand, konnte es sich gegen den durch die Kriegsauswirkungen bedingten wirtschaftlichen Abstieg nicht mehr wehren und versank in Bedeutungslosigkeit, zumal es nochmals zu Beginn des 19. Jh. in die Thronkämpfe der Alaouiten unter Moulay Slimane und Moulay Abd er Rahman hineingezogen wurde. Erst die Spanier, die im Anschluß an die Besetzung nach 1912 die sumpfige Loukkosebene trockenlegten, verhalfen der Stadt zu neuer Bedeutung für die Landwirtschaft am Loukkos.

Grande Mosquée (Zutritt nur für Mos-

Beni Mellal (Kasba Tadla), Cascades d'Ouzoud

Beni Mellal (Kasba Tadla), Reiter

Ksar el Kebir, Oued Loukkos

Larache, Befestigungsanlage

lems): Die »Große Moschee«, eine der größten Moscheen Marokkos, soll aus der Zeit Yâcoub el Mansours stammen. Das achteckige Minarett wurde z.T. mit antiken Spolien gebaut.

Bâb el Oued: Im ältesten Viertel s des Händlerzentrums der Medina, des *Socco,* gibt es noch viele Bauten aus dem 14. bis 16. Jh. Neben den interessanten Souks, von denen der Souk der Woll- und Tuchhändler sowie der Weber die meiste Beachtung verdienen, sind mehrere Fondouks, eine merinidische Medersa aus dem 14. Jh. (errichtet unter Sultan Abou el Hassan), das Grabdenkmal des Sidi Raïs (Daïs) und mehrere Moscheen sehenswert: die große *Mosquée Sidi Mohammed ech Chérif* aus dem 18. Jh. mit einem achteckigen Minarett, die *Mosquée Sidi el Haj Zmiri* (Sidi Hassan) aus dem 15. Jh. mit einem schönen monumentalen Portal und die *Mosquée Sidi Ben Arbi,* deren sechseckiges Minarett aus Ziegeln erbaut ist. In diesem Stadtteil liegt auch die *Zaouïa des Hamadcha* und die *Koubba Lalla Fatma el Andalousia* aus dem 16. Jh.

Ech Cheria: Dieses im 17. Jahrhundert errichtete Handwerkerviertel n des Socco beherbergt mehrere Koubbas (darunter die des Stadtheiligen Ali Boughaleb), mehrere Moscheen *(Mosquée Souiqa, Mosquée El Hamra, Mosquée Ed Dziri),* einige kleine Zaouïas und eine alte Medersa.

Umgebung

Moulay Bousselham (27 km sw): In diesem aufstrebenden Badeort befindet sich die Koubba des Moulay Bou Selham (= »der Mann mit dem Burnus«). Dieser islamische Heilige kam im 10. Jh. aus Ägypten hierher. Im Sommer (Juni/Juli) findet an seinem Grab ein großer Moussem mit Souk statt.

Larache, Bâb el Khemis

Larache/El Araich

Tétouan

Einw.: 64 000 Höhe: 5–40 m S. 256 □ B 1

Die quirlige Hafenstadt mit einer hübschen, von span. und portugies. Befestigungsanlagen umgebenen Medina liegt an der Mündung des Oued Loukkos in den Atlantik, 87 km s von Tanger. In der Umgebung befinden sich ausgedehnte Obstplantagen und Wälder. Nahebei liegt die antike Ruinenstadt Lixus, wo sich nicht nur die Römer, sondern auch die ersten Araber im 7. und 8. Jh. niederließen.

Erst die aus Arabien eingewanderten Beni Arous, ein Stamm der Djebala, gründeten im 9. Jh. am linken Flußufer *El Araïch Beni Arous*, die »Weinlauben der Beni Arous«. Der ideale natürliche Hafenplatz am Atlantik wurde schon im 11. Jh. von arab. Historikern als große Stadt gepriesen und im 15. Jh. von den Portugiesen als der wichtigste Hafen des Berberlandes angesehen. Im Jahre 1471, nach der portugies. Eroberung von Asilah und Tanger, plünderten und verwüsteten die Spanier die Stadt, deren Bewohner daraufhin fliehen mußten. Im Jahre 1479 wurde L. von den Portugiesen erobert, die r auf dem Ufer ein

< *Larache;*
Eingang zum Socco de la Alcaiceria

Sperrfort errichteten. Doch noch im selben Jahr mußten sie einer Berberarmee unter Mohammed es Saïd ech Cheikh weichen. Dessen Bruder, Moulay en Nasir, stattete 1491 den Ort mit einer Mauer und einer Kasbah aus. 1504 kamen die Portugiesen zurück und zerstörten alle Schiffe im Hafen, konnten die Stadt selbst jedoch nicht einnehmen. Ab 1518 richteten alger. und türk. Seeräuber unter Führung des Piraten Cheireddin ihre Schlupfwinkel hier ein. Cheireddin hatte 1515 Algerien erobert, ehe er sich 1519 dem osmanischen Sultan Selim I. unterstellte, um als türk. Flottenkommandant nunmehr ganz »legal« christliche Handelsschiffe zu kapern.

Im Jahre 1610 überließ der Saadier Moulay ech Cheikh el Mamoun zum Dank für militärische Unterstützung gegen seinen Rivalen Sultan Zaïdan en Nasir dem span. König Philipp III. die Stadt. Doch bereits 1689 eroberte der Alaouitensultan Moulay Ismaïl sie wieder zurück und verleibte sie seinem Scherifenreich ein. In der Folgezeit entwickelte sich L. zu einem wichtigen Hafen für Fès und Meknès.

Nach heftigen Beschießungen durch französ. Schiffe, die als Vergeltungsaktionen gegen Piratenakte gedacht waren, ließ Sidi Mohammed ben Abdallah (1757–1790) die Stadt ausbauen, befestigte ihren Hafen und stattete sie mit einer Medersa und einem großen Marktplatz aus. Wegen der fortgesetzten Piratenstreiche ihrer Bewohner wurde sie wiederum beschossen, zunächst von der österreichischen Flotte Metternichs (1829) und dann von den Spaniern (1860) während des Span.-Marokkanischen Krieges, und dabei stark in Mitleidenschaft gezogen.

Schließlich wurde sie 1911, noch ein Jahr vor dem Protektoratsvertrag, von den Spaniern besetzt, die L. erst im Jahre 1956 nach der Unabhängigkeit Marokkos räumten. In dieser Zeit ging die Bedeutung des Hafens stark zurück, da das Hinterland mit Fès und Meknès unter französischer Verwaltung stand, die sich

Larache, Aussicht auf das Castillo de las Cigueñas

Larache, Kasbah

Lixus, Garumfabrik

auf den Ausbau von Casablanca konzentrierte.

Bâb el Khemis: Dieses Stadttor, das »Tor des Donnerstagsmarktes«, ist aus Ziegeln gemauert und weist ein Winddach mit gebrannten Schindeln auf.

Castillo de las Cigueñas: Alte spanische Zitadelle (der Name bedeutet »Storchenburg«) mit spitzem Turm, die im 17. Jahrhundert unter Philipp III. errichtet wurde.

Cimetière Lalla Menana: Auf diesem Friedhof befindet sich das Grab der Stadtpatronin, das von jungen Mädchen mit der Bitte um einen guten Mann oft aufgesucht wird.

Fontaine: Mit grünglasierten Majoliken geschmückter Brunnen (dreifacher Überhalbkreisbogen, Schöpfkammer).

Kasbah Kelibat: Kasbah aus dem 15. Jh., in der sich heute ein Krankenhaus befindet. Ihr Name bedeutet »die kleinen Kuppeln".

Socco de la Alcaiceria: Der langgestreckte, arkadenumstandene Markt gehört zu den schönsten Plätzen Marokkos. An seiner rechten Seite führt das Tor *Bâb el Kasbah* zur *Rue Moulay el Mehdi,* die sich durch ein schönes altes Viertel zur span. Storchenburg hinzieht. Neben der Burg liegt der 1915 erbaute ehem. Palast des span. Stadtkommandanten.

Lixus

Tétouan

Höhe: 5–40 m S. 256 □ B 1

Die Mitte des letzten Jh. von dem berühmten deutschen Afrikaforscher Heinrich Barth (1821–1865) entdeckte römische Siedlung (4 km n von Larache)

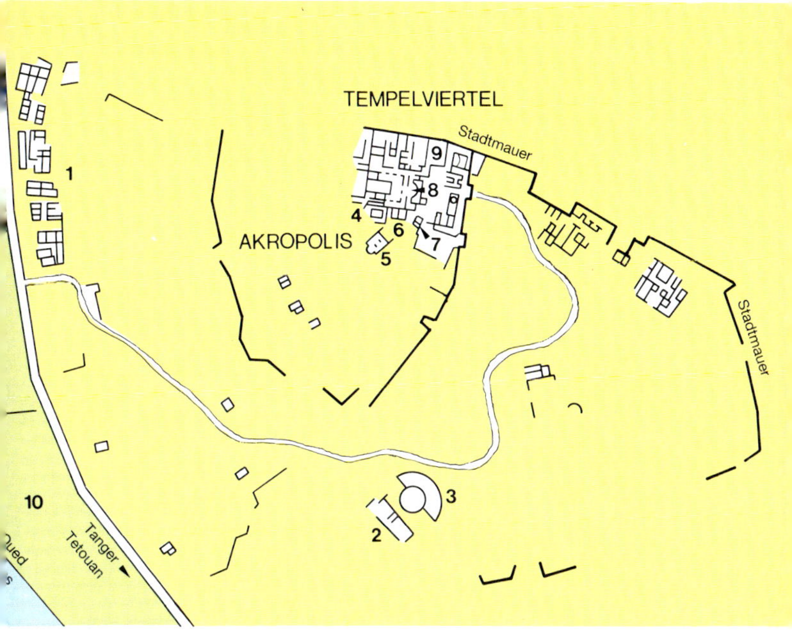

Lixus; Ausgrabungsstätte 1 Garum-Fabriken **2** Thermen **3** Theater **4** Tempel A und B **5** Oratorium **6** Tempel C **7** Gebäude E **8** Tempel F **9** Tempel G **10** Ehemaliger Hafen

entstand auf dem Boden der phönizischen Stadt Liks. Zwar kann die zweitgrößte römische Ruinenstätte nicht mit Volubilis konkurrieren, für archäolog. Interessierte lohnt sich dennoch ein Besuch.

Der antiken Mythologie ist dieser Ort wohlvertraut. Hier soll nämlich der Palast des unbezwingbaren Giganten Antaios (Antäus) gestanden haben, der alle Reisenden zum Kampf herausforderte und ihre Köpfe dann auf die Palastzinnen spießte, bis Herakles ihm das Handwerk legte. Da der Riese, ein Sohn der Erdmutter Gaia, immer wieder neue Kräfte schöpfte, sobald er im Kampfe den Boden berührte, hob ihn Herakles in die Luft empor und erdrückte ihn langsam mit seinen Armen. In der fruchtbaren Ebene des Loukkos sollen auch die herrlichen Gärten der Hesperiden gelegen haben, jener jungfräulichen Atlastöchter, in deren Obhut sich die 3 goldenen Äpfel des Lebens befanden, die Hera, die Gattin Zeus', von Gaia als Hochzeitsgeschenk bekommen hatte. So überredete Herakles, dessen 11. Aufgabe darin bestand, die Früchte zu stehlen, den etwas naiven Atlas, die unauffindbaren und zusätzlich von dem hundertköpfigen Schlangenungeheuer Ladon bewachten Äpfel herbeizuschaffen.

Solange würde er die Erdenlast des Titanen übernehmen. Als Atlas das kostbare Gut tatsächlich brachte, war ihm die Lust vergangen, die schwere Last wieder zu schultern. Doch Herakles übertölpelte ihn mit dem Vorwand, sich nur schnell aus Bequemlichkeit ein Kissen auf die Schultern legen zu wollen. Kaum hatte sich Atlas wieder unter das Erdenjoch gezwängt, entfloh der Held und konnte die Äpfel zu König Eurystheus bringen.

Dieser opferte sie der Göttin Pallas Athene, die sie den Hesperiden zurückbrachte. Eine andere Version berichtet allerdings, daß es Herakles tatsächlich gelungen sein soll, das hundertköpfige Ungeheuer zu töten. Plinius d. Ä. in seiner »Historia naturalis« und Strabo, der berühmteste Geograph der griech. Antike (64/63 v. Chr. bis mindestens 23 n. Chr.), wollen jedenfalls in Lixus noch mit eigenen Augen einen Altar zu Ehren des Herakles gesehen haben.

Lixus gilt mit Rusaddir (Melilla) als älteste phönizische Siedlung in Marokko und soll laut Plinius d. Ä. und Strabo um 1100 v. Chr. gegründet worden sein. Archäolog. nachzuweisen ist eine Besiedlung allerdings erst seit dem 7. Jh. v. Chr. Ab dem 5. Jahrhundert v. Chr. war der ideale Naturhafen von L. wichtigster karthag. Stützpunkt in Marokko und Etappenziel für die karthag. Flotte, die Gold, Elfenbein und Gewürze aus Westafrika nach Karthago transportierte. Schon zu punischer Zeit genoß die Stadt das Privileg, eigene Münzen prägen zu dürfen (Funde werden heute im Archäologischen Museum von Tétouan aufbewahrt), deren Aufschriften bezeugen, daß L. damals *Makom Shemesch* (Sonnenstadt) genannt wurde. Das Münzrecht wurde auch nach dem Untergang Karthagos unter den mauretan. Königen und unter Roms berberischem Statthalter Juba II. (25 v. Chr.–24 n. Chr.) nicht widerrufen.

Um 40 n. Chr. wurde L. unter Kaiser Claudius in den Stand einer Colonia erhoben und war v. a. für die industrielle Herstellung von Garum berühmt, einer teuren und in Rom heißbegehrten Fischpaste. Auch das dafür nötige Salz wurde hier in Salinen am Ufer des Loukkos gewonnen.

Obwohl die römischen Legionen seit Ende des 3. Jh. n. Chr. allmählich aus Marokko abzogen, wurde das gut befestigte L. erst im 5. Jh. zerstört und daraufhin verlassen. Ab dem 8. Jh. war der Ort von Arabern besiedelt, die ihn jedoch Ende des 12. Jh. zugunsten der im 8. Jh. gegr. neuen Siedlung Larache endgültig aufgaben.

Die hauptsächlich von den Archäologen Montalban, Tarradell und Ponsich ausgegrabene Ruinenstadt gliedert sich in zwei jeweils gesondert ummauerte Bereiche. Auf dem Hügelplateau breitet sich die Oberstadt *(Akropolis)* aus, deren Mauer noch vorrömischen Ursprungs ist. Am Fuß und am Hang des Hügels liegt die Unterstadt, halbkreisförmig um die

Lixus, Garumfabrik

Oberstadt geschmiegt. Von deren Stadtmauer existieren nur noch der w, der n und Reste des ö Teils. Die jüngeren Ruinen der Unterstadt stammen überwiegend aus dem 2. und 3. Jh. n. Chr., während die Ruinen der Oberstadt teilweise bis ins 7. Jh. v. Chr. zurückdatiert werden können.

Im S der Unterstadt liegen auf der linken Seite der Straße nach Tanger die Ruinen von zahlreichen gemauerten Bassins einer Zubereitungs- und Konservierungsfabrik von Salzfischen und vor allem zur Produktion von Garum, einer stark gewürzten Fischpaste. Schon unter Juba II. (23 v. Chr.–23 n. Chr.) wurde hier Garum hergestellt und bis ins 3., vielleicht sogar 4. Jh. müssen die Anlagen in Betrieb gewesen sein. Nach dem Volumen der Verarbeitungsbassins zu schließen, ist die monatliche Produktionskapazität mit 2000 m^3 eingesalzener Fische anzusetzen. Noch außerhalb der aus vorröm. Zeit stammenden Umfassungsmauer der Oberstadt liegt das kleine Theater der Siedlung, das einzige in Marokko mit halbkreisförmigem Zuschauerraum, dessen kreisrunde, 3,60 m tiefe Bühne darauf schließen läßt, daß hier auch Gladiatorenkämpfe und Zirkusspiele stattfanden, es also Theater und Amphitheater zugleich war. Ein Durchgang unter der Bühne führt zu einem Gebäude, das wohl urspr. Gladiatorenräume und Tierkäfige enthielt, im 3. Jh. jedoch zu Thermen umgestaltet wurde, deren Boden ein schönes Mosaik mit einem tentakelgekrönten Neptunskopf ziert.

In Gipfelhöhe finden sich Reste der ausgedehnten Anlagen röm. Villen. Innerhalb des Akropolisbezirkes konnten bisher die Grundmauern von sieben alten Tempeln unterschiedlicher Entstehungszeit identifiziert werden, die in den beiden vorchristlichen Jahrhunderten entstanden und zur Römerzeit entweder restauriert oder grundlegend erneuert wurden. Welchen phönizischen oder römischen Gottheiten sie geweiht wurden, läßt sich bis heute nicht bestimmen. Deshalb sind die Tempel auch nur mit den Großbuchstaben A–G bezeichnet. Am ö Rand dieses Ruinenfeldes liegt ein Oratorium mit Apsis und vorgesetztem Atrium und Zisterne, das der Archäologe Tarradell als frühchristliches Bethaus identifiziert hat. Es wurde später zur Moschee umgebaut.

Von der Höhe der Akropolis bietet sich eine herrliche Aussicht auf das Loukkostal und die im SW gelegene Stadt Larache.

Marrakech, Stadtmauer

Marrakech: Medina 1 Mosquée de la Koutoubia **2** Place Djemaa el Fna **3** Grande Mosquée El Mouassin **4** Kissaria **5** Dar el Glaoui **6** Mausolée de Sidi Abd el Aziz **7** Mosquée Ben Youssef **8** Médersa Ben Youssef **9** Zaouïa de Sidi Ben Slimane el Djazouli

Marrakech/Marrakusch

Marrakech

Einw.: 600000 Höhe: 465 m S. 258 □ A 3

Die »rote Stadt« der Berber und Nomaden, die sich ausladend mit ihren Sehenswürdigkeiten in der Oase der Haouz-Ebene vor der Kulisse der schneebedeckten Gipfel des nur 60 km entfernten Hohen Altas ausbreitet, gilt neben dem arab. geprägten Fès als die schönste Stadt Marokkos, dem sie auch den Namen gegeben hat. Die Königsstadt, nach Casablanca und Rabat die größte Stadt Marokkos, ist der bedeutendste Warenumschlagplatz des Südens, in dessen Souks sich die Völker der Atlasgebirge und der saharischen Vorwüstentäler, bes. des Draa-Tals begegnen. Mit Vorliebe regiert König Hassan II. in M. und »überwintert« dort in seinem pompösen Palast.

GESCHICHTE

Die historischen Anfänge der »über den Atlas geworfenen Perle des Südens« mit ihren bedeutenden Kulturdenkmälern hispano-maur. Stils vom 12. bis zum 19. Jh. liegen im dunklen. Vermutlich hat Abou Bekr, einer der bedeutendsten Almoravidenführer, um 1070 hier ein Heer-

Marrakech, Marrakech mit Panorama des Hohen Atlas

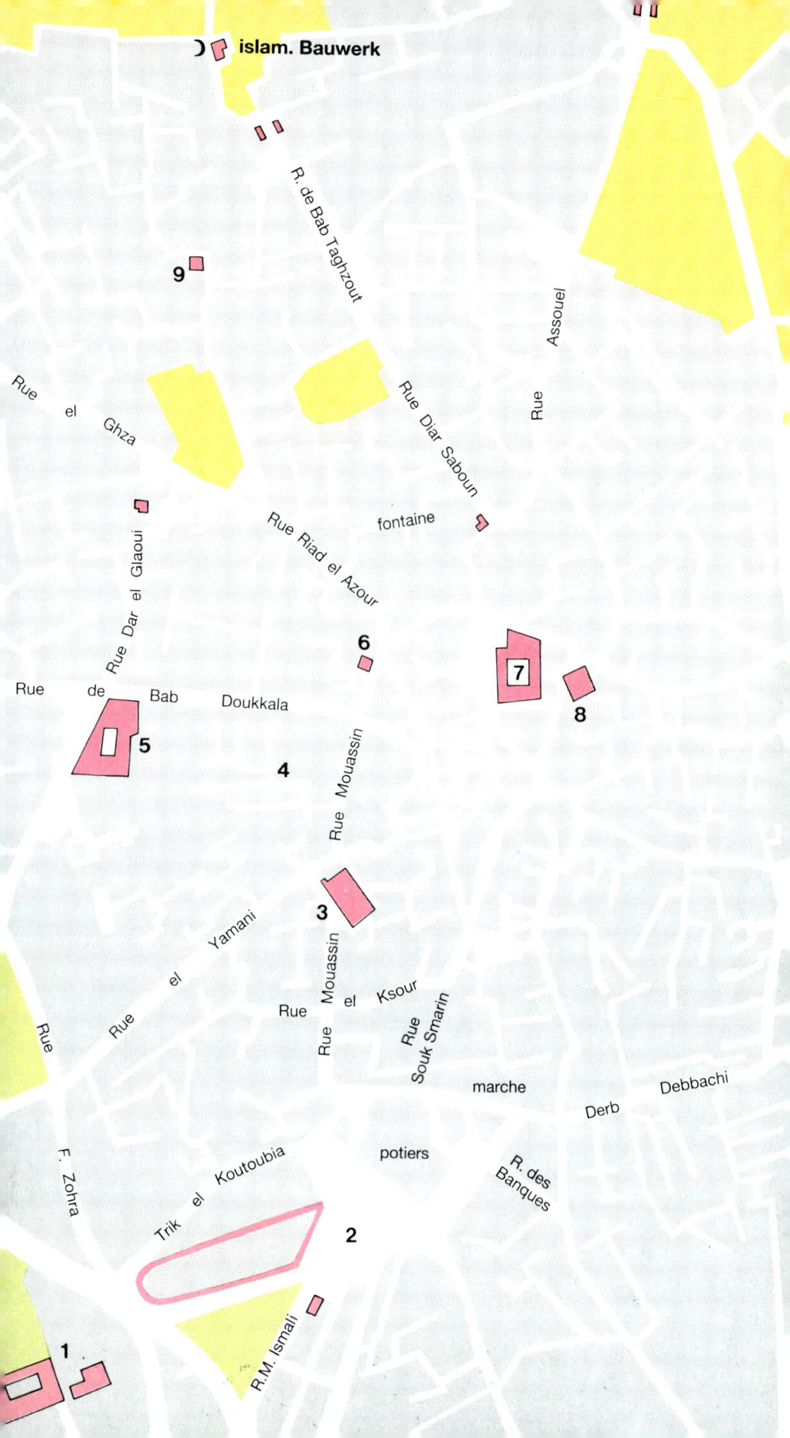

islam. Bauwerk
R. de Bab Taghzout
9
Rue Assouel
Rue el Ghza
Rue Diar Saboun
fontaine
Rue Dar el Glaoui
Rue Riad el Azour
6
7
8
Rue de Bab Doukkala
5
4
Rue Mouassin
3
Rue el Yamani
Rue Mouassin
Rue el Ksour
Rue Souk Smarin
Rue F. Zohra
marche
Derb Debbachi
potiers
Trik el Koutoubia
R. des Banques
2
R.M. Ismali
1

lager und eine Versorgungsstation für die aus der Sahara zur Eroberung Marokkos aufgebrochenen Kamelnomaden, die zur Gruppe der Sanhadja-Berber gehörten, gegr. Neben diesem Zeltlager der Nomaden, das alten Berichten zufolge nur von einem aus Dornsträuchern bestehenden Schutzwall umgeben war, wurde die Ksar el Hajar, die »Steinerne Wehrburg«, errichtet, deren Überreste im N der heutigen Koutoubia entdeckt wurden. Als im Januar 1071 eine Revolte in der Sahara ausbrach, übertrug Abou Bekr seinem Vasallen Youssef ben Tachfîn (1061–1107) die Befehlsgewalt über die neuen almoravidischen Besitzungen. Doch als Abou Bekr aus der Sahara zurückkehrte, war aus dem Zeltlager bereits eine feste Siedlung geworden, die man »Mraksch« (Stadt) nannte. Außerdem hatte der ungetreue Vasall nicht nur die zurückgelassene Gattin Abou Bekrs geheiratet und zur religiösen Verankerung seiner Macht eine Moschee errichtet, sondern mit einer Truppe christl. Söldner aus Spanien und 2000 schwarzer Soldaten aus dem Sudan seine Stellung so gefestigt, daß Abou Bekr unverrichteter Dinge, immerhin reich beschenkt, in die Wüste zurückkehren mußte. Youssef ben Tachfîn eroberte anschließend nicht nur den N Marokkos, sondern unterwarf auch das in zahlreiche kleine Fürstentümer zersplitterte muslimische Spanien. Sein Sohn Abou el Hassan Ali ben Youssef (1107–1143) vereinigte den gesamten Maghreb unter seine Herrschaft und machte M. zur Hauptstadt eines Reiches, das sich von der Sahara bis zum Ebro und vom Atlantik bis nach Algier erstreckte. Der Handel mit allen Provinzen des Reiches blühte, und es entwikkelte sich die Lederverarbeitung in M. (*maroquinerie*), für die die Stadt heute noch berühmt ist. An der Stelle der heutigen Koutoubia entstand ein großer Palast und daneben eine Freitagsmoschee; die Stadt erhielt eine damals 9 km lange, 6–9 m hohe Mauer sowie ein bereits unter Youssef ben Tachfîn begonnenes weitverzweigtes und vorwiegend unterirdisches Wassernetz (*Khettara*), das heute noch insbesondere der Wasserversorgung der Gärten dient. Aufgrund des aufgeschlossenen Kultur- und Geisteslebens strömten viele bedeutende Gelehrte in die reiche Stadt, v.a. Philosophen, Ärzte und Dichter. Unter ihnen befand sich der Arzt Avenzoar (um 1092–1161), der allerdings vorübergehend ins Gefängnis geworfen wurde, sowie der Arzt, Philosoph und Mathematiker Avenpace

Marrakech, Kutschenfahrer mit Koutoubia

aus Saragossa. Innere Machtkämpfe und äußere Zerrissenheit führten zum Untergang der Almoraviden. 1147 zogen die Almohaden, deren religiös-fanatischer Führer Ibn Toumert 1128 die Stadt schon einmal vergeblich hatte belagern lassen, unter Abd el Mou'men (1147 bis 1163) durch Verrat der christl. Leibgarde des Sultans in die Stadt ein. M. wurde geplündert, und in einer Art Reinigung wurden alle Prachtbauten der Almoraviden zerstört, wie es Ibn Toumert noch vor seinem Tode gefordert hatte. Doch Abd el Mou'men, der sich fortan mit dem Titel »Fürst der Gläubigen« schmückte, baute die Stadt um so prächtiger wieder auf. So errichtete er die erste Koutoubia und später eine zweite unmittelbar daneben, erbaute große Zisternen und weitläufige Parkanlagen. Sein Nachfolger Abou Yâcoub Youssef (1163–1184) fügte der Hauptstadt ein neues Viertel an, dessen Ummauerung sich an die alte anschloß. Von ihm stammt auch eine große Gartenanlage, vielleicht der heutige Agdal. Von seinem Sohn Abou Youssef Yâcoub el Mansour (1184–1199) stammt eine neue gigantische Kasbah mit 12 Palästen und märchenhaften Gartenanlagen. Außerdem ließ er ein Krankenhaus errichten, an dem bedeutende Männer wie die Ärzte Avenzor und der aus dem almoravidischen Gefängnis befreite Avenzoar lehrten. Rund um die Koutoubia entstanden neue Souks mit Fondouks und einem Freiluftoratorium für die öffentlichen Gebete.

In der Almohadenzeit zählte die Stadt 100000 Einwohner; zahlreiche Weise lebten hier, Wissenschaft und Künste blühten. In M. wirkten zu dieser Zeit die 2 berühmtesten Philosophen der arab. Welt des Mittelalters: Ibn Tufaïl (1100 bis 1185) sowie der aus Córdoba stammende Arzt und Gelehrte Averroës (Mohammed Ibn Rushd, 1126–1198), der Aristoteles-Kommentator, der hier seine Schrift über die Substanz des Universums verfaßte und hier auch verstarb. Auch die bedeutende arab.-andalus. Dichterin Hafsa Bint el Hajj schmiedete in M. ihre vollkommenen Verse bis zu ihrem Ableben im Jahre 1190. Zu neuer Blüte gelangte auch das Kunsthandwerk, das bereits zur Zeit der Almoraviden eine große Rolle gespielt hatte.

Nach dem Untergang der in Stammesrevolten und Palastintrigen zersplitterten Dynastie und mit der Eroberung 1269 durch die Meriniden unter Abou Youssef Abd el Haqq (1244–1258), der bereits nach 2 Jahren seine Hauptstadt nach Fès verlegte, begann der Niedergang von M., das sich in der Folgezeit wiederholt gegen das seit 1374 in 2 Königreiche zerfallene Meriniden-Reich auflehnte und zeitweise fast unabhängig war. 1515 wurde M., allerdings vergeblich, von den Portugiesen belagert, ehe die Stadt 1521 kampflos dem saadischen Prinzen Ahmed el Araj in die Hände fiel (die befestigte Kasbah wurde jedoch erst 1524 eingenommen). Nachdem sein Bruder Mohammed ech Cheikh (1554–1557) im Jahre 1549 Fès erobert hatte und sich 1554 in M. niederließ, wurde die Stadt wieder zur Hauptstadt des ganzen Reichs. Nach der Eroberung des sagenhaft reichen westafrikanischen Kultur- und Handelszentrums Timbuktu (1591) wurde sie unter dem Saadier Abou el Abbas Ahmed el Mansour (1578 bis 1602/1603), der den Beinamen Ed Dehbi, »der Vergoldete« trug, auch zur königlichen Hauptresidenz. Rohrzucker-

Marrakech, Fantasia-Reiter

Marrakech, Koutoubia-Minarett (Detail)

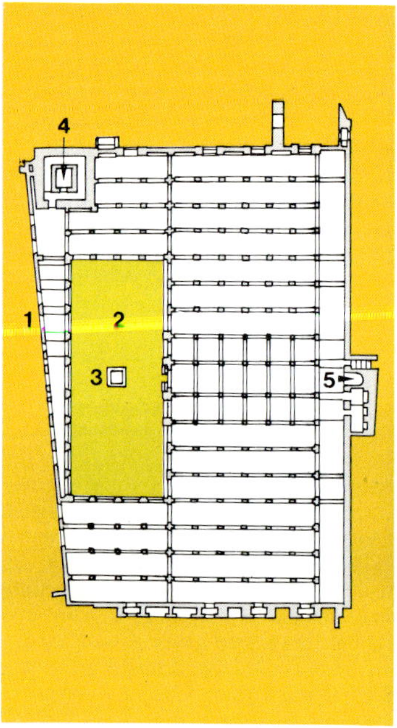

Marrakech, Mosquée de la Koutoubia
1 Kiblawand der Vorgängermoschee **2** Vorhof **3** Reinigungsbecken **4** Mihrab **5** Minarett

export, Goldkarawanen aus dem Sudan und Sklavenhandel mit Westafrika brachten das nötige Geld ein, um den märchenhaften Palast El Badi, von dem nur Ruinen erhalten sind, und die Saadiergräber sowie zahlreiche Moscheen, Brunnen und Medresen zu errichten.

Unter den Alaouiten, die den Regierungssitz nach Fès und Meknès verlegten, büßte die Stadt an Bedeutung ein. Der Alaouiten-Sultan Moulay Ismaïl (1672–1727) benutzte die prächtigen Bauten der Saadier als Steinbrüche für seine eigenen Paläste und ließ sogar die Saadiergräber zumauern. Erst Moulay Ali Hassan I. (1873–1894) ließ sich hier zum Sultan ausrufen, bevor er noch in Fès anerkannt war. Sein Sohn Moulay Abd el Aziz (1894–1908) residierte von 1895 bis 1901 in der Stadt und ließ den Bahia-Palast von einem seiner Wesire, Ba Ahmed, erbauen. 1907 proklamierte der Pascha Si Madani el Glaoui den Moulay Abd el Hafiz (1908–1912), einen Bruder des amtierenden Sultans Abd el Aziz, zum Gegensultan, besetzte im Juni 1908 die Hauptstadt Fès, ließ die Proklamation von den höchsten islam. Rechtsgelehrten bestätigen und setzte sogar die Anerkennung des neuen Sultans durch die europäischen Staaten durch. Als im Jahre 1912 El Hiba, Sohn des Oberhauptes einer religiösen Bruderschaft, in M. Unruhen auslöste und den Haß auf die in Fès einmarschierten Franzosen schürte, rückten die Franzosen zusammen mit den Truppen des jüngeren Bruders des Paschas, Si Thami el Glaoui, der sein Nachfolger wurde, in die Stadt ein. Nachdem er für die Franzosen die aufständischen Stämme im S »befriedet« hatte, wurde er zum uneingeschränkten Herrn des gesamten Südens, den er mit hohen Steuern belegte. Die daraus resul-

tierende Macht und die prächtige Hofhaltung der Glaoua-Familie überstieg zeitweise die des Sultans bei weitem. Als Marokko 1956 unabhängig wurde, nutzte dem damals 80jährigen Glaoui auch sein Fußfall vor dem König Mohammed V. (1927–1961) nichts mehr, dessen vorübergehende Deportation 1953 nach Madagaskar er bewirkt hatte: das gesamte unermeßliche Vermögen der Familie wurde eingezogen.
In der Protektoratszeit entstand westlich der Medina die Neustadt Guéliz (Ville Nouvelle) mit kilometerlangen, von exotischen Bäumen gesäumten Boulevards, die durch die Avenue Mohammed V mit der Medina verbunden ist. Französische Kolonisten besiedelten die Haouz-Ebene und verwandelten sie wieder in fruchtbares Garten- und Ackerland. Seit der Aufhebung des Protektorats im Jahre 1956, die viele Franzosen zur Rückkehr ins Heimatland bewog, ziehen immer mehr Bewohner der Medina in die Neustadt. Nach der Unabhängigkeit wurde M. Provinzhauptstadt und damit unter die Verwaltung eines vom König abhängigen Gouverneurs gestellt.

Marrakech, Koutoubia-Eingang

SAKRALE BAUTEN

Mosquée de la Koutoubia (Eintritt für Nicht-Moslems verboten): Ihren Namen erhielt die »Buchhändler-Moschee«, eine von außen recht schlicht anmutende Perle des hispanisch-maur. Stils, deren Minarett, Wahrzeichen von M., bereits aus weiter Ferne sichtbar ist, erst im 16. Jh., als sich in ihrer unmittelbaren Nachbarschaft, wie Leo Africanus berichtet, über 100 Buchläden (wobei 100 auf arab. oft nur »viel« bedeutet) eng aneinander drängten. Vor dem heutigen Bau befand sich an gleicher Stelle ebenfalls eine Moschee, die möglicherweise gleich nach Eroberung der Stadt durch Abd el Mou'men (1147) errichtet worden war. Der Almohade wollte auf diese Weise seinem Sieg ein Denkmal setzen, aber auch seinem Versprechen nachkommen, nach der »Reinigung« der Stadt von den Bauwerken der als ungläubig angesehenen Almoraviden neue Heiligtümer zu errichten, wie sein Vorgänger, der religiöse Eiferer Ibn Toumert, der die Stadt schon früher vergeblich belagert hatte, in seinem Letzten Willen gefordert hatte. Da die Ausrichtung der Kiblawand nach Mekka nicht ganz korrekt war, wurde der ersten, um 1157 fertiggestellten Koutoubia ein zweiter Bau gleicher Größe zur Seite gestellt und der erste Bau schon kurz nach der Fertigstellung des zweiten wieder niedergerissen, mit Ausnahme der Kibla-Mauer, die nun als schräg verlaufende Außenwand dient. Der zweite Bau wurde in Rekordzeit fertiggestellt und soll 1158 eingeweiht worden sein.
Die 25 000 Betenden Platz bietende Moschee, deren baugeschichtliche Vorgängerin in Tin-Mal, der Wiege der almohadischen Bauherren, steht, ist eine der größten des Maghreb, breiter als lang (90 × 60 m). Sie weist 17 Langschiffe auf, die vor dem breiten Querschiff der Kiblawand enden und mit Hilfe des breiten, von 7 Kuppeln bedeckten Mittelschiffs die typische T-Form bilden. Die

9 mittleren Langschiffe sind für den rechteckigen Vorhof um 4 Joche verkürzt. Die 112 Pfeiler bestehen aus Ziegelmauerwerk, das mit Stuck verkleidet wurde, und gehen über in die typisch maur. Hufeisenbögen, an der Kiblawand in geschwungene Lambrequinbögen. Prächtiges Flächendekor aus zartem Wabenstuckwerk, Arabesken, Rosetten und Inschriftfriesen rahmt die Mihrab-Nische. Kostbar ist der in Córdoba geschaffene Intarsienmimbar neben der Gebetsnische, eine Stiftung des Almoraviden Abou el Hassan Ali Ben Youssef (1107 bis 1143) aus der ersten Hälfte des 12. Jh., ein hervorragendes Werk maur.-andalus. Schnitz- und Einlegearbeit aus Edelhölzern und Elfenbein.
Das 69 m (bis zur Kuppelspitze 77 m) hohe quadratische *Minarett* der Koutoubia, dessen Seitenlängen 12,80 m betragen, soll vor der Erbauung der zweiten Moschee von Abd el Mou'men begonnen worden sein und wurde wahrscheinlich von seinem Enkel Yâcoub el Mansour (1184–1189) fertiggestellt. Das Minarett gilt mit seinen Proportionen von fast 5 zu 1 als unerreichter Prototyp der Giralda in Sevilla und des Hassanturms in Rabat. Die aufgrund der innen hochführenden Rampe in unterschiedlicher Höhe angeordneten Fensterpartien (u. a. auch in der schlanken Doppelfensterform) sind umrahmt von Hufeisen- und Vielpaßbögen, die ihrerseits eckig eingefaßt sind. Im oberen Teil schmücken Rankendekor, kufische Inschriften und türkisfarbene Fliesenbänder die Fassaden. Die obere Plattform wird von 2 m hohen dreieckigen, gezackten Zinnen eingefaßt und trägt noch einen fast 16 m hohen Aufbau, der in einer gerippten Kuppel (Seitenlänge 6,80, Höhe 15,87 m) endet, über der sich der mit 4 nach oben hin kleiner werdenden Kugeln (Durchmesser 2 m, 1 m, 50 cm und 25 cm) aus vergoldetem Kupfer besetzte Schaft erhebt, wobei die letzte zu einer Spitze verformt ist. Der Legende nach sollen die vergoldeten Kupferkugeln urspr. aus reinem Gold bestanden haben, das aus dem eingeschmolzenen Schmuck der Gemahlin Yâcoub el Mansours stammte, die mit dieser Schenkung den Bruch des Fastengebots während des Ramadans sühnen wollte. Geister hätten diesen Schatz bewacht, und diejenigen, die ihn hätten stehlen wollen oder sich ihm auch nur nähern wollten, seien von ihnen durch schwere Unglücksfälle bestraft worden. Neben dem Kugelaufbau erhebt sich auf der Kuppel ein Fahnengalgen, an dem der Muezzin freitags und an religiösen Feiertagen die grüne Fahne des Propheten hißt. Im Inneren des ockerfarbenen Baus aus schieferhaltigem Sandstein befinden sich, wie beim Hassanturm, 6 Säle und eine leicht ansteigende, 1,50 m breite Rampe, welche die übereinanderliegenden Räume bis zum Wehrgang verbindet, wobei das letzte Ende durch eine Treppe zur Plattform ersetzt ist, von der aus der Muezzin fünfmal am Tag die Gläubigen zum Gebet ruft. Auf diese Weise konnten nicht nur die Lastesel das Baumaterial bis an die Spitze des Turmes befördern und der Muezzin bequem hinaufreiten, auch Geschütze wurden so nach oben gebracht.
In N der Koutoubia, an der heutigen Place Abd el Mou'men, stand früher eine Kasbah *(Dar el Hajar)*, zwischen deren Überresten man auch Reste der ersten Almoraviden-Koutoubia entdeckt hat. Der Koutoubia gegenüber steht der Palast *Dar Moulay Ali*, ein gutes Beispiel

Marrakech, Storchennest

wohlhabender marokkanischer Architektur Ende des 19. Jh., in dem heute die französische Vertretung untergebracht ist.

Mosquée de la Kasbah (Zutritt nur für Moslems): Die zweite bedeutende almohadische Moschee in M. wurde 1185 bis 1190 errichtet, als Yâcoub el Mansour die heutige Kasbah bauen ließ, um die der Almoraviden zu ersetzen. Die später in ihrer Bausubstanz, bes. nach einem Brand infolge einer Pulverexplosion im Jahre 1569, stark veränderte und zuletzt 1970 restaurierte Anlage konnte ihren ursprünglichen Grundplan bewahren. Sie besteht aus einem Komplex von Nebengelassen und Innenhöfen und ist bemerkenswert wegen des sehr schmalen Betsaales, dem relativ großen Hof und dem außergewöhnlich hohen Dach, das von einem Gewölbe aus Vielpaßbögen und Spitzbögen, die auf mächtigen Pfeilern ruhen, getragen wird. Eine schöne Holzschnitzarbeit ist der Mimbar (13. Jh.), der zusätzlich mit Elfenbein- und Edelholzintarsien geschmückt ist. Von den 7 Toren, die el Mansour bauen ließ, sind jetzt 4 zum Platz hin geöffnet. Bes. beachtenswert ist das Minarett mit seinen schönen Proportionen. Im oberen Bereich sind die Fassaden mit Arabesken auf türkisfarbenem Emaillegrund und einem Fries aus Fayencekacheln reich verziert.

Mosquée de Bâb Doukkala (Zutritt nur für Moslems): Zu der 1557–58 von Lalla Messaouda, der Mutter des Saadiers Ahmed el Mansour (1578–1603), erbauten Moschee mit einem eleganten Minarett gehören mehrere Nebenbauten, darunter nö der Moschee der monumentale Brunnen →*Sidi el Hassan ou Ali.*

Mosquée Ben-Youssef (Zutritt nur für Moslems): Der urspr. almoravidische Bau wurde im 16. und im 19. Jahrhundert derart umgestaltet, daß vom alten Bau außer den Grundmauern nichts erhalten blieb. Das mächtige Minarett erhebt sich über 40 m hoch über das mit schönen grünglasierten Dachziegeln gedeckte Dach.

Grande Mosquée El Mouassin (Zutritt nur für Moslems): Die Moschee wurde vom Saadier Abdallah el Ghalib (1557 bis 1574) angeblich anstelle eines ehemaligen Judenviertels zwischen 1562 und 1573 erbaut. Die 7 Langschiffe laufen auf das Kibla-Schiff zu, dessen Holzdecke wundervoll geschnitzt ist. Das Minarett

Marrakech, Grande Mosquée El Mouassin

Marrakech, Médersa Ben Youssef

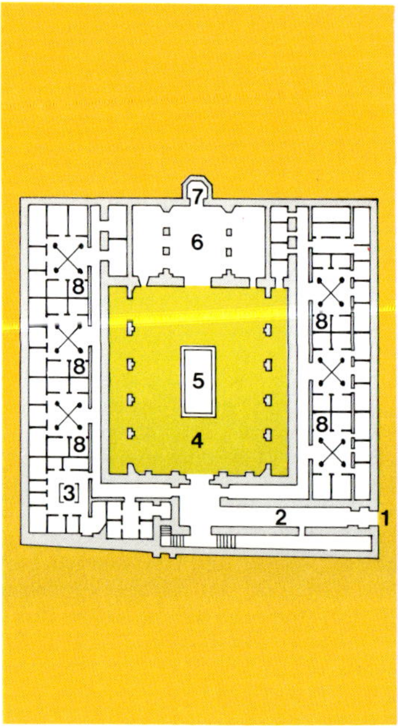

steigt wuchtig aus den Arkaden des Hofes empor. Zur Moschee gehören noch eine Medersa, ein Hammam, ein Reinigungsraum mit Latrinen und der →*Mouassin-Brunnen* (Fontaine el Mouassine).

Mosquée Sidi Moulay el Ksour (Zutritt nur für Moslems): Die Moschee mit einem eleganten, mit grünen Emailverzierungen geschmückten Minarett aus merinidischer Zeit (1331) ist nach einem der 7 Stadtheiligen von M. benannt, Sidi Abdallah el Ghezouani Moulay el Ksour, der sich mit seiner Forderung nach strenger Einhaltung der Gebote des Islams beim verweltlichten Ouattasiden-Sultan von Fès so verhaßt machte, daß dieser ihn in M. einkerkern ließ, wo er 1528 starb. Bemerkenswert ist das schöne Minarett, das mit grünen Fayencekacheln verkleidet ist, über denen sich ein ornamentales Ziegelflechtwerk erhebt. Der Merinidensultan Abou el Hassan (1331 bis 1351) ließ es 1331 nach seiner Inthronisation errichten.

Marrakech, Médersa Ben Youssef 1 Eingangsportal **2** Vorraum **3** Reinigungsbrunnen **4** Innenhof **5** Marmorbassin **6** Betsaal **7** Mihrab **8** Studentenzellen

Médersa Ben Youssef: Diese Koranschule, die als eine der wenigen sakralen Bauten Marokkos auch von innen besichtigt werden kann, wurde von dem Merinidensultan Abou el Hassan, dem »Schwarzen Sultan« (1331–1351) Mitte des 14. Jh. gegr., aber erst 1565 unter dem Saadier, wie die arab. Schriftbandreliefs auf den Kapitellen des Betsaals und auf dem dunklen Zedernholztürsturz des Eingangs behaupten, vollkommen neu gestaltet und zur bedeutendsten Medersa des gesamten Maghrebs ausgebaut. Zeitweilig sollen hier bis zu 900 Studenten unterrichtet worden sein. 1960 wurde der Studienbetrieb einge-

Marrakech, Médersa Ben Youssef >

stellt und die Medersa restauriert. Durch ein schweres bronzebeschlagenes Flügeltor mit geometrischem Reliefschmuck kommt man nach einem langen Flur mit einer bemalten Holzdecke in einen Vorraum.

Den Eingang zum Innenhof bildet ein prunkvolles, reichgeschnitztes Zedernholzportal. R davon verblüfft unter der Galerie ein prächtiger Reinigungsbrunnen, dessen figurales Dekor in der maghrebinischen Kunst sehr selten ist. Neben Blütenornamenten befinden sich hier nämlich – angesichts des Koranverbots der figürlich-realistischen Abbildung für einen Sakralbau – Marokkos einzige Tierdarstellungen: geflügelte Vierfüßler und adlerartige Vögel. Das Becken wurde im 10. Jh. in Spanien auf Befehl von Abd el Malek ben el Mansour Ali Amir, Kammerherr am omayyadischen Kalifenhof Hischams III. in Córdoba, angefertigt und von Ali Ben Youssef (1107–1143) von dort in seine Moschee gebracht, wo es bis zur endgültigen Aufstellung nach dem Wiederaufbau durch die Saadier stand.

In der Mitte des lichtdurchfluteten, mit weißem Carrara-Marmor ausgelegten und pfeilerumstandenen Innenhofs befindet sich ein rechteckiges Marmorbassin, in dem sich die Pracht der reichverzierten Hofmauern spiegelt. Die unteren Wandabschnitte überziehen lasierte Majolikakacheln, darüber verläuft ein schwarzes, mit Arabesken verwobenes Glasurschriftband, über diesem ein Gipsstuckfries mit Koransuren. Es folgen Blendarkaden und Hufeisenbögen, in den Gewölben wabenförmige, in Gips gegossene Stalaktiten als Krönung, dann wieder ornamentaler Flächenstuck aus feinem Rautennetz und als Abschluß gedrechseltes Schnitzwerk in den schweren Zedernholzbalken. An der Südseite des großen Hofs öffnet sich der ähnlich geschmückte Betsaal mit einem bemerkenswert schönen, mit Koranversen verzierten Mihrab und einer pyramidenförmigen, aus Zedernholz geschnitzten Zentralkuppel mit Tropfsteinverzierung und mit 24 kleinen Fenstern aus durchbrochenem Gips.

Marrakech, Médersa Ben Youssef

Im ersten Stock, der über eine Treppe gegenüber dem Eingangstor zu erreichen ist, befinden sich über hundert Studierstuben, oft mit schöner Aussicht in den Innenhof oder auf die umliegende Medina. Die von hier aus zugängliche Dachterrasse bietet einen lohnenden Rundblick.

Koubba el Ba'adiyn: Der unter dem heutigen Straßenniveau aufragende rechteckige Bau, das einzige Zeugnis der almoravidischen Zeit, stammt aus dem 12. Jahrhundert und gilt als eines der besten Beispiele für den Übergang von der cordobesisch-span. Phase der islam. Kunst zur berberischen Strenge der Almohadenzeit.

Die Koubba, die besichtigt werden kann, wurde erst 1947 entdeckt und von französischen Archäologen völlig freigelegt. Über einem kleinen Becken für rituelle Waschungen, nach denen sich die Gläubigen in die um das Becken angeordneten kleinen Zellen zurückziehen konnten, erhebt sich ein zweistöckiger Pavillon, dessen Seitenmauern von Bögen unterbrochen sind, mit einer schön verzierten grauen Kuppel und einem Zinnendach. Auf dem Weg zur Koubba passiert man einen heiligen Bezirk, dessen Betreten Nichtmoslems in einer Seitengasse mit einem Balken versperrt ist.

Vom Anfang dieser Gasse aus kann man jedoch die Kuppel gut wahrnehmen.

Mausolée de Sidi Abd el Aziz: Am Ende einer kleinen Gasse 1 von der Rue el Mouassin erhebt sich der Grabbau des Sidi Abd el Aziz ben Abd el Haqq et Teba, im Jahre 1508 verstorbener Schüler des Sufi Sidi ben Sliman el Jazouli. Das Mausoleum wurde zur Zeit des Alaouitensultans Mohammed ben Abdallah (1757–1790) errichtet.

Zaouïa de Sidi bel Abbès (Zutritt nur für Moslems; eine Ladenstraße und einige Innenhöfe, die zur Zaouïa gehören, können jedoch besichtigt werden): Während Moschee und Medersa des berühmtesten unter den 7 Schutzpatronen von M., Sidi bel Abbès, auf den Saadier Abou Faris (1605) zurückgehen, wurde das Mausoleum von dem Alaouitensultan Moulay Ismaïl erbaut, aber mehrere Male umgestaltet. Der wichtigste Wallfahrtsort von M. wird bes. von den Händlern, den Bauern und den Blinden verehrt, deren Geld- und Sachspenden jeden Abend an die Armen verteilt werden. Sidi bel Abbès (oder Sidi Abou el Abbas) el Sebti (1130–1205) wurde in Sebta (Ceuta) geboren und begann im Alter von 20 Jahren auf dem Gueliz-Hügel vor den Toren von M. zu predigen, bis er sich nach 40 Jahren auf Einladung des Sultans Yâcoub el Mansours (1184–1199) in der Medina niederließ, um dort an einer Koranschule zu unterrichten. In schäbigem Gewand pflegte er während der Gebetsstunden durch die Stadt zu rennen, Koranstellen zu rezitieren und alle säumigen Gläubigen aufs unflätigste zu beschimpfen oder sie gar in die Moscheen zu prügeln. Sogar der Sultan selbst wurde schließlich Mitglied der Bruderschaft des Bel Abbès, der zahlreiche Wunderheilungen vollbracht haben soll. Im 18. Jh. ging unter den Christen Marokkos ein Gerücht um, das Sidi Bel Abbès mit dem hl. Augustinus in Verbindung brachte.

Zaouïa de Sidi Ben Slimane el Djazouli (Zutritt nur für Moslems): Der unter den Saadiern errichtete und z. T. in der zweiten Hälfte des 18. Jahrhunderts unter Sultan Mohammed ben Abdallah (1757 bis 1790) erneuerte Bau vereinigt mehrere Gebetsstätten um das Grabmal eines der 7 Stadtheiligen von M., Sidi ben Sliman el Jazouli es Sembali, ein gegen Ende des 14. Jh. geborener selbsternannter Nachfahre des Propheten.
Als großer Mystiker, der bedeutende moslemische Lehrschriften verfaßte, brandmarkte er die Verweltlichung der verschwenderisch lebenden Merinidenherrscher und predigte den Heiligen Krieg gegen die ins Land einfallenden Portugiesen. Sein Einfluß auf das Land beunruhigte die unaufhörlich (nach Attentaten) wechselnden Sultane der verfallenden Merinidendynastie schließlich so sehr, daß er gegen 1465 einem Giftanschlag zum Opfer fiel.

Zaouïa de Sidi ben Salah (Zutritt nur für Moslems): Das Minarett dieses Heiligtums stammt aus merinidischer Zeit (14. Jh.).

Tombeaux des Saadiens (Saadiergräber): Die Begräbnisstätte der Saadier-Dynastie an der Südseite der Kasbah-Moschee gehört zu den bedeutendsten Baudenkmälern der Stadt. 4 Sultane und 62 Mitglieder der Sultansfamilie fanden hier ih-

Tombeaux des Saadiens, Eingang

Marrakech, Tombeaux des Saadiens

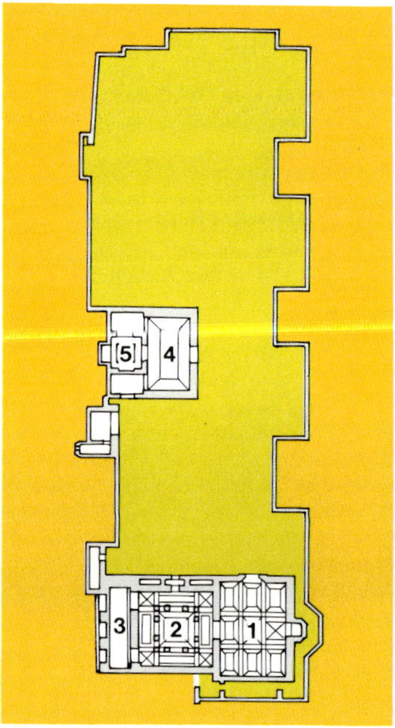

Marrakech, Tombeaux des Saadiens
1 Saal des Mihrab **2** Saal der 12 Säulen **3** Saal der 3 Nischen **4** Betsaal **5** Saal mit dem Grab der Lalla Messaouda

re letzte Ruhestätte. Schon vor den Saadiern hatte allerdings der ehemalige Garten der Kasbah-Moschee, der durch hohe Mauern aus Stampferde von der Kasbah getrennt wurde, einigen Emiren der Region als Grabstätte gedient, aber auch 1351 für den »schwarzen« Meriniden-Sultan Abou el Hassan (1331–1351). Etwa 100 mit Kachelmosaiken geschmückte Gräber der Dienerschaft liegen draußen zwischen Rosmarinhecken in der Gartenanlage.

Der erste hier begrabene Saadier war Mohammed ech Cheik (= Mohammed I.; 1554–1557), der von gedungenen Mördern des osmanischen Sultans Süleyman des Prächtigen bei einem Jagdausflug im Hohen Atlas erschlagen worden war. Die Koubba über dem Grab des Vaters ließ Sultan Abdallah el Ghalib (1557–1574) errichten. 1591 begrub Ahmed el Mansour (1578–1603), der aus Timbuktu mit märchenhaften Reichtümern zurückgekommen war, hier seine Mutter, umschloß die Anlage mit der heute noch bestehenden Mauer und baute sie zu einer kostbaren Nekropole um. Auch er und seine 3 Nachfolger wurden hier bestattet.

Als der Alaouiten-Sultan Moulay Ismaïl (1672–1727) an die Macht kam, ließ er den El-Badi-Palast des Saadiers Ahmed El Mansour abreißen, schreckte jedoch davor zurück, auch die Saadier-Nekropole dem Erdboden gleichzumachen. Er ließ jedoch den Haupteingang der Gräber mit einer hohen Mauer verschließen, um alle Erinnerungen an die ihm so verhaßte Dynastie zu tilgen.

Danach wurde nur noch der ermordete geistesgestörte Sultan Moulay el Yazid (1790–1792) in dem verschlossenen Komplex, der jedoch durch einen klei-

Marrakech, Tombeaux des Saadiens, Stalaktitenmeer

Marrakech, Tombeaux des Saadiens, Tor zum Mausoleum

Marrakech, Tombeaux des Saadiens, Detail

nen, weithin unbekannten Eingang durch die Kasbah-Moschee noch zugänglich war, heimlich beigesetzt. Wiederentdeckt und anschließend restauriert wurde die Nekropole erst 1917 von französischen Archäologen.

Die rechteckige Anlage besteht aus 2 Mausoleen und ist durch eine hohe Stampferdemauer von der Kasbah abgetrennt. Von Ahmed el Mansour (1578 bis 1602/1603) wurde das erste, größere Mausoleum mit 3 Sälen errichtet. Im ersten Saal des Mihrab *(Salle du Mihrab)*, der urspr. nur als Andachtsraum dienen sollte, sticht bes. der Mihrab, die Gebetsnische, hervor, der von einem spitzen Hufeisenbogen auf 4 grazilen Marmorhalbsäulen eingerahmt wird. Unter anderem befindet sich in diesem Raum die Grabstätte des Alaouiten Moulay el Yazid, eingefaßt von einer holzgeschnitzten Balustrade.

Über 2 Säulenpaare aus weißem Marmor erhebt sich die Kuppellaterne mit 3 hohen Fenstern. Die Basis dieser Laterne ziert ein Zedernholzband mit einer Koraninschrift.

Gegenüber der Gebetsnische führt das offene Eingangsportal zum Hauptsaal, dem Saal der Zwölf Säulen *(Salle des Douze Colonnes)*, der einen quadratischen Grundriß von etwa 10 m Seitenlänge aufweist und nicht selten als das hervorragendste Werk der hispano-arab. Kunst in Marokko bezeichnet wird. Die außen mit grünen Ziegeln bedeckte Kuppel dieses Saals wird über stalaktitengeschmückte Hufeisenbogen von je 3 Säulen aus Carrara-Marmor getragen. Diese formen ein Mittelquadrat, dessen umlaufende Galerien bemalte und z.T. vergoldete Zedernholzdecken aufweisen, die sich in den Eckbereichen zu einem Stalaktitenmeer verdichten. Polychrome Fayencemosaiken zieren die Wände bis in etwa 2 m Höhe, darüber läuft ein Schriftband aus schwarzer Glasur, dann folgt ein in Stuck geschnittener Inschriftenfries; den oberen Bereich bedecken Stuckarabesken: verschlungene Rosettenmotive in endloser Wiederholung – »Spinnengewebe Allahs« genannt – und Holzschnitzereien an den Decken. Am Boden befinden sich die Sarkophage aus Marmor mit Reliefinschriften, Arabeskenschmuck und gesimsten Dreieckprofilen.

Das Hauptgrab steht in der Mitte, es ist jenes von Ahmed el Mansour, daneben befinden sich weitere 5 Grabstätten und mehrere kleine. Auch der dritte Saal, der Saal der Drei Nischen *(Salles des Trois Niches)*, in dem die Kinder der Sultane beigesetzt wurden, ist bes. reich ausgeschmückt.

Im zweiten, kleineren und schlichter gehaltenen Mausoleum wurden u.a. der Saadier-Sultan Mohammed ech Cheikh (1557), sein Sohn Moulay Abdallah (1574) sowie die Mutter von Ahmed el Mansour, Lalla Messaouda (1591), sowie die Favoritinnen unter den Haremsdamen beigesetzt. Die mit schönen Zedernholzschnitzereien geschmückte Anlage besteht aus 2 Räumen, wobei der kleinere quadratische Gebetsraum zu beiden Seiten von 2 Loggien begleitet wird und mit der Rückwand an die Mauer der Kasbah-Moschee angebaut ist.

Marrakech, Festival du Folklore

PROFANE BAUTEN

Dar el Makhzen: Der Königspalast stammt urspr. aus der Almohadenzeit, wurde aber in den folgenden Jahrhunderten mehrfach verändert. Da hier Hassan II. die Wintermonate über residiert, ist eine Besichtigung nicht möglich.

Palais el Badi (El-Badi-Palast): Der Palast erhielt ob seiner Prächtigkeit einen der 99 Beinamen Allahs, »der Unvergleichliche«. Seine Ruinen sind heute alljährliche Kulisse des *Festival du folklore marocain* mit Darbietungen der besten Tanz-, Musik- und Gesangsgruppen, deren Höhepunkt die berühmten Reiterspiele (Fantasias) der Berber sind. 5 Monate nach dem Sieg des dabei ums Leben gekommenen Sultans Abd el Malik I. (1576–1578) über die Portugiesen bei der berühmten »Dreikönigsschlacht« 1578 entschloß sich sein soeben gekrönter Nachfolger Ahmed el Mansour (1578 bis 1602/1603), neben seinen Privatgemächern eine riesige Palastanlage für Repräsentationszwecke und feierliche Empfänge bauen zu lassen. Die Arbeiten begannen Ende 1578 und waren bis zum Tode des Sultans 1603 noch nicht vollendet. Ein andalus. Architekt zeichnete vermutlich die Pläne, und etliche europäische Künstler, insbesondere Italiener, waren an der Ausführung beteiligt. Der französische Essayist Montaigne berichtet von seiner Italienreise, daß von den Marmorbänken bei Pisa 50 Säulen von enormer Größe an den König von Marokko geliefert wurden. Die unvorstellbaren Mengen an Marmor wog der Sultan mit Zucker auf. Die bewundernden zeitgenössischen Beschreibungen vermitteln heute noch einen Eindruck der vergangenen sagenhaften Ausstattung an Marmor, Onyx, prächtigen Mosaiken und Stukkaturen, von denen nur mehr die Grundmauern erhalten sind. Der eifersüchtige Alaouitensultan Moulay Ismaïl (1672–1727) schlachtete nämlich die

Marrakech, Palais el Badi, Innenhof

Marrakech, Palais el Badi

Gebäude von 1696 an 10 Jahre lang aus und verwendete das Material größtenteils für seine eigenen Königspaläste in Meknès. Der Narr sollte also recht behalten mit dem, was er dem stolzen Bauherrn geantwortet hatte, als der ihn fragte, was er an diesem herrlichen Bau zu rühmen wisse: »Stellt Euch nur den Schutthaufen vor, wenn das alles einmal wieder zerstört sein wird!« Der weitläufige rechteckige Innenhof mit einem langgestreckten Wasserbecken in der Mitte soll nach dem Vorbild des berühmten Löwenhofs von Granada angelegt worden sein, aber mit gigantischen Ausmaßen. Um ihn gruppieren sich 4 weitere Eckbassins, Blumenbeete und mächtige Ruinen einstiger Pavillons. An der Nordseite stand die *Koubbat el Hadra* (Grüner Pavillon), deren Außenmauern erhalten sind. Der Bau im S, *Koubbat el Hayzuran,* trug den Namen der schwarzen Lieblingsfrau des Sultans. Die Westseite begrenzte die *Koubbat el Hamsinija* (Pavillon der Fünfzig), von der noch eindrucksvolle Reste stehen. Im O stand die *Koubbat ed Dahab* (Pavillon des Goldes) oder die *Koubbat ez Zujaj* (Kristallpavillon). Die freien Ecken zwischen den Pavillons füllten kleine Säulenhallen mit quadratischem Wasserbecken. Das ganze Palastareal wurde von einer hohen Mauer mit Ecktürmen geschützt. Im Nordostturm lag wahrscheinlich die *Masria* (Hohe Kammer), von der aus der Sultan die Kasbah, die Stadt sowie die Gartenanlagen des Agdal und der Ménara überblikken konnte. Ein ähnliches Panorama auf die Saadier-Gräber und die grünlasierten Ziegel des nicht zu besichtigenden Königspalastes *(Dar el Makhzen)* bietet sich dem heutigen Touristen vom N-Pavillon aus, l vom Haupteingang, in dem Keramiken ausgestellt sind.

Palais de la Bahia (Bahia-Palast): Er wurde gegen Ende des 19. Jh. auf Befehl des Großwesirs von Sultan Mohammed ben Abd er Rahman (1822–1859), Si Moussa und seinem Sohn Ba Ahmed, Favorit und Großwesir der Sultane Moulay Ali Hassan I. (1873–1894) und Moulay Abd el Aziz (1894–1908) errichtet. Die lange Bauzeit von 7 Jahren führte zu der in Marokko sprichwörtlichen Wen-

Marrakech, Palais de la Bahia

Marrakech, Palais de la Bahia, Bemalte Decke

Marrakech, Musée d'Art Marocain, Weibliche Tracht

Marrakech, Musée d'Art Marocain, Zedernholztür

Marrakech, Palais de la Bahia, Detail >

dung: »Endlich ist die Bahia fertig«, wenn eine langwierige Angelegenheit endlich zum Abschluß gekommen ist. Der Architekt, El Haj Mohammed ben Mekhi el Mifioui ließ sich von hispano.-maur. Vorbildern leiten und von dem französischen Ingenieuroffizier Erckmann beraten. Die Gliederung des verwirrenden Konglomerats aus eng verschachtelten Räumen, Höfen, Sälen, Gängen und Galerien wurde mehr von den aufeinanderfolgenden Erweiterungen und zufälligen Grundzukäufen bestimmt als von einem vorgefertigten Grundplan, entsprach aber dem Prunkbedürfnis fürstlicher Würdenträger.

Der Palast mit dem Beinamen »Der Glitzernde« erstreckt sich auf einer Gesamtfläche von 8 ha. Zunächst betritt man einen mit Marmorplatten gepflasterten und an 3 Seiten von Galerien gesäumten Hof. Ein kurzer Gang führt von hier aus in den Grand Riad, einem zauberhaften, mit Zypressen, Orangenbäumen, Bananenstauden und Jasminhecken bepflanzten Gartenhof, in dessen Mitte sich ein kleiner Brunnen befindet. Im S des Gartens schließt sich ein 50 m langer und 25 m breiter Hof *(Grande Cour)* an, dessen Boden Marmor- und Keramikfliesen bedecken. Im O und W befinden sich 2 Repräsentationsräume. Der Spiegelsaal ist ein Geschenk der französischen Regierung. Der 20 × 8 m große Ratssaal *(Salle du Conseil)* an der Ostseite des Hofes ist mit Stuckornamenten, bemalten Decken, Fayencen, Marmor- und Keramikfliesen sowie mit Spiegeln, Lüstern und holzgeschnitzten Türen bes. reich ausgestattet. Durchgänge entlang der beiden Seiten des Ratssaales führen zu den Bahia-Gärten *(Agdal Ba Ahmed)* mit Orangen- und Mandarinenbäumen. Der Westteil des Palastes enthält die bes. kunstvoll verzierten Privatgemächer, die sich um kleine Patios und Gärten gruppieren. Die Räumlichkeiten der Lieblingsfrau, nach deren Namen Bahia der Palast seinen Namen erhielt, haben eine Terrasse, von der aus sich ein schöner Blick auf die Stadt, die Umgebung und das Atlasgebirge eröffnet. Leider bietet die heutige Ausstattung des Palastes nur

noch den Bruchteil seiner ursprünglichen Pracht, denn nur wenige Stunden nach dem Tod des Ba Ahmed ließ Sultan Moulay Abd el Aziz ihn ausräumen. Nach der Verlegung der Residenz von Abd el Aziz nach Fès residierte dort für kurze Zeit der mit den Franzosen kollaborierende El Glaoui, bevor die französische Besatzungsmacht den Palast als Verwaltungsgebäude benutzte und dort auch hochrangige Gäste der Regierung unterbrachte. 1962 diente der Palast in »Lawrence von Arabien« als Filmkulisse, auch einige Szenen für den Film »Harem« mit Nastassja Kinski und Ben Kingsley wurden hier gedreht. Wenn König Hassan II. in Marrakesch residiert, wird im Bahia-Palast seine Dienerschaft untergebracht. Er kann dann nicht besichtigt werden.

Dar el Glaoui: Der ehemalige Stadtpalast der Glaoua-Familie wurde nach den Entwürfen von Si Thami, dem Glaoui, im hispano-maur. Stil geschaffen. Eine Besichtigung ist derzeit nicht möglich, doch gibt es Pläne, die Anlage der Öffentlichkeit zugänglich zu machen.

Dar Si Saïd: In diesem Ende des 19. Jh. vom Bruder Ba Ahmeds, Si Saïd, der Kammerherr und Wesir des Sultans Moulay Ali Hassan I. (1873–1894) war, erbauten Palast ist heute das *Musée d'Art marocain* (Museum für Marokkanische Volkskunst) untergebracht. Zu besichtigen sind hier bes. reichhaltige Sammlungen des Kunsthandwerks der Berberstämme und südlichen Nomadenstämme. Bes. bemerkenswert sind zahlreiche einzigartige Exponate aus der Saadierzeit. Im Gang, der auf den Eingang folgt, werden auf Karten die wichtigsten Handwerksorte Südmarokkos und ihre Arbeiten dargestellt.

Am Ende des Flurs liegt ein kleiner Saal, in dem die Teile einer großen Schaukel gezeigt werden, die einst auf der Place Djemaa el Fna stand. Von diesem Saal aus erreicht man einen kleinen hübschen Innenhof, um den sich 4 Säle gruppieren. Der erste zeigt Kleider und Stickereien von Stadtfrauen: Kaftane, Lederpantoffeln, Gürtel aus Seidenbrokat oder goldbesticktem Samt. Im zweiten Saal findet man Kupferarbeiten (vorwiegend aus Taroudannt) und alle Geräte zur Teebereitung. Schwerter und ziselierte Dolche sowie Flinten und Pulverhörner werden im dritten Saal ausgestellt, der vierte Saal präsentiert eine herrliche Sammlung alten Berbersilberschmucks, der von Ju-

Marrakech, Dar Si Saïd *Marrakech, Dar Si Saïd >*

Marrakech, Djemaa el Fna

Marrakech, Bâb Agnaou >

Marrakech, Djemaa el Fna

Marrakech, Souks

Marrakech, Souks

den angefertigt werden mußte, da den Moslems die Metallarbeit als unrein galt. Im zweiten Stock findet man in verschiedenen Räumen eine prächtige Sammlung von bäuerlichen Berber- und Nomadenteppichen. Sie setzt sich fort in einem Teil des Erdgeschosses, in das eine Treppe im Verlauf des Rundganges führt. Hier werden Teppiche aus der Gegend von Tensift gezeigt, die von den Berberstämmen der Glaoua und der Aït Ouaouzguite hergestellt wurden. Um den anschließenden Hof ist eine sehr schöne Sammlung fein geschnitzter Türen und hölzerner Fenstergitter aus der Saadierzeit angebracht. Letztere waren als Sichtschutz vor Balkonen und Fenstern angebracht und erlaubten den Bewohnern heimlichen Ausblick zur Straße. In dem langen Flur, der zum Eingang zurückführt, findet man noch einmal Kleider und Gewebe. Diese stammen von den Aït Ouaouzguite aus dem Siroua-Massiv. Das Museum besitzt auch eine reiche Sammlung von Töpferwaren und Keramik, vorwiegend aus Safi und Amizmiz, die teils in den Fluren, teils in einem eigenen Raum um den zweiten Innenhof, aber auch mit anderen Objekten zusammen ausgestellt werden.

STADTMAUERN

Bâb Agnaou: Dieses älteste almohadische Tor überhaupt führte in die im 12. Jh. von Yâcoub el Mansour (1184 bis 1199) erbaute Kasbah. Der Staub der nahen Wüste hat dieses aus bläulichem Gueliz-Gestein erbaute und mit einer kufischen Inschrift umgebene Tor rötlich gefärbt. Eine vierfache hufeisenförmige und prächtig gemeißelte Archivolte rahmt den Durchgang, in den beiden Zwickeln füllen Arabesken den Raum zwischen 2 kleinen Muscheln. Je ein graziles Halbsäulenpaar schmückt den oberen Abschluß der leicht vorstehenden Risalite. Der Fries an der Oberkante ist

Marrakech, Wollfärbersouk

stark verwittert. Der Name des Tors ist berberischen Ursprungs und bedeutet »Widder ohne Hörner und Stimme«, da dieses Tor seine beiden Türme verloren hat. Die Legende berichtet, daß die verschiedenen Teile von den aus Andalusien vertriebenen Mauren mitgebracht worden seien; andere Quellen behaupten, daß das Tor aus Portugal stammt. Auch sollen hier oft Köpfe von Hingerichteten zur Schau gestellt worden sein.

Bâb Aylen: Vor diesem kaum veränderten almoravidischen Tor (um 1126–27) mit nur einfach gewinkeltem Durchgang wurden die Almohaden bei ihrem ersten Sturmangriff im Jahre 1128 (oder 1130) vernichtend geschlagen. In der Koubba (Zutritt nur für Moslems) im Inneren des Tors befinden sich die Gräber des Moulay Ali ech Chérif, seines Enkels Moulay er Rachid (1666–1672), der die Dynastie der Alaouiten begründete und den Grabbau für seinen Großvater errichten ließ, sowie der Alaouitenherrscher Moulay Suleiman (1792–1822) und Mohammed II. (1859–1873).

Bâb Berrima: Dieses Tor wurde von Moulay Ismaïl zur Vereinfachung des Lastentransportes zum El-Badi-Palast erbaut. Es ist der Eingang zum Berrima- oder Mellah-Viertel, das der jüdischen Bevölkerung 1558 von Moulay Abdallah (1557–1574) zugewiesen wurde.

Bâb Doukkala: Das noch aus der Almoravidenzeit stammende Tor mit dem wehrtechnisch wichtigen gewinkelten Durchgangskorridor verdankt seinen Namen der Ebene, die sich bis zum Fluß Tensift hinzieht. Hinter diesem Tor wurde zur Saadier-Zeit das Getto für die Aussätzigen eingerichtet.

Bâb ed Debbarh: Das aus der Almoravidenzeit stammende, aber häufig restaurierte und umgebaute »Gerbertor« ist aufgrund seines fünfmal rechtwinklig abknickenden Durchgangs bemerkenswert.

Marrakech, Souk der Eisenschmiede

Marrakech, Souks

Marrakech, Souk der Kupferziseleure >

Seit 1988 ist der Blick von der Terrasse, zu der ein Treppenaufgang führt, auf das Gerberviertel wegen Restaurierungsarbeiten nicht mehr möglich.

Bâb er Robb: Das »Tor des eingedickten Traubensaftes« wurde wahrscheinlich unter dem Almohadensultan Yâcoub el Mansour (1184–1199) im Zusammenhang mit dem Neubau der Kalifenkasbah errichtet. Aller Traubensaft, der nach M. kam, mußte dieses Tor passieren, wo er genau kontrolliert und registriert wurde, da der Koran den Genuß von vergorenem Traubensaft verbietet. Im Jahre 1308 stellte der Merinidensultan Abou Thabit (1307–1308) auf den Mauerzinnen zwischen dem Tor und der Bastei Dar el Haoura die abgeschlagenen Köpfe von 600 Auständischen zur Schau.

VIERTEL UND PLÄTZE

Djemma el Fna: Der Name des berühmtesten Platzes von M., ja der gesamten arab. Welt, bedeutet »Versammlungsplatz der Getöteten«, da hier früher die Köpfe der Hingerichteten, auf lange Stangen gespießt, zur Schau gestellt wurden. 1547 errichtete der Ouattasidensultan Abu el Abbas Ahmed (el Ouattassi; 1524–1547; bzw. 1548–1550) auf dem Platz einen Fondouk, in dem alle christl. Kaufleute ihre Waren anbieten durften. 1846 verheerte eine Pulverexplosion das Stadtviertel rings um den Platz. Der dreieckige, für sich gesehen nicht einmal sonderlich attraktive Platz mit ca. 200 m Seitenlänge wird von zahlreichen Hotels, Restaurants und Cafés gesäumt. Am Vormittag dient die Djemaa el Fna als Lebensmittelmarkt, doch auch Textilien, Leder-, Korb-, Ton- und Kupferwaren werden hier angeboten. Eine besondere Bedeutung haben die öffentlichen Schreiber, die gegen Bezahlung offizielle Schriftsätze für zahlreiche Analphabeten übernehmen. Doch auch Stände mit den bizarrsten Auslagen von getrockneten Echsen, Kröten, Pfoten und Häuten, die

zahllose Zauber- und Wundermittel gegen Unfruchtbarkeit oder den bösen Blick anpreisen, fehlen hier nicht. Beliebtes, aber nicht kostenloses Fotomotiv sind die allgegenwärtigen buntgekleideten Wasser- und Limonadenverkäufer. Wenn die Nachmittagshitze nachläßt, verwandelt sich der Platz in eine riesige Unterhaltungsstätte, auf der Märchenerzähler, Feuerschlucker, Akrobaten, Schlangenbeschwörer, Affenbändiger, Gaukler, Tänzer und schwarze Gnaoua-Musikanten ihr kritisches Publikum zu unterhalten suchen. Bei den zahlreichen Glücksspielern zieht der Tourist in jedem Fall den kürzeren. Man sieht besser den zahlreichen Zahnausreißern und Wunderheilern bei ihrer Arbeit zu, läßt sich von Wahrsagerinnen die Zukunft voraussagen und achtet auf die zahlreichen Taschendiebe. Am Abend wird der Platz im Licht der Karbidlampen mit seinen zahllosen kleinen Garküchen zum Freiluftrestaurant. Ein ungestörtes Beobachten erlauben die Dachterrassen der beide Café-Restaurants Café de France und Brasserie du Glacier.

Gueliz: Die Neustadt wurde seit 1913 von den Franzosen in einem Wüstengebiet westlich der Medina angelegt. Die Arbeiten wurden nach Plänen des Hauptmanns Landais durchgeführt, der besonderen Wert auf die Anlage von Gärten und Parks legte. Zentrum der Neustadt war die heutige Place du 16 Novembre.

Mellah: Im jüdischen Viertel mußten die Juden seit der Saadier-Zeit ihren Wohnsitz nehmen. Zentrum und Souk der in der zweiten Hälfte des 19. Jh. vergrößerten Mellah ist seit 1920 die Place des Ferblantiers. Seit der Zeit, als Elias Canetti in seinem Buch »Die Stimmen von Marrakesch« einen Besuch in der Mellah schilderte, ist die Zahl der jüdischen Bewohner stark zurückgegangen.

Quartier des Tanneurs (Gerberviertel): In diesem übelriechenden Viertel arbeiten die Gerber von M. unter heute noch ma Bedingungen bereits seit dem 12. Jh., da außerhalb der Stadtmauer an ihrem Viertel der Oued Issil vorbeifließt, der den hohen Wasserbedarf dieses Gewerbes deckt.

Souks: Die größten Souks des Landes beginnen an der Nordseite des Platzes Djemaa el Fna. Hinter einem verschachtelten Markthallenkomplex beginnen die

Marrakech, Jardin de l'Aguedal

Töpfersouks. Von dort gelangt man über den Souk der Gewürze und der getrockneten Früchte durch das Hauptportal des Marktes auf die *Rue Souk Smarine,* dem Souk der Stoffhändler, die wie viele Gassen mit einem Dach aus Rohrgeflecht überdeckt ist, durch das die Sonne geheimnisvolle Lichtstreifen wirft. Diese Straße gabelt sich an der *Place Rahba Kedima* Y-förmig l in die *Rue du Souk Attarine* und r in die *Rue du Souk el Kebir.* Kurz zuvor zweigt r ein Gäßchen ab mit kleinen Läden für Glaswaren und Apotheken, das zum Rahba Kedima, dem einstigen Korn- und Sklavenmarkt, führt. Dieser kleine, bes. belebte Platz wird von einigen Souks umgeben: r der *Souk Larzal,* der Wollmarkt, dann der Schafsfellmarkt *(Souk el Btana).* Anschließend ein Gemüsemarkt, neben dem in Lädchen die Geheimrezepte, Tinkturen und Zaubertränke der Wunderheiler und Gesundbeter verkauft werden, und dann der *Souk Zrabia* (Souk der Teppichhändler) mit berberischer Versteigerung *(Criées berbères).* Der Rue du Souk el Kebir folgend gelangt man am Souk der Kupferwarenhändler *(Souk Fagharine)* und dem Souk der Schmuckhändler *(Souk aux Bijoutiers)* vorbei zu den *Kissarias,* dem ehemaligen, verschließbaren Warenlager des Viertels, in dem heute v.a. anspruchsvolle Textilien angeboten werden. Die Rue du Souk el Kebir führt weiter zur *Rue du Souk Cherratine* (Lederhändler). An deren Ende biegt man l in den *Souk Smata* ein, wobei man den Markt der Lederpantoffelhändler *(Souk des babouches)* passiert. Diese Straße führt zu einem kleinen Platz, von dem aus man r in den *Souk Attarine* einbiegt, dem ehemaligen Souk der Gewürzhändler, in dem sich heute Läden mit unterschiedlichen Waren befinden. Biegt man dort nach r, d.h. nach N, ab, so erreicht man geradeaus den Souk der Kupferziseleure und danach den *Souk Haddadine* (Souk der Eisenschmiede). Folgt man aber nur einige Meter dieser Straße und zweigt dann in die erste l wegführende Straße ab, erreicht man den Wollfärbersouk *(Souk aux Teinturiers)* und den Holzschnitzersouk *(Souk Chonari).* Allerdings hat der Wollfärbersouk an Farbigkeit eingebüßt, seitdem die Wollbündel jetzt in für Touristen nicht einsehbaren Innenräumen in Bottichen gefärbt werden. Nur noch selten werden sie zum Trocknen wie ein Baldachin über die Gassen gehängt. Zurück zur Djemaa el Fna gelangt man auf der Rue du Souk Smarine.

Marrakech, Jardins Ménara, Pavillon

Marrakech, Jardins Ménara

Marrakech, Nationales Volkskunstfestival

Marrakech, Mamounia, > Eingang zum Hotel

BRUNNEN UND GÄRTEN

Fontaine Chrob ou Chouf: Ganz in der Nähe der Medersa Ben Youssef in Richtung Bâb Taghzout befindet sich dieser Monumentalbrunnen (sein Name bedeutet »Trinke und bewundere«). Seine Rückwand mit zedernholzgeschnitzten Koransuren in kursiver und kufischer Schrift ist durch ein Stalaktitenvordach geschützt, ähnlich wie beim Brunnen En Nejjarin in Fès.

Fontaine el Mouassine: Dieser Brunnen n der gleichnamigen Moschee stammt aus der gleichen Zeit und beeindruckt durch seine Ausmaße. Ein prächtiger, mit Stukkaturen und bemaltem Schnitzwerk geschmückter Portikus steht schützend über einem der 4 Becken. Das überdachte Wasserbecken versorgt die Menschen dieses Viertels, die 3 Becken daneben dienen als Viehtränke. Nur wenige Schritte östlich beginnt der *Souk des Teinturiers.*

Fontaine Sidi el Hassan ou Ali: Von El Hassan ou Ali, einem Professor, der in der Stiftung von Lalla Messaouda, der Mutter des Saadier-Sultans Ahmed el Mansour (1578–1602/1603), unterrichtet haben soll, errichteter monumentaler Brunnen. Sein 15 × 5 m großes Becken wird von 3 Kuppeln überdacht.

Jardin Majorelle: Dieser Garten in der Neustadt wurde zu Beginn der Protektoratszeit von dem Jugendstilkünstler Louis Majorelle (1859–1926) angelegt. Das Gelände mit vielen tropisch-subtropischen Pflanzen gehört heute dem Pariser Modeschöpfer Yves Saint-Laurent.

Jardin de l'Aguedal: Der 3,5 km lange und 1,2–1,5 km breite Garten wurde bereits von den Almohaden im 12. Jh. angelegt, verdankt seine heutige Form jedoch dem Sultan Mohammed ben Abd er Rahman (1822–1859) und wurde unter Moulay Ali Hassan I. (1873–1894) erwei-

tert und von der hohen, mit Türmen und Toren versehenen Mauer umgeben. Schatten spenden hier die vielen Granatapfel-, Pflaumen-, Feigen-, Zitronen- und Orangenbäume sowie Weinstöcke. Der Garten mit ausgedehnten Wasserflächen ist völlig symmetrisch in eine Mittelallee mit Parallelwegen und senkrecht dazu verlaufenden Querwegen eingeteilt. Das von 2 großen offenen Kanälen *(Segouias)* aus dem Ourikatal im Hohen Atlas herbeigeführte Wasser wird in einem 200 × 200 m messenden Becken *(Es Salha)* aus der Almohadenzeit, einem 120 × 120 m großen, unter Abou Ali Hassan I. gebauten Becken *(El Gharsija)* sowie in mehreren kleinen Becken gespeichert. Von der Terrasse des alten Gebäudes *Dar el Hana,* an der Nordwestecke des großen Beckens, bietet sich ein wunderschöner Rundblick auf die Gartenanlage und die Berge des Hohen Atlas. Der in der Mitte des Gartens gelegene, von Abou Ali Hassan I. errichtete Gartenpalast *Dar el Beïda* (Weißes Haus), der heute als königliches Gästehaus genutzt wird, kann nicht besichtigt werden.

Jardins Ménara: Die Ménaragärten wurden bereits im 12. Jh. unter den Almohaden angelegt. Ihre heutige Form erhielten sie jedoch im 19. Jh. unter Sultan Mohammed II. (1859–1873). In diesem 1200 × 800 m großen Areal, das von einer Mauer aus Stampferde umgeben ist, werden v. a. Olivenbäume und daneben Obstbäume kultiviert. Im Zentrum der Anlage befindet sich ein noch von den Almohaden ausgehobenes, 200 × 150 m großes Wasserbecken, das unter Mohammed II. restauriert wurde. In diesem Becken sammelte man durch unterirdische Kanäle das Waser für die Gesamtanlage. Am Südrand des Wasserbeckens ließ der Sultan 1869/70 einen schönen kleinen Pavillon errichten, der mit einem pyramidenförmigen Dach aus grünlasierten Ziegeln geschmückt ist. Das einzige Zimmer im ersten Stock des heute zumeist verschlossenen Pavillons soll angeblich ein Liebesnest des Sultans gewesen sein.

Mamounia: Der schattige Orangen- und Olivengarten wurde im 17. Jahrhundert unter den Saadiern angelegt. Im Park liegen das 1923 erbaute Luxushotel Mamounia im neomaur. Stil, in dem illustre Gäste logieren. Winston Churchill verbrachte hier glückliche Tage bei seiner Malerei.

Marrakech, Nationales Volkskunstfestival

BRAUCHTUM UND VERANSTALTUNGEN

Nationales Volkskunst-Festival in der ersten Junihälfte. In den Ruinen des Badi-Palastes treten Folkloregruppen mit Musik und Tänzen aus allen Landesteilen auf. Moussem Sidi Abdallah ben Youssine (August/September); Moussem El Garne (August). Moussem Setti Fatma im Ourikatal (August); Jahrmarkt (Oktober). Moussem Zaouïa de Moulay Brahim bei Asni, 10 Tage nach dem Mouloud (beweglicher Geburtstag Mohammeds).

Umgebung

Palmeraie: Der ca. 15000 ha große Palmenhain im N von M., der sich bis zum Tensift-Fluß hinzieht, den er etwa 20 km lang begleitet, soll der Legende nach zufällig aus Kernen entstanden sein, die von den Kriegern des Almoraviden Youssef ben Tachfîn ausgespuckt wurden. Die Früchte der rund 15000 Dattelpalmen reifen jedoch nicht vollständig und werden daher meist als Viehfutter verwendet. Die in Deutschland erhältlichen süßen »Marrakesch-Datteln« stammen aus südlicheren Oasen. Das auf das 11. Jh. zurückgehende Bewässerungssystem ist noch gut zu beobachten. Der Verlauf der Foggaras oder Khettaras genannten Kanäle, die heute nicht mehr genutzt werden und daher allmählich verfallen, wird durch senkrechte Einstiegsschächte gekennzeichnet, die alle 50 m bzw. 100 m in die Kanäle führen und um die maulwurfhügelartig die ausgegrabene Erde dieser Kanäle aufgehäuft wird.

Tamesloht (15 km sw): Inmitten von großen Orangenplantagen und Olivenhainen gelegener kleiner Ort mit 2 im 16. Jh. gegr. *Zaouïas*, die von dem Cherifen Abdallah Ben Hossein el Hassani gegr. wurden. Ebenfalls sehenswert sind 2 große zerfallene *Kasbahs.*

Amizmiz (54 km sw): Das große Dorf der Regraga-Berber (3000 Einw.) liegt sehr schön auf einer Hochebene im Schatten des Hohen Atlas.

Der Ort ist ein kleines Töpferzentrum und hat eine sehr schöne Kasbah, vor der jeden Dienstag ein großer Markt stattfindet. Weiter besitzt er eine Mellah und eine von Sidi el Hossein Ben Messaoud gegr. Zaouïa, die heute Hauptsitz der

Kasbah Goundafa (Marrakech),

Ourikatal (Marrakech)

Ahmed-ou-Moussa-Bruderschaft ist, aus deren Angehörigen sich vielfach die Akrobaten rekrutieren, die auf den Märkten Marokkos auftreten. Auf dem Weg nach A. liegt die Talsperre Cavignac mit 7 km langem Stausee.

Asni (45 km s): Schön gelegenes Berberdorf in 1150 m Höhe am Ufer des Oued Reraia. Von hier aus führen Bergtouren zum *Djebel Toubkal,* dem höchsten Berg Nordafrikas, 4165 m hoch. Der Aufstieg beginnt bei *Imlil,* 17 km hinter Asni. Über Asni ist auch der zweithöchste Paß des Hohen Atlas, *Tizi-n-Test,* auf landschaftlich sehr schöner Strecke zu erreichen. Nach Asni folgt *Ouirgane,* ein Luftkurort in 1050 m Höhe in herrlicher Landschaft. Weiter über *Ijoukak* (92 km von M.), danach erreicht man *Talat-n-Yâcoub,* 1317 m (101 km), überragt von der um die Jahrhundertwende erbauten *Kasbah Goundafa.*

Auf dem gegenüberliegenden Ufer des *Oued N'Fiz* befinden sich die Ruinen des Ortes →*Tin-Mal* (105 km).

Oukaïmeden (72 km s): Beliebtestes Wintersportzentrum Marokkos, am Nordrand des Djebel-Toubkal-Massivs. Leicht zugängliche jungsteinzeitliche Felszeichnungen: Menschen, Tiere, Waffen, scheibenförmige und geometrische Figuren. 2 km vom Zentrum liegt der Col du Tizrag (2740 m) mit phantastischem Panoramablick.

Ourikatal (45 km sö): Das 35 km lange Tal des Oued Ourika, das sich bis in die Flanken des Djebel-Toubkal-Massivs hineinzieht, ist dicht besiedelt und liegt in 1000 bis 1500 m Höhe.

Sehenswert ist im Dorf *Dar Caïd Ouriki* das buntbemalte Minarett der Moschee, sowie ein Montagsmarkt. Bei *Asguine* Abzweigung nach *Setti Fatma* (Moussem und Nußmarkt im August); von hier ab überall sehr schöne Wanderwege. Kurz vor dem Ort, am *Djebel Yagour,* findet man prähistorische Felsmalereien: Rinder, Elefanten, Gazellen, Strauße, Schakale, aber auch abstrakte Symbole.

Demnate (88 km ö): Schönes Berber-

Meknès, Stadtansicht

städtchen (10000 Einw.) mit Häusern aus Stampferde in reizvoller Landschaft am Nordrand des Hohen Atlas. Im ö Teil der Stadt mächtige Kasbah mit (heute leerem) Wassergraben, die bis 1956 Residenz eines Statthalters des Glaoui, des Paschas von Marrakech, war. In der weiteren Umgebung Felszeichnungen und Dinosaurierspuren. Großer Souk am Sonntag am *Bâb el Had.*

Meknès

Meknès

Einw. 320000 Höhe: 552 m S. 256 □ C 2

Die Hauptstadt der gleichnamigen Provinz liegt in dem fruchtbaren Anbaugebiet zwischen den nördlichen Ausläufern des Mittleren Atlas und den Vorketten des Rif-Gebirges. Das kleine Tal des Ouèd Boufekrane trennt die beiden voneinander abgeschlossenen Stadtteile, die zusammen die fünftgrößte Stadt des heutigen Marokko bilden: den alten Teil mit seiner 25 km langen Ummauerung und den neuen Teil, der sich seit 1920 auf einem benachbarten Plateau ausgebreitet hat. Wenngleich das nahe Fès der Stadt den Rang abläuft, so weist M. doch viele mehr oder weniger gut erhaltene Sehenswürdigkeiten auf, wie z. B. die prachtvolle Lage und die bes. belebte Medina. Außerdem ist sie eine der 4 »Königsstädte«, nämlich der von Moulay Ismaïl, dem größten maghrebinischen Bauherren, der hier sein zyklopenhaftes »marokkanisches Versailles« schuf.

GESCHICHTE

Vermutlich im 10. Jh. gründete der ostmarokkanische Berberstamm der Mecknassa, eine Untergruppe der Zenata-Berber, im Hochtal des Oued Boufekrane am Nordrand des Mittleren

Atlas mehrere Siedlungen, darunter »Meknès bei den Olivenbäumen« oder *Meknassa ez Zeitoun* und *Meknassa Taza.* Laut arab. Quellen handelte es sich anfänglich nur um eine Reihe von Dörfern, die 1063 von den Almoraviden unter Youssef ben Tachfîn erobert wurden. Diese erbauten an der Stelle der heutigen Moschee El Berdaïn die erste Festung, Tagrart, und gleichzeitig eine Kasbah auf dem Plateau des heutigen Touta-Viertels.

Nachdem der Almohade Ibn Toumert um 1120 vergeblich versucht hatte, die Bevölkerung gegen die Almoraviden aufzuwiegeln, gelang es seinem Nachfolger Abd el Mou'men, dem eigtl. Gründer der Almohadendynastie, die Stadt um 1145 zu erobern. An der Stelle des Lagers vor der Stadt, gegenüber der alten Kasbah, erbaute er eine neue Stadt mit typisch almohadischem, d.h. quadratischem Grundriß. Aufgrund grausamer Behandlung der Stadtbewohner, die treu ergebene Anhänger der Almoraviden waren, entvölkerte sich M. rasch. Mit der Verbesserung ihres Verhältnisses zu den Almohaden-Sultanen stieg die Stadt zu einem wichtigen Handelszentrum auf, ihre Einwohnerzahl wuchs, und moderne Trinkwasseranlagen wurden angelegt.

Meknès: Medina 1 Dar Kebira **2** Mausolée de Moulay Ismaîl **3** Qoubbet el Khiyatin **4** Bâb Jamaa en Nouar **5** Bâb Mansour **6** Place El Hedime **7** Dar Jamaï **8** Grande Mosquée **9** Médersa Bou Inania **10** Kissaria **11** Palais el Mansour **12** Bâb el Berdaïn **13** Koubba de Sidi Aïssa **14** Rue des Seraïria

Der Wohlstand währte aber nicht sehr lange, da M. seit dem Tod des letzten bedeutenderen Almohadenherrschers Mohammed en Nasir im Jahre 1214 jahrzehntelang unter dem Niedergang der Almohaden und den damit verbundenen Kämpfen, Unruhen und wechselnden Besetzungen zu leiden hatte. Nach kurzer Periode der Ruhe unter den Meriniden, die unter Sultan Abou Youssef Yâcoub 1276 eine neue Kasbah, eine Große Moschee und die berühmte *Médersa Bou Inania* errichten ließen, folgten jedoch wieder Rebellionen, Belagerungen und Plünderungen, bis sich die Lage unter der klugen Regierung von Abou Zakarias stabilisierte. Bis ins 17. Jh. verlor M. dann jegliche Bedeutung.

Seine kurze Blütezeit erlangte M. unter dem zweiten Alaouiten-Sultan Moulay Ismaïl (1672–1727), der den aufsässigen

Meknès, Heri Es Souani

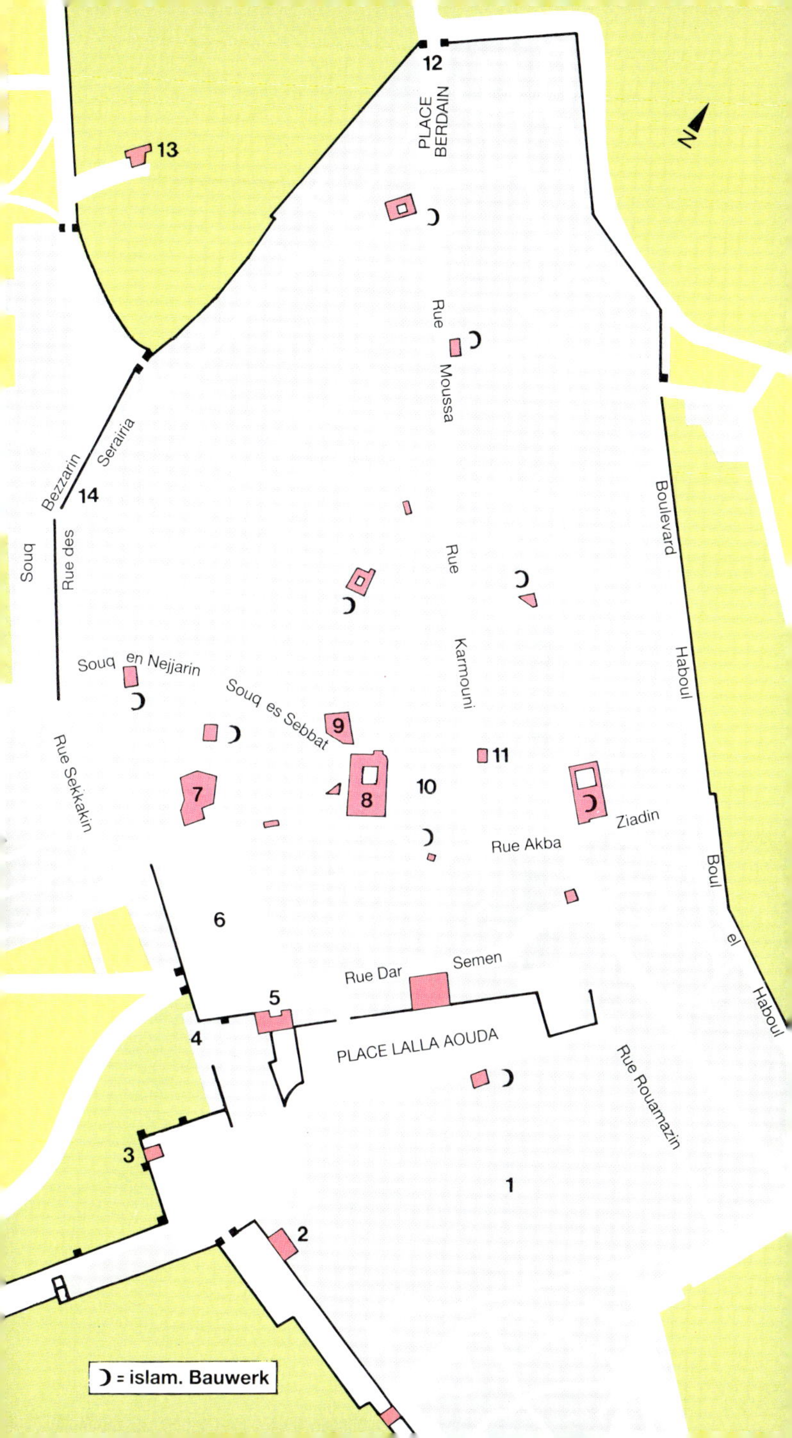

12
PLACE BERDAIN
N
13
Rue Moussa
Serairia
Bezzarin
14
Souq
Rue des
Rue Karmouni
Boulevard Haboul
Souq en Nejjarin
Souq es Sebbat
9
11
10
8
7
Rue Sekkakin
Ziadin
Rue Akba
Boul el Haboul
6
Rue Dar Semen
5
4
PLACE LALLA AOUDA
Rue Rouamazin
3
1
2
= islam. Bauwerk

Einwohnern von Fès und Marrakech mißtraute und den Sitz der Hauptstadt hierher verlegte. Ein ganzes Heer von Erdarbeitern und Maurern, das sich aus schwarzen Stämmen, christl. Gefangenen, Rechtsbrechern und den geknechteten Stämmen der Umgebung zusammensetzte, riß die alte merinidische Kasbah nieder und legte im S ein neues, heute *Ville Impériale* genanntes Viertel an. Dieses war mit einem insgesamt 25 km langen Schutzwall umgeben, dessen Bastionen, Mauern und monumentale Tore, teilweise doppelt und dreifach, einzelne Komplexe schützte. Insgesamt soll das Mauersystem 40 km gemessen haben. Der Sultan selbst überwachte die Bauarbeiten und legte bisweilen sogar mit Hand an. In der Ville Impériale entstanden riesige Paläste und zahlreiche Pavillons inmitten herrlicher Park- und Grünanlagen mit großen Wasserbassins. Dazu kamen Moscheen, Kasbahs für die schwarze Garde des Sultans, riesige Getreidespeicher und Stallungen für 12000 Pferde, Arsenale, Übungsplätze und Paläste für seinen riesigen Harem (es heißt, Moulay Ismaïl habe mit 600 Ehefrauen über 700 Jungen und eine unbestimmte Zahl an Mädchen gezeugt; die weiblichen Nachfahren wurden angeblich alle nach ihrer Geburt erdrosselt). Das Material für die Bauten stammte u.a. von den Ruinen von Volubilis und den Bauwerken der Saadier in Marrakech. Vorbild des prunksüchtigen Despoten, der nachlässigen Bauarbeitern eigenhändig den Kopf abschlug, war der französ. Sonnenkönig Ludwig XIV., mit dem er einen Freundschaftsvertrag (1682) abschloß, der aber kaum das Papier wert war, auf dem er geschrieben stand. Der Sultan hielt sogar wiederholt – vergeblich – um die Hand von Anne-Marie de Bourbon an, einer legitimierten Tochter des Sonnenkönigs mit Louise de la Vallière und späteren Prinzessin Conti. Berüchtigt war schon zu Lebzeiten die Grausamkeit des Sultans, der vor einem französ. Gesandten einem Sklaven, der ihm den Steigbügel hielt, nur zum Spaß den Kopf abhieb, und dem bestürzten Zuschauer erklärte: »König Ludwig herrscht über Menschen, ich aber über Tiere.« Zur Bewahrung seiner Macht, die er nach der Ermordung seines Bruders an sich gerissen hatte, »züchtete« sich der Sultan ein Heer aus 150000 Negersklaven, mit dem er das Land unter Kontrolle hielt.

Da sein Sohn Moulay Abdallah die Bauarbeiten nur kurze Zeit fortsetzte und die Hauptstadt wieder nach Fès verlegte,

Meknès, Grande Mosquée, Bemalte Decke am Eingang

sank M. bald wieder zu einem unbedeutenden Provinznest zurück; die noch nicht fertiggestellten Bauten Moulay Ismaïls dienten nun ihrerseits als Steinbruch. Die ehemalige Ville Impériale glich bald einem Ruinenfeld. Eine weitere Zerstörung verursachte das Erdbeben von 1755, das neben Lissabon auch Marokko schwer traf. Die Bauten von Sidi Mohammed (1757–1790) konnten den Abstieg nicht mehr verhindern. Erst unter dem Protektorat der Franzosen seit 1912, die Oliven- und Zitruskulturen, Weingärten und Gemüsefelder anlegten, entwickelte sich M. zu einem wichtigen Zentrum der Nahrungsmittelindustrie.

SAKRALE BAUTEN

Grande Mosquée (Zutritt nur für Moslems): Durch die 12 schönen Portale, die durch geschnitzte Holzvordächer überwölbt werden, kann man einen Blick in den Innenhof der Moschee werfen, die im 12. Jh. von den Almohaden gegr. wurde, in ihrer heutigen Form aus der Merinidenzeit (Mitte 14. Jh.) stammt. Moulay Ismaïl ließ die Moschee 1695 renovieren und stattete sie 1700 mit dem kostbaren Mimbar aus. Sein Enkel Mohammed ben Abdallah erneuerte das Minarett.

Mosquée Nejjarin (Zutritt nur für Moslems): Die Moschee wurde im 12. Jh. von den Almohaden gegr., aber unter Mohammed Ben Abdallah 1756 völlig umgestaltet. Aus dieser Zeit stammt auch das schöne Minarett.

Médersa Bou Inania: Die Lehranstalt wurde von dem Merinidensultan Abou el Hassan (1331–1351) gestiftet und unter Sultan Abou Inan Faris (1351–1358), dem sie ihren Namen verdankt, zu Ende geführt. Sie ist einige Jahre älter als die gleichnamige Medersa in Fès, aber jünger als die dortige *Médersa Attarine.* In Stil und Anlage gleicht sie diesen beiden Medresen sehr stark. Die beiden Flügel des großen Portals sind mit ziselierten Bronzeplatten beschlagen und weisen große schöne Türklopfer auf. L vom flurartigen Vestibül liegen die großräumigen

Folgende Seiten >

Links: Médersa Bou Inania, Detail

Rechts: Mausolée de Moulay Ismaïl

Meknès, Médersa Bou Inania

< *Meknès, Mausolée de Moulay Ismaïl*

Latrinen, r erreicht man den an 3 Seiten von Galerien umstandenen Hof, in dessen Mitte ein flachrundes Reinigungsbecken steht. Die dem Eingang gegenüberliegende Seite des Hofs bildet der hohe, nach Mekka ausgerichtete Gebetssaal mit der von zarter Gipsstukkatur überzogenen Mihrab-Nische. Die beiden Blendfenster zu beiden Seiten des Mihrabs sind mit einer Inschriftenstukkatur bedeckt, die Aufschluß über die Bauherren der Medersa geben. Den oberen Teil der Kibla-Wand durchbrechen Gipsarkadenfenster. Hinter den Holzgittern der Arkaden mit Gipsstalaktiten befinden sich die Lehrräume, die Verwaltung und die Bibliothek. Über den Galerien sind die Studentenzellen untergebracht. Die kräftigen Pfeiler und die Hoffassaden verzieren Mosaiken aus glasierten Fliesen (Zelliges), Kursivschriftbänder mit Koransuren und feine Stukkaturen, die Decken Gipsstalaktiten und Holzschnitzereien. Die Dachterrasse bietet einen herrlichen Blick auf die Medina und auf die schräg gegenüberliegende Moschee, die Djemaa el Kebir. In der Médersa Bou Inania wurde noch bis 1964 unterrichtet, dann wurde sie in ein Museum umgewandelt.

Koubba de Sidi Aïssa (Zutritt nur für Moslems): Der im späten 18. Jh. errichtete Bau birgt das Grab des Sidi Mohammed ben Aïssa, der im 17. Jh. die religiöse Bruderschaft der Aïssaouna begründete. Die Mitglieder dieser Sekte pflegten giftige Tiere und Pflanzen zu verspeisen, was bis in die jüngste Zeit bei den Versammlungen der Bruderschaft, bei denen sich die Mitglieder mit dicken Nadeln Zunge und Wangen durchbohrten, üblich gewesen sein soll. Am Geburtstag des Propheten, der nur im Maghreb gefeiert wird, kommen die Aïssaouna zu einem großen Moussem zusammen, versammeln sich vor der Koubba und ziehen von dort aus musizierend und bis zur Ekstase tanzend durch die Medina. Deswegen nennt man sie auch die »tanzenden Derwische«.

Mausolée de Moulay Ismaïl: Der Vorplatz des Mausoleums ist mit emaillierten Fliesen geschmückt. Das Mausoleum öffnet sich zu einem kleinen galerieumstandenen Hof, der mit Fliesenmosaiken und Stukkaturen reich verkleidet ist. Auch Nichtmoslems dürfen diesen Hof

Meknès, Koubba de Sidi Aïssa

(allerdings ohne Schuhe) betreten und von dort den nur Gläubigen zugänglichen, vor Gold strotzenden Grabraum einsehen. Dort sind auch die schönen Standuhren ausgestellt, die Ludwig XIV. Moulay Ismaïl als Trost dafür schickte, daß er die Werbung des Sultans um die französische Prinzessin de Conti zurückwies.

PROFANE BAUTEN

Bâb el Berdaïn: Das monumentale »Tor der Packsattelhersteller« wurde von Moulay Ismaïl Ende des 17. Jh. errichtet und gehört zu den schönsten Toren von M. Der Hufeisenbogen des Tores liegt zwischen 2 als Vierecktürme hervorspringenden Basteien. Seine Umrahmungen werden durch ein prachtvolles glasiertes Fliesenmosaik gebildet, von dem sich eine Inschrift mit schwarzen Kursivbuchstaben abhebt.

Bâb es Khemis: Das aus der Zeit Moulay Ismaïls stammende, von 2 Basteien flankierte Tor ist mit seinen rechteckigen Umrahmungen des zugespitzten Hufeisenbogens (Netzwerk aus Stuckbändern auf grünem Fayenceuntergrund, glasiertes Fliesenmosaik und darüber eine Inschrift mit schwarzen Kursivbuchstaben) wohl eines der schönsten Tore von M. Einst bildete es den Zugang zur »Gartenstadt«, in der Moulay Ismaïl seine höchsten Würdenträger ansiedelte. Als man seinen Nachfolger Moulay Abdallah nach einer erfolglosen Strafexpedition gegen aufständische Berber mit ironisch getönten Ovationen empfing, ließ dieser wutschäumend das ganze Viertel dem Erdboden gleichmachen.

Bâb Jamaa en Nouar: Das kleinere, aber in den Proportionen harmonischere Tor neben dem Bâb Mansour stammt ebenfalls aus der Zeit Moulay Ismaïls. Es ist nach der Moschee benannt, zu der es einst führte, in der heute aber eine Koranschule untergebracht ist.

Bâb Mansour: Das mächtigste und bedeutendste Tor Marokkos bildet den triumphalen Zugang zur Ville Impériale. Es wurde unter Moulay Ismaïl begonnen, dessen Sinn fürs Monumentale und Maßlose es hervorragend verkörpert, aber erst 1732 unter seinem Sohn Moulay Abdallah vollendet. Das »Tor von Mansour, des christl. Renegaten« (so der

Meknès, Bâb es Khemis

vollständige Name *Bâb Mansour el Aleuj*), wurde nach seinem angeblichen Baumeister benannt, einem zum Islam übergetretenen Christen. Vor diesem Tor wurden die öffentlichen Gerichtsverhandlungen abgehalten, die Körperstrafen vollzogen und die Köpfe der Hingerichteten zur Schau gestellt. In der Mitte des schwer und erdrückend wirkenden Bâb Mansour öffnet sich ein gigantischer Hufeisenbogen. 2 vorspringende flankierende Zierbasteien enthalten die beiden kleineren Seitentore, deren Hufeisenbogen auf kurzen Marmorsäulen mit antiken Kapitellen, Spolien aus dem römischen Volubilis, ruhen. Schließlich springen zu beiden Seiten kräftige Risalite hervor, die sich auf hohe, wahrscheinlich aus Pisa stammende Marmorsäulen mit Kompositkapitellen stützen. Der spitze hufeisenförmige Bogen in der Mitte wird an seiner Nordwestfassade von grünen Fayencen umzogen. Der erste Rechteckrahmen trägt dunkelblaues Arabeskendekor, der folgende Rautenreliefs mit dominant grüner Fayencefüllung.

Am oberen Rand läuft unter einem Fries aus Blendzinnen eine mehrreihige Inschrift aus blauen Glasurbuchstaben. Die unterste Zeile durchbrechen 4 grüne Buchstaben, die das Hedschra-Datum 1144 (= 1732) darstellen.

Dar el Beïda: Das »Weiße Haus« ließ sich Sultan Mohammed ben Abdallah in der 2. Hälfte des 18. Jh. bauen. 1919 wurde der wuchtige, festungsartige Palast in eine königliche Militärakademie umgewandelt. In den dazugehörigen Gärten befinden sich zahlreiche Säulenkapitelle, wahrscheinlich Spolien aus dem im 16. Jh. erbauten saadischen El-Badi-Palast aus Marrakech. Der zugehörige Agdal, eine riesige, von hohen Mauern umgebene Rasenfläche, geht auf Moulay Ismaïl zurück, der dort seine schwarze Garde lagern ließ. Zur Zeit des Sultans Mohammed ben Abdallah wurde ein Teil des Agdals als Straußenfarm genutzt. Heute finden hier Paraden, Pferderennen und die berühmten Reiterspiele (Fantasias) statt.

Dar el Ma: Der viereckige Bau, das »Haus des Wassers«, ein Teil des Getreidespeichers *Heri es Souani*, birgt die bis zu 40 m tiefen Zisternen, aus denen man das Wasser für die Ville Impériale mit Hilfe von Eseln, Pferden oder Kamelen betriebenen Schöpfrädern, den Norias, holte. Vom Dachgarten des Dar el Ma

Meknès, Bâb Jamaa en Nouar

Meknès, Bâb Mansour

bietet sich ein herrlicher Rundblick auf die Speicherruinen, den Sultanspalast und die Medina.

Dar el Makhzen (Palais Impérial): Die ältesten Teile des Königspalastes stammen aus der Zeit von Moulay Ismaïl, der größte Teil der unlängst restaurierten Bauten jedoch aus dem 18. und 19. Jh. Da König Hassan II. hier gelegentlich residiert, ist keine Besichtigung möglich.

Dar Jamaï: Der Palast des Wesirs Mohammed ben Larbi Jamaï, des Premierministers von Sultan Abou Ali Hassan I. (1873–1894), ist um einen hübschen andalus. Garten herum angelegt. Das Gebäude beherbergt seit 1926 das *Musée des Arts marocains (Museum für marokkanische Kunst),* doch sind nicht nur die Exponate, sondern auch die reichverzierten Räume sehenswert. Zu bewundern sind erlesene Holzschnitzereien (Truhen, Stalaktitenwandregale, Teile von Schnitzdecken), Berberschmuck aus dem Hohen Atlas, dem Anti-Atlas und dem Tafilalet, z.B. schwere Ohrgehänge und Stirnbänder, Exponate der berühmten »blauen Keramik« von Fès, grüne Glasurkeramik aus dem Tafilalet, an den Wänden handbemalte Kacheln mit blauen Blumenmotiven, außerdem alte Koranhandschriften, Teppiche und Kelims, Kleider und Brokatarbeiten sowie Lederwaren. Im ersten Stock ist ein Empfangsraum mit der gesamten Einrichtung eines reichen marokkanischen Bürgerhauses zu sehen. Zu betonen sind bes. die prächtige Zedernholzschnitzdecke und die maur. Wandverkleidung mit polychromen Fayence-Mosaiken, buntbemalter Gipsstukkatur und elegantem Holzschnitzwerk. Im ehemaligen Betsaal des Wesirs ist ein kostbarer holzgeschnitzter Mimbar (17. Jh.) aus der Lalla-Aouda-Moschee ausgestellt, dessen Besichtigung eigens erbeten werden muß.

Dar Kebira: An die von Mauern umschlossene Place Lalla Aouda grenzt sö das Wohnviertel Dar Kebira an, das früher von dem in nur unbedeutenden Resten erhaltenen Hauptpalast Moulay Ismaïls eingenommen wurde. Der Palast soll aus über 20 Pavillons bestanden haben, zu denen je ein Turm gehörte, der deutlich höher als die dreifache Mauer des Palastbezirks war.

Heri Es Souani: Die riesigen, kahlen Getreidespeicherräume, deren 2–3 m dicke Mauern gleichmäßige Kühle garantieren, sind nur in Ruinen erhalten. Licht und Luft strömte durch kleine Öffnungen in den Deckenwölbungen ein. Die Deckengewölbe der 23 über 12 m hohen Schiffe am vorderen Teil der Anlage stürzten 1755 aufgrund der Auswirkungen des berüchtigten Erdbebens von Lissabon ein, erhalten blieben jedoch die gewaltigen Pfeiler sowie die sie verbindenden Querbögen aus Stampferde.

Palais el Mansour: Der Palast war Wohnsitz eines reichen Kaufmanns aus dem 19. Jh. Heute ist dort ein großer Basar für Teppiche, Stoffe, Metallarbeiten und Holzschnitzereien untergebracht.

Qoubbet el Khiyatin: Hübscher »Pavillon der Schneider«, in dem früher der Sultan ausländische Gesandte empfing. Später wohnten hier königliche Schneider, die hier Militäruniformen nähten. Innen führt eine Treppe zum *Prison des Chrétiens.* Die unterirdischen, weiträumigen Verliese, in denen angeblich christl. Sklaven schmachteten, weisen sehenswerte Gewölbe auf. Der Wärter des *Qoubbet el Khiyatin* sperrt auf Bitte die Anlage auf.

Roua: In diesen insgesamt über 8000 m^2 großen Stallungen, von denen nur Ruinen blieben, waren Moulay Ismaïls 12000 vollblütige Araberpferde und Maultiere untergebracht. Fast alle Rennpferde der Welt gehen auf 3 Hengste aus diesen Stallungen zurück, die Moulay Ismaïl Ludwig XIV. zum Geschenk machte, der diese aber nach England weiterverkaufte. Im Obergeschoß befanden sich Palast- und Wohnräume, im Untergeschoß Getreidespeicher. Wie beim *Heri es Souani* setzte sich das Gebäude aus großen, hohen, überwölbten Räumen zusammen, die durch dickes, konstante

Meknès, Bâb Mansour >

Temperatur garantierendes Mauerwerk unterteilt waren. Ein Saalabschnitt ist noch mit einer intakten, sechzehnflächigen Kuppel ausgestattet. Die Bemalung der Deckenflächen ist allerdings nicht erhalten.
Die zur Roua gehörende Moschee, in der die schwarzen Stallknechte beteten, wurde ebenfalls in der zweiten Hälfte des 18. Jh. erbaut.

VIERTEL, STRASSEN UND PLÄTZE

Kissaria: Der exklusive, abschließbare Souk der Stoff- und Teppichhändler ist bes. attraktiv. Bemerkenswert ist das alte Haus Mohtasseb am Anfang der Kissaria; der ehem. Sitz des Vorstehers der Kaufleute von M. Heute ist hier ein großes Teppich- und Stoffgeschäft untergebracht. Das mit alten Blumenornamenten bemalte Haus weist geschnitzte Türen auf und enthält im Inneren reichgeschnitzte Holzdecken.

Mellah: Das Judenviertel mit seinen engen, rechtwinkligen Gassen und mehrstöckigen Häusern wurde im 17. Jh. unter Moulay Ismaïl errichtet. Dieser hatte das Gelände einem jüdischen Arzt geschenkt, der eine seiner Lieblingsfrauen geheilt hatte. Die von hohen Mauern umgebene Mellah ist nur durch 3 Eingangstore zugänglich. Da die jüdischen Bewohner in die 1925 geschaffene, südlich gelegene neue Mellah umgezogen oder ausgewandert sind, wohnen hier heute durchweg islam. Familien.

Meknès, Kissaria

Place El Hedime: Dieser v. a. nachmittags sehr belebte, etwa 190 × 115 m große Platz ist der Mittelpunkt der Altstadt. Sein Name, »Platz der Zerstörung«, verdankt sich der Tatsache, daß hier im 17. Jh. der Bauschutt der abgerissenen Stadtviertel, über denen die Ville Impériale entstand, aufgehäuft wurde.

Rue des Seraïria: Sehenswert in dieser Straße, einst der Souk der Waffenschmiede, heute mit den Läden und Werkstätten der Metallarbeiter, Sattler und Tischler gesäumt, sind die Fassade und der Innenhof eines alten Fondouks aus dem 18. Jh.

GARTENANLAGEN

Bassin de l'Aguedal: Das riesige, 4 ha große Wasserbecken wurde unter Moulay Ismaïl ausgehoben und diente zur Bewässerung der großen Parkanlagen und Gärten des Sultans.

Jardins de l'École d'Horticulture: Die Versuchsgärten der Gartenbauschule sind vorwiegend als andalus. Gärten mit Brunnen und Wasserspielen versehen und teilweise der Öffentlichkeit zugänglich.

BRAUCHTUM UND VERANSTALTUNGEN

Moussem de Cheikh el Kamel sowie der Moussem de Sidi Mohammed ben Aïssa

Meknès, Heri Es Souani >

Azrou (Meknès)

mit den »tanzenden Derwischen« am Mouloud (Geburtstag Mohammeds). Nationale Fantasiafestspiele im September. Kunsthandwerkswoche (wie die Moussems an wechselnden Terminen) und die Regionalmesse im Juni. Markttag am Mittwoch.

Umgebung

Azrou (67 km sö): Alte Berbersiedlung am nördlichen Westrand des Mittleren Atlas. 1684 baute Sultan Moulay Ismaïl eine Kasbah zur Kontrolle der aufsässigen Berber.
Sehenswert sind die schönen, mit grünlasierten Ziegeln gedeckten Souks. Großer Souk am Dienstag; Hammelmarkt im Frühjahr; Moussem im August. In der Umgebung ausgedehnte Zedernwälder *(Forêt de Cèdres)* mit der *Zeder Gouraud* (mit einem Umfang bis zu 10 m an der Stammbasis und einer Höhe von annähernd 40 m eine der größten Zedern der Welt).

Melilla/Mlilya

Málaga

Einw.: 65 000 Höhe: 30 m S. 257 □ D 1

Die fast ausschließlich von Spanien bewohnte Garnisonstadt mit rein andalusischem Charakter, zweite span. Enklave (12,3 km^2) auf marokkanischem Boden, liegt strategisch günstig auf einem letzten felsigen Ausläufer des Rif-Gebirges an der Ostseite einer Mittelmeerbucht der Guelaia-Halbinsel, deren nördlichster Punkt das sehenswerte *Cap des Trois Fourches* (Dreigabelkap) bildet. In der Sprache der Berber heißt M. *Tamlit* und bedeutet »die Weiße«, was sich auf die weiße span. Architektur beziehen mag. Die Stadt wurde mit dem Namen *Rusaddir* von den Phöniziern um 1100 v. Chr.

als Handelsniederlassung gegr. und kann neben Lixus als älteste Siedlung in Marokko angesehen werden. Später wurde sie – wie die anderen phönizischen Siedlungen – von Karthago übernommen und im 1. Jh. n. Chr. von den Römern in den Rang einer Colonia erhoben. Nach einem kurzen wandalischen Intermezzo fiel sie an Byzanz, bis der zweite Eroberungszug der Araber sie 705 völlig zerstörte.

Der erste Kalif des Omayyadenreiches, Abd er Rahman III. von Córdoba (929 bis 961), richtete auf der Halbinsel eine Garnison ein. 967 kamen die Idrissiden, wenig später die Almoraviden. Zu dieser Zeit war der wieder bedeutende Handelshafen Endpunkt wichtiger Karawanenstraßen aus dem immens wohlhabenden Berber-Königreich Sijilmassa im Tafilalet. 1142 nahmen die Almohaden die Stadt ein. Ihre große Blütezeit erlebte sie nach der Eroberung 1272 durch die Meriniden unter Abou Yâcoub (1286 bis 1307), die sie zu einem der Umschlaghäfen für Fès und Taza machten, der über Schiffahrtswege mit Genua und Pisa verbunden war. Mit dem Niedergang der Meriniden-Dynastie und veränderten Handelsinteressen der Europäer, die sich zunehmend auf Asien und das neuentdeckte Amerika richteten, verlor es seine Bedeutung.

In die fast verlassene Stadt zogen schließlich 1497 die Truppen des Herzogs von Medina Sidonia im Auftrag der »Katholischen Könige« Isabella I. von Kastilien und Léon und Ferdinand II. von Aragón mittels einer Kriegslist ein. Unter Philipp II. (1556–1598) wurde M. endgültig der Krone von Kastilien eingegliedert. Sultan Mohammed Abdallah versuchte 1774 erfolglos, die Stadt mit einem über 40 000 Mann starken Heer zurückzuerobern, die auch weiteren Belagerungen, zuletzt 1921 durch den Freiheitskämpfer der Rifkabylen Abd el Krim, widerstehen konnte.

Bis 1907 war M. berüchtigte Sträflingskolonie. Die Erhebung zur Freihandelszone 1887 und die Protektoratszeit zwischen 1912 und 1956 bescherten der Stadt einen neuerlichen wirtschaftlichen Aufschwung. Die Spanier legten 1912 bis 1914 einen neuen, von einer starken Festung geschützten Hafen an und verluden dort die Ausbeute der Eisenerzminen des Rif-Gebirges.

Am 17. 7. 1936 rebellierte die hiesige Garnison unter General Franco gegen die Regierung der spanischen Republik, die darauf in blutigem Bürgerkrieg versank. Da mit der Unabhängigkeit Marokkos M. das wichtige Hinterland und 1962 mit der Unabhängigkeit Algeriens auch noch die abwandernden algerienfranzösischen Käufer zollfreier Waren aus dem Gebiet um Oran verlor, ist die Stadt heute völlig von Zuschüssen der span. Regierung abhängig, die eine Rückgabe der Enklave, ebenso wie im Falle Ceutas, nicht in Erwägung zieht und beide Städte als Teil des spanischen Mutterlandes betrachtet. Die Einwohnerzahl ging allerdings von 100 000 auf ca. 65 000 zurück. Als Fährhafen mit Verbindungen nach Málaga und Almería hat die Stadt heute wieder etwas an Bedeutung gewonnen.

Heute arbeiten viele Marokkaner in der Stadt, müssen aber außerhalb der Enklave wohnen. Im Februar 1987 kam es deswegen zu gewaltsamen Ausschreitungen der sich diskriminiert fühlenden Marokkaner.

Iglesia de la Purísima Concepción: Die »Kirche der Unbefleckten Empfängnis« aus dem 16. Jh. ist wegen einiger schöner, barocker Altartafeln sehenswert. Auf dem Hauptaltar steht die schöne Madonnenstatue der *Virgen de la Victoria* aus dem 17. Jh., die auch die Schutzpatronin der Stadt ist; gegenüber befindet sich eine eindrucksvolle Christusfigur *Cristo del Socorro* aus dem 16. Jh., der ein besonderer Kult gilt.

Muralla: Die Altstadt von M. ist mit span. Befestigungsmauern aus dem 16. Jahrhundert umwallt. Über dem schönsten Tor des wuchtigen Mauerrings, der später mehrfach erneuert und verstärkt wurde, der *Puerta de Santiago,* prangt an der Außenseite das Wappen von Karl V.

Museo Municipal: Das Stadtmuseum zeigt schöne Steinwerkzeuge aus dem Neolithikum sowie Keramiken, Münzen

Moulay Idriss, Blick auf den Zaouïabezirk von der Terrasse

und Eisenteile aus römisch-punischer Zeit. Daneben sind Waffen, Fahnen und Dokumente aus der jüngeren Stadtgeschichte zu besichtigen.

Brauchtum und Veranstaltungen: Büßerprozession in der Karwoche, Spanisches Festival (Juli) und Fest der heiligen Viktoria (Anf. September).

Moulay Idriss

Meknès

Einw.: 11 000	Höhe: 550 m	S. 256 □ C 1

Die in hinreißender Lage auf zwei Felskuppen erbaute, sakrosankte Stadt der Moslems im Zerhoun-Massiv ist der bedeutendste Wallfahrtsort Marokkos. Die Stadt besteht aus dem höher gelegenen Viertel *Khiber* und dem tiefer gelegenen Stadtteil *Tasga,* die beide das am meisten verehrte Heiligtum Marokkos, den Marabout des Moulay Idriss, umschließen. Moulay Idriss ben Abdallah ben el Hassan ben Ali, ein Urenkel des 4. Kalifen Ali (Vetter des Propheten) und seiner Frau Fatima (der Tochter des Propheten), war nach einem Aufstand der Schiiten (Anhänger Alis) gegen den Abbasidenkalifen (der Kampf hatte 786 mit der Niederlage in der Schlacht von Fakh bei Mekka geendet) aus Medina geflohen. In Oulili, unmittelbar neben dem antiken Volubilis gelegen, gelang es ihm, die Aouraba-Berber zum Islam zu bekehren, die ihn als Führer anerkannten. Bald vermochte sich der hochverehrte Prophetenabkömmling mit Klugheit und Umsicht eine beachtliche Machtstellung zu verschaffen und schließlich das erste marokkanische Königreich zu gründen, das sich von der Mündung des Bou Regreg in den Atlantik bei Rabat bis in das heute algerische Tlemcen erstreckte. Als Hauptstadt erkor er das kurz zuvor (um 788) von ihm gegründete M. Ein Jahr später soll er sogar eine Siedlung in Fès,

Moulay Idriss

im heutigen Andalusierviertel, gegr. haben, in die er seine Hauptstadt verlegen wollte, was jedoch zweifelhaft erscheint. 791/792 wurde er jedoch von Häschern des eifersüchtigen Abbasidenkalifen von Bagdad, Harun al Rachid, der eine triumphale Rückkehr Idriss' fürchtete, in Oulili vergiftet. Erst unter seinem Sohn Idriss II. sollte Fès 917 Haupt- und Residenzstadt werden. Als heilige Stadt durfte M. bis 1917 von »Ungläubigen« bei Lebensgefahr nicht betreten werden, und bis vor wenigen Jahren war es Nichtmoslems noch verboten, hier zu übernachten. Hotels gibt es heute noch keine. In der Stadt leben etwa 2000 Idrissiden- und Alaouiten-Chorfa, die sich als direkte Nachkommen des Propheten verstehen und hohes Ansehen genießen.

Zaouïa (Zutritt nur für Moslems): Der Grabbezirk schließt einen großen Komplex von Bauten, Höfen und Gassen ein und ist seit etwa 1700, als die Zaouïa ihr gegenwärtiges Aussehen unter dem Alaouitensultan Moulay Ismaïl erhielt, weitgehend unverändert geblieben. Das Grab des Heiligen liegt in einem hohen, viereckigen und mit einem grünlasierten Pyramidendach versehenen Koubba. Bes. prächtig ist der Haupteingang der Zaouïa, ein dreitoriges Portal, das mit schönen Mosaiken und einem mit grünen Dachziegeln gedeckten Vordach versehen ist. Es erlaubt einen diskreten Blick in das für Nichtmoslems streng verbotene Gebäude. Um das Grabmal gruppieren sich die Grab- und Freitagsmoschee mit mehreren von Säulen getragenen Hallen, ebenfalls mit grünlasierten Dachziegeln gedeckt, des weiteren eine Koranschule sowie Pilgerunterkünfte mit Nebengebäuden und vielen Arkadenhöfen. Im Aufsatz des almohadisch-schlichten Minaretts wurde die so oft zu findende Inschrift *Barakat Mohammed* (»Der Segen Mohammeds«) in stilisierter Kufi-Schrift eingemeißelt. Neben dem Grabgebäude des Moulay Idriss I., auch *El Aqbar* (»der Große«)

Moulay Idriss, Djemaa Si N'Tisi

genannt, befindet sich das mit einer weißen Kuppel überwölbte Grab des Lehrers von Moulay Idriss II. Den heiligen Bezirk *(Horm)*, der als Zufluchtsstätte für strafrechtlich Verfolgte gilt, signalisieren über der Gasse hangende Holzbalken. Trotzdem gerät man achtlos leicht in den verbotenen Bezirk und sollte deshalb besondere Vorsicht walten lassen, dennینگgläubige Moslems reagieren gerade hier auf jedwede Übertretung äußerst aufgebracht.

Terrasse: Von der im oberen Stadtteil *Khiber* gelegenen Terrasse bietet sich eine herrliche Aussicht auf den gesamten Tempelbezirk mit seinen grünen Ziegeldächern, den weißen und grauen Kuben der Stadt, bis hin zum Massiv des Zerhoun und zum Tal des Flusses Kroumane. Gleich daneben liegt die *Mosquée Sidi Abd Allah el Hajjam*. Sie gehört zur Medersa und zum Mausoleum des heiligen Sidi Abdallah el Hajjam, das der Zeit Moulay Ismaïls entstammt und aus Steinen des antiken Volubilis gebaut wurde. Auf dem Weg abwärts zum *Bâb Djedid* kommt man an einem für ganz Marokko einzigartigen zylinderförmigen Minarett im persischen Stil der *Djemaa Si N'Tisi* vorbei. Seine Mantelflächen sind allseitig mit türkisfarbenen Fayencekacheln und der sich ständig wiederholenden Inschrift *Barakat Mohammed* (»Der Segen Mohammeds«) in stilisierter Kufischrift geschmückt. An dem quadratischen Türmchen auf der Dachterrasse des runden Minaretts sind die Jahreszahlen 1358 und 1939 angebracht, das Baujahr nach moslemischer und christlicher Zeitrechnung.
Der Bau soll im Lande Mißfallen erregt haben, so daß etwas Ähnliches nicht wieder versucht wurde.

Brauchtum und Veranstaltungen: *Moussem de Moulay Idriss de Zerhoun:* Einmal im Jahr versammeln sich über 100000 Pilger aus allen Gegenden Marokkos zum größten Moussem des Landes, der zu Ehren des hl. Idriss Ende August bis Anfang September stattfindet, da ein mehrmaliger Besuch des Grabmals von der Pflicht einer (kostspieligen) Wallfahrt nach Mekka, eines der 5 Gebote des Islam, entbindet. So wurde die Stadt zum religiösen Treffpunkt der armen Leute und jener, die zu krank oder schwach für eine Reise nach Mekka sind. Etwas außerhalb der Stadt schlagen die Pilger ihre Zelte auf einem riesigen Platz auf. Das Volksfest findet jeweils von Mittwoch abend bis Freitag abend an 3 aufeinanderfolgenden Wochen statt. In den ersten 2 Wochen gibt es kleine religiöse Feiern, einen Markt und vielfältige Unterhaltungsspektakel. Höhepunkte der letzten Woche die mehrtägigen Fantasias (Reiterspiele), Schlachtopfer von Schafen und Ziegen und ein großer Souk. Der noch in der vorislamisch berberischen Vegetationsreligion verwurzelt scheinende Moussem richtet sich nicht nach dem islamischen Kalender und damit dem Mondjahr, sondern nach dem Sonnenjahr, und findet somit immer zur selben Zeit statt. Nichtmoslems ist der Besuch des fröhlichen Moussems zwar nicht verwehrt, sie wirken dort aber doch eher deplaziert.

Dorf zwischen El-Kelâa-des-Mgouna und Ouarzazate

Ouarzazate Ouarzazate		
Einw.: 17200	Höhe: 1160 m	S. 259 □ B 3

Die Provinzhauptstadt liegt an der Mündung des gleichnamigen Flusses in den Stausee El Mansour Eddahbi. In diesen See mündet vom O her der Dadès; sein einziger s Abfluß ist der Oued Dra. Die modern angelegte rostrote Präsaharastadt wurde 1928 von den Franzosen als Garnisonstadt der Fremdenlegion gegründet und bietet außer der nahe gelegenen *Kasbah Taouirt* keine bes. Sehenswürdigkeiten, ist jedoch zentraler Ausgangspunkt für Fahrten in den wüstenhaften Süden. Ihre Umgebung ist von zahlreichen, z.T. berühmten Kasbahs geprägt.

Kasbah Taouirt: Die ungewöhnlich großflächige Wohnanlage aus rotbraunem Stampflehm ist eine der ausgedehntesten des ganzen Landes, die mehrere einzelne, wieder eigens ummauerte Wohnburgen, darunter auch eine Mellah, umfaßt, in der noch immer einige jüdische Familien leben, angeblich ohne diskriminiert zu sein. Viele der ehemals zahlreichen Juden sind Nachkommen von Berbern, die vor langer Zeit zum mosaischen

Glauben bekehrt worden sind. Andere sollen im 2. Jh. n. Chr. mit den Römern, dann noch einmal im 5. Jh. mit den Wandalen gekommen sein. Die meisten Juden haben sich jedoch im Verlauf der letzten Jahrzehnte angesichts der immer schwieriger werdenden politischen Umstände entschlossen, nach Israel auszuwandern. Im Mittelpunkt steht eine abweisend anmutende Kasbah, die bes. hohe und mächtige Türme krönen. Einst diente die Feudalburg als Residenz eines Vertreters von el Glaoui und beherbergte die Mitglieder eines ganzen Stammes. Auch heute noch hüten einige hundert Sippenmitglieder des El Glaoui die Wohnburg. Wenn einzelne Gebäude durch starken Regen an den Rand der Unbewohnbarkeit geraten, führt man gemeinschaftliche Ausbesserungen durch. Auf diese Weise konnte das Bauwerk ein Alter von mehr als 150 Jahren erreichen, was bei anderen Wohnburgen nur selten vorkommt. Die einzelnen Familien leben in Räumen, die zum Teil bienenwabenförmig ineinander geschachtelt sind und nur durch winkelige Gänge, Stiegen, mitunter auch Leitern erreicht werden können. Die unteren Räume sind in der Regel völlig dunkel, erst in den oberen Stockwerken dringt Licht durch schmale Tür- und Fensteröffnungen. Die Lehmarchitektur schafft dem Klima angemessene Wohnbedingungen: Im Sommer hält man sich tagsüber in den relativ kühlen Räumen auf und verbringt die Nacht auf dem Dach, im Winter umgekehrt. Der 1982 restaurierte ehem. Palast des El Glaoui ist allerdings nicht mehr bewohnt, sondern dient als Museum. Wie in dem Hauptpalast in Télouet schmükken Fliesendekor, bemalte Stukkaturen und geschnitzte Holzverkleidungen die Wände und Decken. Im *Centre artisanal* gegenüber der Kasbah sind u.a. die berühmten Ouzgouita-Teppiche zu kaufen. Diese schönen Teppiche, nach dem Berberstamm der Aït Ouzgouita benannt, der sie knüpft, zeichnen sich durch ihre feine, seidige Wolle und ihre lebhaften Naturfarben aus. Die geometrischen Muster dieser Teppiche werden ohne Gitternetz frei nach der Phantasie ausgeführt. Ihre Ornamente finden sich an den Mauern der Kasbahs wieder.

Umgebung

Tiffoultoute (7 km w): Diese ehem. Kasbah der Glaua-Familie aus ockerfarbe-

Ouarzazate, Kasbah Taouirt, Südseite

nem Stampflehm liegt strategisch günstig auf einer leichten Anhöhe 1160 m über dem Flußtal des Oued Ouarzazate in der Nähe eines kleinen Dorfes. Zu Zeiten des Si Thami Glaoui residierte hier ein Khalifa, also ein Statthalter, der das Land bis Zagora kontrollierte und rigoros die Steuern eintrieb. Heute ist die Kasbah unbewohnt und halb zerfallen. Auf ihren Türmen nisten Storchenpaare. Von ihrer Plattform eröffnet sich ein schöner Blick weit über Ouarzazate hinaus.

Aït Benhaddou (32 km nw): Dieser oft auf den Plakaten der Touristenwerbung abgebildete Ksar ist eines der schönsten und beeindruckendsten, leider mittlerweile von rapidem Verfall bedrohten Festungsdörfer von ganz Südmarokko. Die idealen Verteidigungsmöglichkeiten dieses Ortes sind wohl dafür verantwortlich, daß er bei kriegerischen Konflikten nahezu unbehelligt blieb. Benannt ist der Ksar nach dem gleichnamigen hier ansässigen Berberstamm. Um den Ksar zu erreichen, muß vorher der Fluß Asif Mellah zu Fuß oder mit dem Maultier überquert werden, eine Brücke gibt es nicht. Bei Hochwasser ist die Furt jedoch unpassierbar. Die je nach Sonnenstand gelblich bis rötlich wirkenden 6 dicht ineinander verschachtelten Kasbahs aus Stampflehm sind wie Würfel stufenförmig auf einem Bergvorsprung des Hangs aneinandergereiht. An den Türmen der Tighremts, der Kollektivspeicher, von denen es allein 6 in Aït Benhaddou gibt, sind Ornamente im rein berberischen Stil zu erkennen. Die Eingänge zu den Häusern sind z.T. mit schönen, alten holzgeschnitzten Türen verschlossen, die sich mit hölzernen Zackenschlössern verriegeln lassen. Laut H. Helfritz sind diese Schlösser genauso gearbeitet wie die Zackenschlösser in Südarabien an den Haustüren der jemenitischen Hochhausstädte Hadramauts. Selbst die eingeritzten Kreuzornamente sind hier wie dort die gleichen. Mit diesen Schlössern hat es eine bes. Bewandtnis. Jedes Schloß besteht aus einem Holzblock, in dem sich ein Riegel hin und her schieben läßt, aber nur dann, wenn man in den Riegel, der ebenfalls hohl ist, einen hölzernen Schlüssel mit aufrecht stehenden Zacken aus Hartholz hineinschiebt, bis die Zakken genau unter den korrespondierenden Löchern stehen. In diesen Löchern befinden sich entsprechende bewegliche Holzstifte, die, wenn der Schlüssel herausgezogen ist, das Schloß blockieren. Erst wenn man den Schlüssel wieder in

Ouarzazate, Kasbah Taouirt, Westseite

Ouarzazate, Kasbah Taouirt

Ouarzazate, Kasbah Taouirt, Holzdecke

Tiffoultoute (Ouarzazate)

Aït Benhaddou (Ouarzazate)

Télouet (Ouarzazate)

den Kasten schiebt und ihn dann nach oben drückt, so daß die herabgefallenen Stifte zurück in den Block gedrückt werden, wird das Schloß frei. Man kann nun den Riegel herausziehen und die Tür öffnen. Durch geringe Änderungen in der Anordnung der Stifte und der Löcher lassen sich solche Sicherheitsschlösser in unbegrenzter Zahl herstellen. Das Innere des Komplexes besteht aus einem engen Gewirr unzähliger Wohn- und Lagerräume und Gängen. Viele Wohnungen sind verfallen. Einige wenige Bauten sind jedoch in gutem Zustand, was auf die Instandsetzungsarbeiten einer amerikanischen Filmfirma zurückzuführen ist, die hier unter der Regie von Orson Welles den Monumentalfilm »Sodom und Gomorra« drehte. Der in die Kasbah-Architektur vernarrte Welles ließ einige Kasbahs sogar in »echter« wirkender roter Farbe anstreichen und das monumentale hölzerne Haupttor neu anfertigen, das allerdings sehr alt aussieht. Von dem hohen Gipfel des Berges, an dessen Hang das Dorf liegt, bietet sich eine sehr schöne Aussicht auf den Ksar und die Umgebung.

Télouet (79 km nw): Etwas abseits von dem größeren Dorf in 1800 m Höhe erhebt sich die berühmte Kasbah Télouet, der Haupt- und Stammsitz des El Glaoui, einst der mächtigste Caïd der Berber. Von hier aus übte er über Jahrhunderte den Zugang zum Paß Tizi n'Tichka aus, da die Karawanenwege früher durch das Tal des Asif Ounida und des Oued Imarena zum Paß führten und somit die Kasbah unmittelbar passierten. Die Kasbah, die der letzte Stammeschef Si Thami Glaoui Ende des 19. Jh. erbauen ließ, liegt auf einem Felsvorsprung über dem Flußtal des Oued Imarene. Innerhalb dieses Palastkomplexes, der von einer hohen rötlichen, mit Zinnen gekrönten Mauer umgeben ist, finden sich mehrere einzelne, jeweils gesondert ummauerte Kasbahs, in deren Mitte sich jeweils noch kleinere, mit Türmen versehene Wohnburgen erheben, sowie eine Moschee mit Minarett und der eigentliche Palast Dar Glaoui. Die einzelnen Wohnburgen wurden dem Gebäude seit dem 19. Jh. mit der Vergrößerung der Macht des Caïds nach und nach hinzugefügt, um die schließlich auf über 1000 Bewohner angewachsene Zahl des Hofes der Glaoui beherbergen zu können. Dadurch wurde die Kasbah zu einer der größten Marokkos. Sie war bis 1956 Sitz des Glaoui, wurde aber nach der Unabhängigkeitserklärung mit dem gesamten unermeßlichen Besitz des El Glaoui nach dessen Tod am 23. Januar 1956 verstaatlicht, da der mächtige Caïd und Pascha von Marrakech mit den Franzosen paktiert und die vorübergehende Verbannung des späteren Königs Mohammed V. betrieben hatte. Seitdem wurde sie nicht mehr bewohnt und verfiel. Teile werden heute jedoch restauriert, um Touristen anzuziehen. Zu besichtigen sind (in Begleitung eines Wärters) einige Räume des überreich ausgestatteten Palastes. Bes. eindrucksvoll präsentiert sich der Empfangsraum, dessen Wände und Boden mit schönen Ornamentfliesen ausgelegt und dessen Decke mit bemalten Stuckreliefs und geschnitzten Holzverkleidungen ge-

Télouet (Ouarzazate)

Skoura (Ouarzazate)

El-Kelâa-des-Mgouna (Ouarzazate), Kasbah am Asif M'Goun

schmückt sind. Über 300 Handwerker sollen 3 Jahre lang mit der Ausschmükkung der Palasträume beschäftigt gewesen sein. Die Fenster und Terrassen des Palastes gestatten einen faszinierenden Blick auf den gesamten Komplex und über die Berglandschaft mit über 3000 m hohen Gipfeln. In der Umgebung sind weitere schöne Kasbahs zu sehen. Als wichtigste sind die *Kasbah Tamdaght* sowie bes. die *Kasbah Anèmiter* am oberen Lauf des Oued Iounil zu nennen. Letzterer eilt bisweilen gar der Ruf voraus, die schönste Kasbah Marokkos zu sein; sie ist aber nur nach einem vierstündigen Maultierritt von Télouet aus zu erreichen. Die mitten im Hohen Atlas 1700 m hoch gelegene Kasbah wurde auch von europäischen Künstlern ausgeschmückt,

Vorhergehende Seiten:

Links: Tiourdjdal bei Télouet (Ouarzazate)
Rechts: Skoura (Ouarzazate)

u.a. vom französischen Maler Louis Majorelle, der seine zweite Lebenshälfte in Marokko verbrachte, und auch die berühmten *Jardins Majorelle* in Marrakech anlegte.

Skoura (42 km nö): Die Großoase (Höhe 1200 m) inmitten mehrerer Dattelpalmenhaine ist bes. durch ihre Kultivierung von Rosenhecken bekannt, da aus den Blütenblättern das Rosenöl gewonnen wird, mit dem man sich, zu Rosenwasser verdünnt, in Marokko nach den mit 3 Fingern der rechten Hand eingenommenen Mahlzeiten Hände und Gesicht einreibt. Die Berber-Kasbahs aus leuchtendrotem Stampflehm fallen durch ihre besonders reichhaltige Lehmziegelornamentik rein saharischer Provenienz an den Wänden auf: Stadttorpylone mit Pyramidenspitzen, Zickzackbänder, Diamantspitzquadern um maurisierte Überhalbkreisbögen. Viele Kasbahs sind nicht mehr bewohnt, seit die Bevölkerung in die Städte abgewandert ist. So schreitet der Verfall immer mehr voran. Nur hier

Ouezzane, Stadtansicht

gibt es übrigens eine reizvolle architektonische Besonderheit: die Unregelmäßigkeit der jeweils 4 Türme, die in verschiedener Höhe und Breite aufsteigen. Eine dieser Kasbahs mit reichverzierten Ecktürmen war früher, wie so viele, im Besitz von El Glaoui, dem Pascha von Marrakech, der sie einem Khalifa (Stellvertreter) als Wohnsitz und Residenz überlassen hatte und von ihm verwalten ließ. Der von einer hohen Mauer geschützte, riesige Wohnkomplex setzt sich aus Wohngebäuden für Herrscher und Dienstpersonal, aus Stallungen, aus einer in der Ostecke liegenden siebenstöckigen Wehrburg mit vier vorspringenden Ecktürmen, zahlreichen Innenhöfen und einem großen Garten zusammen. Im Garten findet sich sogar ein großes Schwimmbecken, denn an Wasser leidet diese Oase wenig Mangel. Malereien, Fayencekacheln, feingeschnitzte Holztüren und Stuckdecken zieren die Wohnräume der Herrscherfamilie bzw. des Khalifa.

Bes. sehenswert ist auch die *Kasbah Amerhidil,* die durch ihre hohe Bauweise und kunstvolle Ziegelversetzungen an den oberen Rändern der Türme und Wände auffällt. In jeder Stunde verändern diese Ornamente durch die wandernden Sonnenstrahlen ihr Schattenspiel; es entsteht der Eindruck, als würden sie sich ständig bewegen. In der Umgebung fällt noch die *Kasbah Toundout* bes. ins Auge.

El-Kelâa-des-Mgouna (92 km nö): Die 1467 m hoch gelegene Großoase am Südrand des Hohen Atlas, am Fluß Asif M'Goun gelegen, besteht fast ausschließlich aus Kasbahs, die vom Berberstamm der Aït Seddrat bewohnt werden. Dieser machte in der Geschichte des Landes immer wieder durch seine Rebellionen und sein unbändiges Freiheitsstreben von sich reden. Überragt wird das Dorf von einer besonders trutzig aussehenden Kasbah, die auf einem hohen Felsen erbaut wurde und ebenfalls El Glaoui gehörte. Da ihm die Aït Seddrat oft die

Ouezzane, Zaouïa Moulay Abdallah Chérif, Minarett

Abgaben vorenthielten, ließ er in ihrer Mitte als drohende Zwingburg die Fürsten-Kasbah errichten. Im Jahre 1956, nach seiner Entmachtung durch König Mohammed V., hatte der greise El Glaoui dieser Kasbah die Ehre seines Altersruhesitzes zugedacht, wovon jedoch weder der König noch die Aït Seddrat erbaut waren. El Glaoui starb wenige Monate später. Viele Kasbahs liegen weit verstreut in den Obstplantagen, wobei es immer wieder auffällt, daß neben den verfallenden Wehrburgen wieder neue Bauten entstehen, die auch jetzt noch ohne jede Änderung nach der traditionellen Bauweise errichtet werden. Bei einigen Kasbahs, die sich noch in einigermaßen gutem Zustand befinden, sind die Ecktürme und die oberen Stockwerke mit den zinnengekrönten Dächern weiß gekalkt. Aus Prestigegründen werden einige der anspruchsvollen Bauten nach jedem Unwetter ausgebessert, obwohl sie als Wehrburgen keine Bedeutung mehr haben. Das Gebiet der Aït Seddrat und vor allem die Gegend von K. war während der französ. Kolonialzeit immer wieder hart umkämpft. Noch bis 1937 wagten sich die Franzosen nur mit größeren Verbänden hierher. Erst als in dem Ort eine ständige kleine Garnison stationiert wurde, gaben die Aït Seddrat ihren Widerstand auf. Bis dahin aber fanden z.T. sogar harte Gefechte statt. So manche Beschädigung an den Kasbahs ist auf die damaligen Beschießungen zurückzuführen. Wie in Skoura widmet man sich hauptsächlich der Herstellung des in ganz Marokko begehrten Rosenöls. Alljährlich findet Mitte Mai das vielbesuchte Rosenfest *(Moussem de la rose)* mit Blumenkorso, Folkloretänzen und der Wahl einer Rosenkönigin statt. In der Umgebung lohnt sich die Besichtigung des Tales des Asif M'Goun, wo es wiederum viele schöne Kasbahs zu bewundern gibt.

Ouezzane/Wazzan

Sidi Kacem

Einw.: 40000 Höhe: 320 m S. 256 □ C 1

Das andalusisch wirkende Marktzentrum mit seinen attraktiven weißen Häusern, die oft mit dekorativen Kacheln und schmiedeeisernen Balkonen verziert sind, schmiegt sich terrassenförmig an den Hang des 609 m hohen Djebel Bou Hallal, eines SW-Ausläufers des Rifgebirges. In der unmittelbaren Umgebung erstrecken sich ausgedehnte Oliven- und Orangenhaine, Tabakplantagen und Felder mit Hanf, aus dessen Blättern der haschischartige Kif gewonnen wird. O. ist nach Moulay Idriss und Fès der wichtigste Wallfahrtort Marokkos. Die heilige Stadt wurde auch zu Kriegszeiten stets respektiert, so daß sie ohne Schutzmauern auskam. Gegründet wurde O. von dem Prophetennachkommen (Chérif) Moulay Abdallah. Der Nachfahre von Idriss II. errichtete hier in dem kleinen Dorf *Dechra Djebel er Rihane* (»Dorf des Myrtenberges«) 1727, nach dem Tod des Sultans Moulay Ismaïl, eine Zaouïa, die Hauptsitz des von ihm gegründeten

Ouezzane, Zaouïa Moulay Abdallah Chérif

Taïbia-Ordens wurde. Die Bruderschaft mit zahlreichen Tochtersitzen gelangte bald in ganz Marokko zu hohem Ansehen, da O. strategisch günstig an der Grenze zweier Gebiete lag, dem *Bled el Makhzen*, das vom Sultan kontrolliert wurde, und dem *Bled es Siba*, das sich ihm widersetzte. Moulay Abdallah gelang es, bei Rebellionen der Rifkabylen vermittelnd einzugreifen, wodurch er und seine Nachfolger in Fès zu beträchtlichem Einfluß gelangten. Die Sultane billigten ihnen zahlreiche Privilegien zu (so den erblichen Besitz allen Landes um O.), um sich der Unterstützung der Bruderschaft zu versichern, die durch ihre Schaukelpolitik ihre Macht ständig vergrößerte. Zeitweilig mußten die schwachen Sultane des 19. Jh. ihre Investitur als Sultan auf der ersten Reise durch das Land in der Gegend um Sidi Kacem von diesen Chérifen als Vertreter der nordmarokkanischen Stämme absegnen lassen, die aufgrund ihrer Macht von europäischen Reisenden oft als »islamische Päpste« bezeichnet wurden. Wenn der Chérif dem Sultan bei seiner Weiterreise den Steigbügel hielt, galt seine Erhebung als abgesegnet. Die Sultane beschlossen, gute Miene zum bösen Spiel zu machen und diese Zeremonie als Unterwerfungsgeste aufzufassen, während die selbstbewußten Chérifen damit symbolisch die Tatsache unterstrichen, daß ohne ihre Hilfe kein Sultan aufs Pferd, sprich an die Macht käme. So faßte es natürlich auch die aufmüpfige Bevölkerung der Rif-Region auf. Erst als die lukrative Europafreundlichkeit der Chérifen im späten 19. Jh. den Widerstand der islamischen Rechtsgelehrten *(Ulemas)* herausforderte, war es um den Einfluß der Bruderschaft bald geschehen. Der Chérif Moulay Abdeslam, ansonsten eher frankreichfreundlich, heiratete gar eine englische Gouvernante, eine Ehe, die dem Vernehmen nach in Champagner-Exzessen geendet haben soll, wobei die gewitzte Engländerin eine beträchtliche Abfindung für sich herausschlug.

Der Sultan Abou Ali Hassan I. (1873 bis 1894) vermochte sogar O. seiner Oberhoheit zu unterstellen und das gesamte Vermögen der Taïbia zu beschlagnahmen. Mittlerweile ist der politische Einfluß der noch existierenden Bruderschaft verblaßt.

Zaouïa Moulay Abdallah Chérif (Zutritt nur für Moslems): Durch das geöffnete, prächtige Eingangstor des Mausoleums läßt sich ein Blick auf das überreiche, typisch maghrebinische Flächendekor erhaschen: polychrome Zelliges-Dekoration, spitzenartige Gipsornamentik mit bunter Bemalung sowie eine bunt bemalte Decke aus geschnitztem Zedernholz. Die sich der Zaouïa anschließende Moschee, die 1968 auf Befehl König Hassans II. grundlegend erneuert wurde, besticht durch ihr schönes achteckiges Minarett (üblich in Marokko ist ein quadratischer Grundriß) mit überaus attraktiven grünlasierten Fayencekacheln, denen die Moschee ihren Namen »Grüne Moschee« verdankt. Im Wohnviertel in der Umgebung der Moschee stehen noch zahlreiche Häuser der früheren Cherifen und anderer Angehöriger der Bruderschaft. Sie sind an ihren kachelgeschmückten Wänden leicht zu erkennen und dürfen von »Ungläubigen« nicht betreten werden. Im Jahre 1861 lebte der deutsche Afrika-Forscher Gerhard Rohlfs als Leibarzt bei dem Vorsteher der Zaouïa.

Brauchtum und Veranstaltungen: Im Mai findet der große Moussem des Taïbia-Ordens statt. Die größte Wallfahrt der Juden führt nach dem jüdischen Osterfest in das nahe gelegene Dorf Azjen. Ende Dezember feiern die Einwohner das Olivenfest.

Umgebung

Azjen (9 km nw). Am Rande des Wallfahrtszentrums der marokkanischen Juden befindet sich ein umwallter jüdischer Friedhof mit dem Grab des Rabbi Amrane ben Diourane. Der 1700 hier verstorbene Rabbi war aus Palästina gekommen, um im Maghreb Almosen für die Juden im Gelobten Land zu erbetteln. Als hier sein einziger Sohn erkrankte, flehte er Gott an, statt des jungen Lebens seines hinzunehmen. Das Gebet fand Erhörung. Das Mal, das die Juden über dem Grab des Rabbi errichten wollten, fiel sofort in sich zusammen: Der Tote wollte unerkannt bleiben. Aber gerade durch diese Demut hatte er sich als ein Gottgefälliger kundgetan, dem in Folge viele Heilwunder zugeschrieben wurden. Einmal im Jahr zur Zeit des Passah-Festes feiern die Juden Marokkos einen ausgelassenen, *Hallula* genannten Moussem, zu dem selbst viele Auswanderer aus Übersee kommen – Israelis erhalten allerdings kein Visum. Das Grab unter einem riesigen, alten Ölbaum ist mit unzähligen flachen, tellergroßen Steinen bedeckt, die von den Pilgern herbeigeschafft werden. Davor wurde in neuerer Zeit eine Synagoge errichtet.

Oujda/Ujdah

Oujda

Einw.: 260 000 Höhe: 500 m S. 257 □ E 1

Die Provinz- und Industriestadt im äußersten NO Marokkos 10 km vor der algerischen Grenze liegt ö vom fruchtbaren Moulouya-Tal auf dem Angad-Plateau. Sie wurde 994 von Ziri Ibn Altia, dem Herrscher der kleinen zenitischen Berberdynastie der Maghraoua, gegr. Dieser erhob O. zum Sitz seines Hofes und zur Hauptstadt seines Reiches, welches 80 Jahre bestand und auf dem Höhepunkt der Macht bis Sijilmassa im Tafilalet reichte. 1070 fiel das gesamte Gebiet zunächst an die Almoraviden, im 12. Jh. an die Almohaden, die 1206 die Stadt mit einer Stadtmauer umgaben, was sie nicht vor der völligen Zerstörung 1271 durch die Meriniden bewahrte, die sie allerdings 1296 unter Abou Yâcoub wieder aufbauten. Von nun an, bes. aber seit dem 15. bis 17. Jh., stritten sich marokkan. und alger. Dynastien wie Meri-

Oujda, Moussem >

niden, Ziyaniden aus Tlemcen, Saadier, Zeniten und Hassaniden um die meistumkämpfte Stadt Marokkos, der zu dieser Zeit der passende Beiname *Medinet el Haira* (»Stadt der Angst«) verliehen wurde. Gegen Ende des 17. Jh. wurde O. von osmanischen Truppen aus Algier eingenommen, die aber schon 1692 von den Soldaten des Alaouitensultans Moulay Ismaïl verjagt wurden. Anfang des 18. Jh. kehrten die Türken zurück, ehe sie 1795 von Moulay Slimane endgültig vertrieben wurden. Im Jahre 1844 besetzten französ. Truppen, die bereits seit 1830 Algerien unter ihre Kontrolle gebracht hatten, die Stadt, da der Sultan Moulay Abd er Rahman den nach Marokko geflohenen alger. Rebellen Abd el Kader in seinem Kampf unterstützte. Zwar konnten die Franzosen unter Marschall Bugeaud mit 10000 Mann kurz darauf die 30000 Mann des marokkan. Heeres bei Isly vernichtend schlagen, gemäß der Übereinkunft von Lalla Marnia mußten sie O. 1845 wieder preisgeben. Auch die 2. Besetzung 1857 war nur von kurzer Dauer. Erst Marschall Lyautey vermochte 1907 die Stadt endgültig einzunehmen und Ostmarokko zu »befrieden«, obwohl die Berberstämme des nahen Beni-Snassen-Gebirgszuges noch lange hartnäckigen Widerstand leisteten. In der Zeit des Protektorats von 1912–56 war Oujda wichtige Garnisonstadt der Fremdenlegionärstruppen, Sitz eines französ. Militärgouverneurs und der französ. Zivilverwaltung für den Ostteil des Protektorates. Sie war damals wegen ihrer Prostitution und Kriminalität verrufen. Im Gegensatz zu den anderen marokkan. Städten nahmen die Franzosen hier keine Rücksicht auf die alte, als schmutzig empfundene Medina und legten die Stadt völlig neu, allerdings recht planlos und unglücklich an. Erst später wurde versucht, diese Fehler zu korrigieren und der Medina Lokalkolorit zurückzugeben. Während des Algerienkrieges flüchteten von 1956 bis 1962 viele Algerier nach O., das als Nachschubzentrum für die westalger. Freiheitskämpfer diente. Noch heute leben etwa 20000 Algerier in der Stadt, deren Frauen an ihrer vollständigen Verhüllung (abgesehen von einem Augenschlitz) zu erkennen sind. Am 13. August 1984 gründete König Hassan II. in O. mit Oberst Gaddafi die »Arabo-Afrikanische Union«, die allerdings mit dem Besuch des iraelischen Ministerpräsidenten Peres in Ifrane ein jähes Ende fand. Übrigens stammt die moderne und auch in Frankreich und Belgien beliebte Rai-Musik aus den Grenzstädten O. und dem algerischen Oran.

Bâb Sidi Abd el Ouahab: Das einzig interessante Tor der noch erhaltenen 3 Stadttore stammt im Kern noch aus dem 13. Jh. Auf seine Zinnen spießte man früher zur Abschreckung die abgeschlagenen Köpfe getöteter Rebellen und Übeltäter.

Grande Mosquée (Zutritt nur für Moslems): Die Große Moschee mit elegantem Minarett s der Kissaria wurde Ende des 13. Jh. unter Abou Yâcoub errichtet. An der SO-Seite steht die *Médersa Mohammedia* mit hübschem Innenhof.

Kissaria: Dieser Souk der Leder-, Teppich- und Stoffhändler, bestehend aus einem hübschen kleinen Platz mit Garten, Brunnen und einem Fondouk mit etwa 40 Verkaufsläden, wirkt im Gegensatz zum sterilen Geschäftszentrum recht lebhaft und pittoresk.

Parc Lalla Aïcha: Die nach der Schwester des amtierenden Königs Hassan II. benannte andalusische Gartenanlage mit Rosengarten und einem Sportgelände mit Schwimmbecken ist sehr sehenswert.

Souq el Ma: Der Platz ist nach den Wasserverkäufern benannt, die hier ehedem in großen Mengen je nach dem augenblicklichen Vorrat zu abenteuerlich unterschiedlichen Preisen Wasser verkauften, das dann stundenweise durch das mit Wehren versehene Bewässerungssystem in die Gärten und Obstgärten der Käufer strömte. An Bauwerken besonders erwähnenswert ist hier das Minarett der *Mosquée Sidi Oqba* von 1917 und, an dessen Fuß, ein mit Fayenceziegeln ausgelegter Brunnen, der *Tlat Skaki.* In diesem Teil der Medina ist auch das älteste, leider recht versteckt liegende öffentliche Bad der Stadt, das *Hamman el Bali,* sehenswert.

Brauchtum und Veranstaltungen: *Festival de Musique Gharnati et des Arts Populaires:* Das klassisch-andalusische Musik- und Volkskunstfestival findet zwei Wochen lang in der ersten Augusthälfte in dem etwa 57 km nw von O. gelegenen neuen Mittelmeerbad Saïda statt. Den Rahmen bildet das 1982 eingeweihte *Palais du Festival.*

Umgebung

Sidi Yahia (8 km sö): In dieser Oase befinden sich mehrere Gräber und Grabdenkmäler inmitten eines Hains, darunter die *Koubba des Sidi Yahia ben Younes.* Dieser kubische Marabout mit Kuppel birgt die Gebeine des Schutzpatrons von O., der mit Johannes dem Täufer identifiziert wird, weswegen Pilger aller 3 Konfessionen (Moslems, Juden und Christen) hierher kommen. Das nahe gelegene *Grab von Bouchiki* wird ebenfalls häufig besucht, da der Heilige in dem Ruf steht, Gläubige von ihrem Rheumaleiden heilen zu können. Eine weitere Sehenswürdigkeit der Oase ist die Höhle *Ghar el Houriyat,* die Grotte der Huris. Hier sollen dann und wann die zu den Verlockungen des Paradieses gehörenden »Gefährtinnen der Gerechten« erscheinen; »großäugige Huris gleich verborgenen Perlen sind Lohn für ihr Tun«, wie es in der 56. Sure des Korans heißt. Moussem im September.

Grotte du Chameau (ca. 70 km nw): Nach der Fahrt in das moderne Berkane (60 km) lohnt sich ein Abstecher in die Zegzel-Schlucht des Beni-Snassen-Massivs mit der »Kamelgrotte«. Diese Tropfsteinhöhle wird so genannt, weil ein Stalaktit am Höhleneingang mehr oder weniger entfernte Ähnlichkeit mit einem Dromedar aufweist. Das Tropfsteintier soll Unfruchtbarkeit heilen können.

Taourirt (114 km w): Von der ehem. Stadtbefestigung aus merinidischer Zeit sind nur noch Reste zu sehen. Urspr. nach der Eroberung 1295 angelegt, wurde sie im 14. Jh. unter Abou Saïd (1372 bis 1374) verstärkt.

Tlemcen (76 km w): Die algerische Stadt, die nur zeitweise problemlos besucht werden kann, weist bedeutende Baudenkmäler im hispano-maurischen Stil auf. Hier können sämtliche Moscheen auch von innen besichtigt werden.

Oujda, Modernes Zentrum

Rabat/Ar Ribat
Rabat

Einw.: 800 000 Höhe: 15–60 m S. 256 □ B 2

Die heutige Regierungshauptstadt und zweitgrößte Stadt des marokkanischen Königreichs liegt am Atlantik, an der Mündung des Bou Regreg, der das eher europäisch geprägte R. von der traditionell islam. Stadt Salé trennt. Der versandete Hafen von R. hat heute keinerlei Bedeutung mehr, doch ist die Stadt ein florierendes Zentrum der Textil-, Leder- und Nahrungsmittelindustrie und Sitz einer bedeutenden Hochschule. Da R. nicht nur eine sehenswerte Medina besitzt, sondern auch eine schöne Neustadt mit großzügigen, eleganten Grünflächen und meist niedrigen Bauten, wird sie in ihrer Gesamtheit oft sogar als schönste Stadt Marokkos angesehen.

GESCHICHTE

Bereits die Phönizier und Karthager nutzten das schon in der Altsteinzeit besiedelte Mündungsgebiet des Bou Regreg im 8. oder 7. Jh. v. Chr. als Ankerplatz, der bisher nicht lokalisiert werden konnte. Spätestens im 3. Jh. v. Chr. gründeten die Karthager hier die Siedlung Sala, die von den Römern unter Claudius besetzt und zur Hafenstadt ausgebaut wurde. Der alexandrin. Naturforscher Ptolemaios (um 100–nach 160) erwähnt sie noch als Kleinstadt. Der röm. Kaiser Trajan machte Sala zum Municipium, im zweiten Jh. wurde die Stadt Colonia und blühte weiter auf. Mindestens bis ins 3. Jh., als sie zur Zeit Konstantins des Großen (306–337) noch einmal Erwäh-

Rabat, Eingangstor zum Chellah

nung fand, muß die Hafenstadt bewohnt gewesen sein, wurde aber spätestens im 6. Jh. aufgegeben. Eine Vorgängerin von R. war sie aber nicht, denn dessen Anfänge liegen woanders. Im 10. Jh. errichteten Berber vom Stamme der Zenata auf dem Steilfels über dem linken Ufer der Bou-Regreg-Mündung eine islam. Klosterburg (Ribat), von der aus die mit den span. Omayyaden verbündeten Zenata gegen die in Anfa (heute Casablanca) beheimateten schiitischen, in den Augen der Sunniten also ketzerischen Berghouata-Berber eine Art heiligen Krieg führten. Im 11. Jh. führte die Gründung einer *Sla* genannten Siedlung am gegenüberliegenden Flußufer auf dem Plateau der heutigen Stadt Salé durch den Berberstamm der Beni Ifren zum Verfall des Zenata-Ribats. Nachdem der Almohade Abd El Mou'men die Berghouata endgültig unterworfen hatte, baute er den strateg. günstig gelegenen Zenata-Ribat zu einer Festung mit Palast und Moschee aus, in der sich seine Truppen vor und nach ihren Spanienfeldzügen versammelten. Der in Marrakech residierende Almohadensultan Abou Youssef Yâcoub el Mansour gründete dann 1191 nach der siegreichen Schlacht von Alarcos (Neukastilien) die Stadt *Ribat el Fath* (Klosterburg des Sieges), die er zu seiner neuen Residenzstadt und zum Hauptstützpunkt im Kampf gegen die christl. Reconquista in Spanien machen wollte. Zeugnisse dieser Zeit sind die langen almohad. Mauerpartien und v. a. die Reste der riesigen Freitagsmoschee mit dem Hassan-Turm. Der frühe Tod des Sultans im Jahre 1199 machte die hochfahrenden Pläne jedoch zunichte. Die Meriniden nutzten das Ruinenfeld des antiken Sala als Nekropole und umgaben es mit einer Mauer, doch war der Niedergang der Stadt nicht aufzuhalten. Im 14. Jh. sollen, so berichtet Leo Africanus (1495–nach 1550), kaum 100 Häuser bewohnt gewesen sein. Angriffe portugies. Schiffe soll die Stadt jedoch noch abgewehrt haben. Das zu dieser Zeit weitaus bedeutendere Sla wurde 1260 von den Spaniern unter Alfons X. von Kastilien geplündert, worauf Sultan Abou Youssef Yâcoub die Stadt mit einer Mauer ausstattete, die noch heute die Medina von Salé umschließt.

Muslimische Flüchtlinge aus Spanien sorgten für einen neuen, allerdings anrüchigen Aufschwung. Zunächst siedelten sich moslemische Flüchtlinge aus Hornachos in Estremadura hier an, die das Edikt von 1609 aus ihrer span. Heimat

Rabat, Altstadtansicht mit Quaïa

Rabat, Chellah

Rabat, Neue Grande Mosquée

vertrieben hatte. Im nächsten Jahr folgten die »Moriscos« aus Andalusien, 1611 die Moslems aus Katalonien und 1614 die aus Murcia. Die span. Flüchtlinge ließen sich zunächst in Salé nieder, gerieten aber mit den dortigen Einwohnern aneinander und wichen auf das andere Ufer des Bou Regreg, nach Neu-Salé, aus. Losgelöst vom Saadier-Reich riefen sie die unabhängige »Republik Bou Regreg« aus, die auch Alt-Salé umfaßte, rüsteten mit dem Geld der wohlhabenden Hornacheros eine Flotte aus und lebten vorwiegend von Seeräuberei, die sich am Anfang aus Rache gegen die Vertreibung nur gegen span. und portugies. Schiffe, später aber auch gegen Schiffe anderer christl. Staaten richtete. Das Hauptquartier lag in der gegenwärtigen Oudaïas-Kasbah. Nach span. Vorbild führte ein auf ein Jahr gewählter Caïd, unterstützt von einem Gemeinderat (Diwan), die Geschicke dieses praktisch uneinnehmbaren Korsarenstaates, dem die europäischen Seefahrernationen, v.a. Frankreich und England, trotz zahlreicher Beschießungen, niemals Herr zu werden verstanden; sie zogen es vor, mit den gefürchteten »Korsaren von Salé«, die sich oft auch untereinander bekämpften, zu verhandeln und ihnen gelegentlich sogar Waffen und Munition zu verkaufen. Kardinal Richelieu erreichte sogar die Einrichtung eines französ. Konsulats. Zu notorischer Berühmtheit gelangte der holländ. Seeräuber und Renegat Jan Jansz, der unter dem Namen Morat Raïs bis zum Caïd der Piratenrepublik aufstieg. Die Eingliederung des Korsarenstaates, der auch durch Sklavenhandel zu großem Wohlstand gelangt war, in das 1666 gegr. Reich der Alaouiten änderte wenig, außer daß die jeweiligen Sultane mittels eines Gouverneurs bei dem einträglichen Geschäft nun mitkassierten, damit aber zunehmend das Korsarengeschäft unrentabel machten. Doch erst im 19. Jh. wurde das Piratentum unter Sultan Moulay Abd er Rahman abgeschafft. Das letzte Schiff, das

Rabat, Mausolée Mohammed V.

die Piraten vom Bou Regreg kaperten, war ein Frachter Österreich-Ungarns. Der Niedergang der Doppelstadt hatte sich jedoch schon vorher abgezeichnet. Nach dem Tode des Sultans Moulay Ismaïl kam es zu heftigen Thronkämpfen, wobei sich Neu-Salé und Alt-Salé bekriegten. Ein übriges bewirkte das Erdbeben von 1755, das der Stadt schwere Schäden zufügte. 1765 kam es zu französ. Beschießungen, Frankreich schloß einen Vertrag mit Neu-Salé und setzte einen Konsul ein.

Der Versuch Sidi Mohammed Ben Abdallahs, eine neue Stadt innerhalb der Almohaden-Mauern zu gründen, scheiterte. Louis Chénier zufolge, dem französischen Konsul von 1767–82, soll bereits 5 Jahre nach den Bauarbeiten alles wieder in Trümmern gelegen haben. Der Palast wurde jedoch von den Sultanen weiterhin genutzt, die hier auch 1845–46 die Verhandlungen mit Frankreich führten. 1912 bestimmte General Lyautey, dem Marrakech und Fès geographisch zu unkontrollierbar waren, Ribat, das forthin R. hieß, zu seiner »Generalresidenz« und ließ es zur Verwaltungshauptstadt ausbauen. Daraufhin übersiedelte auch der amtierende Sultan Moulay Youssef endgültig nach R. und ließ auf dem bereits von Sidi Mohammed ben Abdallah ausgewählten Areal seinen Palast bauen. Seit 1956 ist Rabat die Hauptstadt des unabhängigen Marokko. Der amtierende König Hassan II. wurde 1929 in Rabat geboren.

SAKRALE BAUTEN

Chellah: Etwa 400 m vom sö Tor der Almohadenmauer, der Porte de Zaër, entfernt liegt die Nekropole von Chellah. Die Begräbnisstätte befindet sich auf dem zum Tal des Bou Regreg abfallenden antiken Stadthügel, wo sich die vorröm. und röm. Siedlung Sala befand (der Name »Chellah« ist von »Sala« abgeleitet). Am Fuße dieses Hügels sprudelt eine als heilig geltende Quelle, in deren Nähe im 13. Jh. eine Zaouïa erbaut wurde. Viele fromme Moslems wählten die Nähe von Quelle und Zaouïa als Bestattungsort. Schließlich bestimmte auch der Merinidensultan Abou Youssef Yâcoub den Ort zu seiner letzten Ruhestätte und ließ eine Moschee bauen; als er 1286 im Kampf gegen die Spanier bei Algeciras fiel, wurde er hier begraben. Möglicherweise sind auch seine Nachfolger Abou Yâcoub Youssef (1286–1307), Abou Tabit (1307–1308) und Abou Rabia (1308–1310) hier bestattet. Jedenfalls wurde die Gräberanlage, auch »Nekropole der Meriniden« genannt, unter Sultan Abou Saïd Othman (1310–1331) schließlich mit einer hohen Befestigungsmauer mit dem mächtigen Eingangstor sowie mit einem neuen, 45 × 65 m großen Baukomplex in der Nähe der Quelle versehen, bestehend aus einer neuen Zaouïa, einer kleinen Moschee (sie darf als einzige in Marokko von Nichtmoslems betreten werden) und einem Grabdenkmal (Koubba) für den Sultan.

Die Bauten wurden jedoch erst 1339 unter Abou el Hassan (1331–1351), dem »schwarzen Sultan«, abgeschlossen. Auch Abou Inan Faris (1351–1359) und mehrere weitere namenlose Merinidenherrscher wurden in der Nekropole von Chellah beigesetzt.

Die Mauern und das prächtige Eingangstor verleihen der Anlage aus der Ferne den Eindruck einer Festung. Sie war jedoch ein »Ribat« (Kriegerkloster), wie die Kufi-Inschrift auf dem reichdekorierten Eingangstor besagt, die die Baugeschichte der Mauer erläutert. Die Umwallung wurde demnach unter der Herrschaft von Sultan Abou Saïd (1310 bis 1331) begonnen und von Abou el Hassan 1339 fertiggestellt. Nach dem Erdbeben von 1755 verfiel das ganze Ensemble. Der hufeisenförmige Torbogen ähnelt mit seinem Vielpaßbogen, Flechtbandmustern und Blütendekor zwar dem Almohadentor der Kasbah des Oudaïa, wirkt insgesamt jedoch zierlicher. Seine an beiden Seiten vorspringenden Türme haben an der Außenseite abgeschrägte Ecken, die von Stalaktiten-Konsolen mit hohen Zinnen überwölbt werden. Die

Rabat, Mausolée Mohammed V. >

Turmterrassen sind begehbar. Im mehrfach abgewinkelten Torbau liegen Räume für die Wachposten und zum Übernachten. Vom Tor führt ein kleiner Fußweg durch einen zauberhaft verwilderten Park hügelabwärts zu den Ruinen der merinidischen Bauten in der Nähe der Quelle. Hinter der kleinen Moschee des Youssef Yâcoub aus dem 13. Jh. mit dem zerstörten Minarett liegt das mit einem schönen Stalaktitenaufsatz verzierte Grabmal des »Schwarzen Sultans«. Etwa 20 m davon entfernt, vor der Südostecke der Moschee, befindet sich der Grabhügel seiner Ehefrau, einer vor ihrer Hochzeit zum Islam übergetretenen Christin, die noch heute als Lalla Chellah verehrte »Chams ed Douna« (= Morgensonne). Die Ruinen der stark zerstörten Zaouïa bedecken den n Teil des Heiligtums. Um einen Säulenhof mit einem langgestreckten, restaurierten Wasserbecken in der Mitte liegen zu beiden Seiten je 7 zellenartige Räume für die Ordensbrüder und die Pilger. An der Südostseite des Hofes schloß sich ein kleiner Betraum an, in dem angeblich der Prophet Mohammed zu Allah gebetet haben soll. So kam es, daß einige Zeit lang Pilger, die den Mihrab siebenmal umschritten, sich Hadj nennen durften, ein Privileg, das eigentl. den Mekkapilgern vorbehalten war. Gegenüber, an der Nordseite der Zaouïa, ragt ein schönes Minarett empor, das noch teilweise mit dem originalen, polychromen Majolikaschmuck verziert ist. Zwischen den Mauern und Grabsteinen sollen angeblich dienstbare Geister, die Djinns, ihr Unwesen treiben, die das Grab und die angeblich hier vergrabenen Schätze des Sultans Abou Youssef Yâcoub bewachen. Neben diesen Bauten befinden sich mehrere Marabouts, und am Hangfluß direkt unter ihnen liegt ein Teich, in dem Wasserschildkröten und fast meterlange, als heilig angesehene Aale leben. Letztere werden von Gläubigen mit hartgekochten Eiern gefüttert, wovon diese sich Reichtum und Fruchtbarkeit erhoffen. Geringe Überreste der alten Siedlung Sala, der bis ins 3. Jh. n. Chr. noch bewohnten Hauptstadt der

Rabat, Mausolée Mohammed V, Reiterwache

Römerprovinz Mauretania Tingitana, breiten sich nördlich und nordwestlich des heiligen Bezirks am Hang und dem oberen flachen Teil des Hügels aus. Dabei sind nur noch Reste der Fundamente röm. Bauten, aus der Zeit des Kaisers Trajan (98–117), anzutreffen. Die Ausgrabungen, die französ. Archäologen 1931–33 und dann seit 1958 durchführten, haben bisher das Forum mit der Kurie freigelegt, außerdem die Fundamente eines Triumphbogens, einen mächtigen Brunnen (Nymphäum) mit Statuennischen, mehrere Einkaufsstraßen mit tiefgelegenen Ladennischen, ehem. Verkaufsstände an Salas permanentem Markt sowie einen kapitolinischen Tempel mit breiter, marmorverblendeter Treppe aus Sandstein und dem üblichen vor seiner Front errichteten Altar. Darüber hinaus wurden die Fundamente eines Monumentaltores gefunden, durch das der nach NO verlaufende Decumanus maximus, die Mittelachse der Stadt, vom Forum zum ehem., heute völlig versandeten Flußhafen der Stadt (der Bou Regreg verlief in der Antike etwas anders als heute) hinabführte.

Grande Mosquée (Zutritt nur für Moslems): Die »Große Moschee« in der Medina stammt wohl aus dem 14. Jh., wurde jedoch 1882 neu errichtet. Das viereckige Minarett erhielt erst 1939 den Turmaufsatz. Gegenüber der Moschee befindet sich ein hübscher Brunnen *(Fontaine mérinide)* mit 3 spitzbogigen Arkaden (im Schlußstein der Blendbogen die Bauinschrift), der im 14. Jh. unter dem merinidischen Sultan Abou Faris Abd el Aziz (1366–1372) errichtet wurde und heute in die Fassade eines Buchladens integriert ist.

Jamaa el Atiqa (Zutritt nur für Moslems): Die älteste Moschee von R. in der Kasbah des Oudaïa wurde von Abd el Mou'men um 1150 gegr. und in späterer Zeit mehrfach umgestaltet, so daß aus almohadischer Zeit nur noch die Grund-

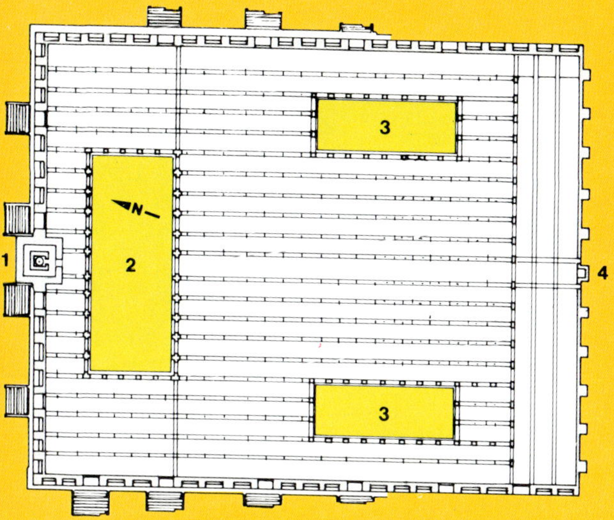

Rabat, Unvollendete Hassan-Moschee 1 Hassan-Turm **2** Vorhof **3** Seitenhöfe **4** Mihrab

mauern erhalten sind. Ihr heutiges Aussehen erhielt die Moschee unter der Herrschaft von Sidi Mohammed ben Abdallah (1757–1797), der den engl. Renegaten Ahmed el Inglizi mit der Erneuerung beauftragte. Das mit schönen Blendarkaden geschmückte Minarett stammt wahrscheinlich aus dem 17. Jh., der Zeit eines der ersten Alaouitensultane.

Koubba de Lalla Ksaba: Bei diesem Grabbau der reuigen Sünderin Lalla Ksaba, der Patronin der Fruchtbarkeit, auf dem schönen Friedhof von R., treffen sich am islamischen Neujahrstag, dem Achaoura-Fest, die Mädchen und Knaben, um hier Stoßgebete um einen guten Ehepartner gen Himmel zu schikken.

Mausolée de Sidi Makhlouf: Das kleine Grabdenkmal des Sidi Makhlouf wird aufgrund der ausgeprägten Frömmigkeit und Wundertaten seines Namenspatrons hoch verehrt. Dieser, ein zum Islam bekehrter Jude, soll u. a. das Wunder des Moses nachvollzogen und die Wasser des Bou Regreg geteilt haben, um einem Schüler, der ihn prüfen wollte, zu ermöglichen, das Flußbett trockenen Fußes zu durchqueren. Das Mausoleum befindet sich am äußersten Ende der alten Mellah, dem Judenviertel, das 1808 von Sultan Moulay Sliman hierher verlegt wurde.

Mausolée Mohammed V: Das Grabmal für den nach einer harmlosen Operation verstorbenen ersten König des unabhängigen Marokko, Mohammed V., ist das einzige sakrale Bauwerk des Landes, bei dem der Zutritt (mit Ausnahme der Moschee) von Nicht-Moslems nicht nur erlaubt, sondern sogar ausdrücklich erwünscht ist. Die Grabanlage (Fläche

50 × 160 m) besteht aus 3 Gebäudeteilen: dem Mausoleum, einem kleinen Museum – beide an der Stelle der Lichthöfe der alten Moschee errichtet – und der dazwischen liegenden Moschee. Das Mausoleum wurde erst 1971 fertiggestellt und überrascht durch seinen klassizist. Stil; eines der schönsten Bauwerke der modernen islam. Architektur: Holz, Gips, Marmorverzierungen und Bronzearbeiten sind mit größter Sorgfalt ausgeführt.

Das Grundkonzept für das Ensemble, das im Kern aus Beton besteht, stammt von dem vietnames. Architekten Vo Toan, die Ausgestaltung im traditionellen Stil oblag marokkan. Architekten und Kunsthandwerkern. Zwischen Mausoleum und Gedenkstätte befindet sich die Moschee, deren Dach mit grünlasierten Ziegeln gedeckt ist. Das Mausoleum ist im Stil traditioneller Koubbas errichtet. Die Außenmauern sind aus weißem Carrara-Marmor, die Fassaden von hufeisenförmigen Torbögen durchbrochen und mit einem dem Hassanturm nachempfundenen Flechtrelief geschmückt. Die Innenwände sind mit Stukkaturen, Zedernholzschnitzereien, Goldintarsienarbeiten und feinen Fayence-Mosaiken dem Stil der Merinidenzeit (14. Jh.) nachempfunden, die Mosaiken nehmen etwa 1000 m² Fläche ein, wobei pro Quadratmeter rund 20000 Einzelsteinchen verwendet wurden. Im Zentrum des Mausoleums befindet sich der Sarkophag aus einem einzigen weißen Onyxblock aus Pakistan mit den sterblichen Überresten des populären Königs, die im November 1971 hierher überführt wurden. Zu sehen ist er jedoch nur von einem umlaufenden Arkadengang im ersten Stockwerk. Der große vergoldete Bronzelüster, der über dem Sarkophag des Königs hängt, wiegt etwa 1,5 t. In einer Ecke befindet sich der kleine Sarkophag von Prinz Moulay Abdallah, eines Sohns Mohammeds V. Die farbigen Glasfenster stammen aus Frankreich. Königliche Gardesoldaten halten die Ehrenwache: im Sommer sind sie weiß gekleidet mit rotweißroter Schärpe, im Winter tragen sie ein dunkelblaues Gewand mit goldbestickter Schärpe und rotem Umhang. Die Moschee und ihr Innenhof sind durch eine Mauer mit großem Portal von dem Platz der alten Moschee, in deren Achse die neue Moschee steht, abgetrennt.

Die *Gedenkstätte* auf der anderen, w Seite der Moschee gleicht dem Mausoleum im Stil und ist ebenfalls aus Carrara-Marmor erbaut. Sie erinnert an den marokkan. Befreiungskampf in der Zeit von 1930–56, an die Tätigkeit der Unabhängigkeitspartei »Istiklal« und an die polit. Aktivitäten Mohammeds V., der wegen seiner antikolonialistischen Haltung von den Franzosen 1953–55 auf die Insel Madagaskar verbannt wurde und nach seiner triumphalen Rückkehr die Aufhebung der Protektoratsverträge erlangte. In einem anderen Saal sind Bilder und Objekte aus der gesamten Alaouiten-Dynastie zu besichtigen.

Tour Hassan: Der Hassanturm wurde nach einem Enkel des Propheten und 5. Kalifen benannt (andere Deutungen führen den Namen auf das arab. Wort für Schönheit = Hassane zurück). Er ist das unvollendete Minarett einer Moschee, die Yâcoub el Mansour nach sei-

Rabat, Tour Hassan, Detail

Rabat, Tour Hassan >

nem großen Sieg über die Könige von Kastilien und Leon bei Alarcos erbauen ließ und die nach der Freitagsmoschee in Samarra (Irak) das wichtigste Gotteshaus des Islam hätte werden sollen, so groß, daß »sämtliche Truppen des Herrschers« in ihr gleichzeitig hätten beten können. Der Bau wurde wahrscheinlich vor 1195 begonnen, der Tod des Gründers (1199) verhinderte jedoch die Fertigstellung. Bei der Wiederbesiedelung von R. im 17. Jh. benutzten die Einwohner die Baustelle als Steinbruch, bis das Erdbeben von 1755 das Zerstörungswerk vollendete. Ab 1961 wurde das Gelände restauriert und zu einer nationalen Gedenkstätte erhoben. Der wuchtige viereckige Turm mit einer Seitenlänge von 16,20 m ist 44 m hoch. 3 Seiten sind rotocker getönt, die Nordseite jedoch von den unablässigen Seewinden silbergrau gebleicht. Da er dem Bauplan seiner almohadischen Vorgänger, der Koutoubia in Marrakech (1158) und der Giralda in Sevilla (1196), folgt, die beide geringere Seitenflächen aufweisen und dennoch 69 m bzw. 75 m hoch sind, hätte der Turm bei gleichen Proportionen fast die doppelte Höhe, also 87 m erreichen müssen. Innen führt eine 2 m breite, tonnengewölbte Rampe – anstelle von Stiegen – die man zu Pferde hinaufreiten konnte, in sanfter Steigung um den Turmkern in übereinanderliegende Räume mit unterschiedlichen Deckengewölben. In der Reihenfolge von unten nach oben: Kuppel auf Trompen, Tonnengewölbe, Pendentifkuppel (eine Kuppelschale auf einem Achteck, das zuvor aus dem Quadrat überführt wurde), Stalaktitenkuppel, Pendentifkuppel. Die aus ockerfarbenen Großquadern geschichteten Mauern sind 2,50 m dick und von einigen Fenstern zur Beleuchtung der Rampe unterbrochen. Die Steinreliefornamentik der Fassaden des Minaretts besteht in almohadisch-schlichter Weise aus Blendnischen, Vielpaßbögen, ganzen Blendarkadenreihen und floralem Flechtwerk. Keine Turmseite gleicht dabei der anderen. Von der oberen Terrasse bietet sich ein schöner Rundblick auf die Stadt und ihre Umgebung.

Die eigtl. Moschee, eine rechteckige Anlage, die gut ein Drittel größer ist als die Fläche des Petersdomes in Rom, war von einer 183,12 × 139,32 m großen, heute zum Großteil eingestürzten Stampferdemauer mit 16 Toren umgeben. 4 Eingänge befanden sich im N, 2 im S, 6 im W und 4 im O. Die Moschee hatte einen 28 × 70 m großen Vorhof für die rituellen

Rabat, Bâb er Rouah

Waschungen, der über den tiefen Zisternen (restauriert) am Fuße des Minaretts lag, und eine riesige Bethalle, für die 312 Säulen und 112 Pfeiler (die Stümpfe sind teilweise erhalten) aus blaugrauem und rosafarbenem Marmor vorgesehen waren, die durch ihre Anordnung 19 Längsschiffe hätten bilden sollen (ohne die Seitenarkaden). 2 seitliche ca. 15 × 49 m große Innenhöfe, 3 Schiffe breit und 8 Joche lang, unterbrechen die Bethalle und sollten ihr Luft und Licht zuführen. Der Mihrab wurde restauriert. Das Minarett erhebt sich über der Nordmauer der Moschee, in der Achse der Kibla-Wand der Südfassade. Die Anlage wurde in den 60er Jahren während des Baus des Mausoleums für den 1961 verstorbenen König Mohammed V. mit einem modernen Steinpflaster versehen und offiziell zum nationalen Monument erklärt. Vom Fuß des Hassanturmes führen 2 breite Treppen zum Denkmal des Unbekannten Soldaten.

PROFANE BAUTEN

Bâb er Rouah: Das »Tor des Windes« ist das schönste der Almohadenmauer. Mit seinen Ausmaßen und Verzierungen erinnert es an jenes der Kasbah des Oudaïa. Es öffnet sich zwischen 2 Basteien auf einem vierfach geknickten Durchgang, der aus 4 überkuppelten Kammern besteht. Nebenräume waren für die Torwache gedacht, eine Treppe führt zu einer Terrasse hinauf, eine weitere zu einer Galerie innerhalb des Tores. Geschuppte Wölbsteine und girlandenartiges Flechtwerk rahmen den Hufeisenbogen, Blumenarabesken und große Muscheln füllen die Bogenwinkel, eine kufische Inschrift mit einer Koransure bildet den oberen Abschluß, grazile Säulchen mit Skulpturenkapitellen in den Ecken verbinden die Torfassade mit den Basteien. 200 m entfernt vom Tor kann man im Hof der Kaserne der königlichen Garde täglich um 10.45 Uhr der Wachablösung beiwohnen.

Bâb des Oudaïa: Das monumentale Haupttor der Kasbah des Oudaïa, zu dem ein breiter Stufenweg emporführt, wurde vermutlich unter dem Almohadensultan Yâcoub el Mansour erbaut, der aus Ribat el Fath seine Hauptstadt machen und das Tor, das zu den bedeutendsten Bauten der Almohadenzeit zählt, in die bereits bestehende Mauer

Rabat, Bâb des Oudaïa

von Abd el Mou'men eingliederte. Vermutlich diente das Tor in unmittelbarer Nähe des Palastes nicht nur als repräsentativer Eingang, sondern auch, wie man aus den 3 Sälen im Torbau schließen kann, als Audienz- und Gerichtsgebäude. Treppen verbinden die 3 Säle miteinander. Der vordere Raum war für die Palastwache bestimmt, der mittlere, von dem ein großer Torbogen in den Innenbezirk der Kasbah führt, diente als Empfangsraum und der hinterste als Gerichtssaal. Die Verzierungen des majestätischen Tors, die sich an der Innenfassade fortsetzen, sind von schlichter Eleganz. Die ockerfarbenen Steinquader des Winkeltorbaus durchbricht ein hufeisenförmiger, 5,5 m breiter und 8 m hoher Torbogen aus nackten Wölbsteinen, ein Vielpaßbogen mit anschließendem feingemeißelten Flechtbandmuster umgibt die Toröffnung. Ein breites kufisches Schriftbandfries und darüber ein Blendarkadenfries unterhalb der Dachkante schließen den Bogen ab. Die Zwickel zwischen Flechtbandbogen und Schriftfries füllt florales Skulpturwerk. Ungewöhnlich sind die schlangenförmigen Streifen, die zu den wenigen Beispielen von Tierdarstellungen in der marokkanischen Architekturdekoration gehören.

Rabat, Bâb des Oudaïa

An jeder Seite begrenzt das Tor in seinem oberen Teil zu den vorspringenden Seitenmauern je ein graziles Wandsäulchen. Von den Zinnen des Tors, das bestiegen werden kann, bietet sich eine schöne Aussicht auf die Kasbah und die Stadt.

Kasbah des Oudaïa: Die ummauerte Anlage auf dem Steilfelsen über der Mündung des Bou Regreg war der Ursprung der Stadt R. Schon die Zenata-Berber hatten hier einen »Ribat« unterhalten. Die 2,50 m dicken, 8–10 m hohen Kasbah-Mauern, auf denen ein Wehrgang verläuft, stammen mit Ausnahme der Mauern, die den andalus. Garten umgeben, aus der Zeit des Almohadensultans Abd el Mou'men (1147–1163). Die aus Spanien vertriebenen Moriscos verstärkten die Befestigungswerke durch Bastionen und Plattformen für Kanonen, der Alaouitensultan Moulay er Rachid (1667–1672) fügte u.a. die heptagonale Bastion vor der Eingangstreppe im SW hinzu, die noch heute mit alten Kanonen bestückt ist. Der zwischen dieser Bastion und dem Haupteingang liegende Turm ist eine Verstärkung, die durch die Hornacheros im 17. Jh. errichtet wurde, als sie in heftiger Fehde mit den Andalusiern lagen, die in der Medina wohnten. Die Mauern umschließen ein ma Wohnviertel mit verwinkelten, engen Gassen, das anstelle der Klosterfestung des 10. Jh. entstand. Benannt ist das Viertel nach den Oudaïas, einem im 13. Jh. in den Maghreb eingewanderten Araberstamm. Ein Teil der Oudaïas bildete den treuen Kern des riesigen Söldnerheeres des Alaouitensultans Moulay Ismaïl. Der Sultan erklärte sie dafür zu einem Guich-Stamm (d.h., sie mußten keine Steuern zahlen und erhielten als Gegenleistung für ihre Kriegsdienste Grundstücke). 1833 siedelte Sultan Moulay Abd er Rahman Krieger der Oudaïas aus Fès, wo sie immer wieder Aufstände angezettelt hatten, in der Kasbah von R. an, um von dort aus den räuberischen Berberstamm der Zaër, der die Stadt immer wieder überfiel, unter Kontrolle zu halten. Bes. pittoresk ist die Rue Bazzo, die von der Hauptstraße Rue Jamaa abzweigt und durch den schönsten Teil des

Kasbahviertels mit seinen engen gewundenen Gassen und kleinen weißgekalkten Häusern hangabwärts führt. An ihrem Ende befindet sich das berühmte, im orientalisch-maur. Stil eingerichtete Café Maure, das 1915–18 erbaut wurde. Von dessen Pergolaterrassen eröffnet sich bes. am späten Nachmittag ein faszinierender Blick auf die Stadt Salé am anderen Ufer des Bou Regreg. Ein schöner Blick auf die Kasbah bietet sich von der Terrasse des von den Korsaren der Bou-Regreg-Republik im 17.Jh. erbauten Tour des Pirates (Piratenturm), sowie von der großen Terrasse an der Nordekke der Kasbah. An der Ostseite dieser Terrasse befindet sich ein von Moulay el Yazid als Speicher Ende des 18.Jh. errichtetes Gebäude, in dem heute eine Teppichknüpfschule und -werkstätte (Atelier de Tapis) untergebracht ist.

Muraille des Almohades: Die 5250 m lange, von Abou Youssef Yâcoub el Mansour erbaute Almohadenmauer, die von der Steilküste im N fast bis zum röm. Ruinenfeld Sala führte, ist heute noch nahezu unverändert erhalten. Von dem riesigen Stadtgebiet wurde nur der n Teil besiedelt. Ein Teil der durch zahlreiche Türme verstärkten Mauer bildet heute einen Abschnitt des Mauerrings des *Palais Royal*. Eines der 5 Tore der Almohadenmauer war das *Bâb el Had* (Sonntagstor), das von 2 mächtigen Fünfecktürmen flankiert wird und innen 3 kreuzgratgewölbte Tonnen sowie Saal und Terrasse aufweist. Im 19.Jh. wurden mehrfach die abgeschlagenen Köpfe von Rebellen über diesem Tor angebracht.

Muraille des Andalous: Die Andalusiermauer wurde von den span. Flüchtlingen, die im 17.Jahrhundert die Bou-Regreg-Republik gründeten, im S der Almohadenmauer errichtet. Die Andalusiermauer und der n Abschnitt der Almohadenmauer sowie der Bou Regreg begrenzen die heutige Medina von R., die im N bis an die Atlantikküste heranreicht.

Musée archéologique: Das während des Protektorats 1930 erbaute Archäologische Museum, das bedeutendste seiner Art in Marokko, wurde im Stil eines röm. Atrium-Hauses errichtet und setzt sich aus 2 voneinander getrennten Gebäuden zusammen, wobei die schönsten und sehenswertesten Objekte in dem großen Ausstellungssaal des etwas abseits vom Hauptgebäude gelegenen Ne-

Rabat, Blick auf die Medina

benbaus zu sehen sind. Während das Atrium (Saal I) wechselnden Ausstellungen vorbehalten ist, werden in Saal II, den man durch die Eingangshalle betritt, im Erdgeschoß die zahlreichen prähistorischen Kulturen mit ihren jeweils typischen Werkzeugen vorgestellt. Die ältesten Exponate sind der bei Arbaoua, Douar Doum und Casablanca gefundenen Pebble-Kultur (= Abbevillien) zuzurechnen. Aus dem Acheuléen gibt es zahlreiche Funde (Sidi Abderrahman, Casablanca, Daya el Hamra), darunter auch die Überbleibsel v. Vorzeitmenschen. Wesentlich mehr Funde stammen aus der Jungsteinzeit. Hier wird der technische und zivilisatorische Fortschritt deutlich, der mit der Entwicklung von Ackerbau und Viehzucht verknüpft war: Die Menschen stellten zu dieser Zeit bereits Keramik her; zu sehen sind auch polierte Steingeräte, darunter eine Streitaxt aus Volubilis. Aus dieser Zeit zu besichtigen sind auch menschliche Skelette aus Témara, Dar es Soltane und El Harhoura sowie Nachbildungen eines kompletten Grabes eines Erwachsenen und eines Kindes (aus El Harhoura; um 4000 v. Chr.). Aus den Höhlen bei Tanger und Tétouan sowie von den Nekropolen von El Kiffen und von Skhirat, die zur jüngsten Epoche der Steinzeit gehören, stammen viele Keramikgefäße und fein gearbeitete Steinwerkzeuge. Von dieser Zeit datieren auch die Felszeichnungen und die Abbildung des Kromlech von Msoura. Aus der vorgeschichtlichen Zeit werden Kupferbeile und kupferne Speerspitzen von Kulturen des Hohen Atlas gezeigt, über die man heute noch recht wenig weiß.

Rabat, Kasbah des Oudaïa, Garten

2 Treppenaufgänge führen zu einer Galerie im ersten Stock des Saales (Saal III), in deren Vitrinen v. a. Objekte aus der Geschichte der Islamisierung Marokkos, von der Zeit der ersten Arabereinfälle Ende des 7. Jh. an, ausgestellt werden. Die wichtigsten Fundstätten sind: Sijilmassa (8. Jh.; Keramikgefäße und Keramikwaren aus den Töpfereien der Stadt); Belyounech (8./9. Jh. bei Ceuta, damals Sebta; Geräte und Wasserleitungen eines Palastes); Ksar es Seghir (9. Jh.; Geräte und Werkzeuge) und Chichaoua (10.–12. Jh.; Zentrum der marokkanischen Zuckerindustrie dieser Zeit; Geräte und Werkzeuge). Eine große Vitrine ist der Nekropole von Chellah gewidmet, allerdings liegt der Schwerpunkt auf der islam. Kultur dieser Fundstätte. In den Vitrinen der Treppenausgänge und an den Treppenfüßen sind noch einige wenige Beispiele (ein Grabstein, ein frühchristl. Bleisarkophag aus Salé, eine Altarplatte mit Christusmonogramm, Weihrauchgefäße, Öllampen und andere Gerate) aus der christl. Epoche Marokkos zwischen dem 2. und 8. Jh. ausgestellt. Seit der Umgestaltung des Museums 1986 wurden offenbar viele Exponate aus christl. Zeit zugunsten islam. Objekte aus den Vitrinen verbannt. Im Nebengebäude (Saal IV), das man durch einen eigenen Eingang betritt, sind unter dem Begriff »Präislamische Kulturen« phönizische, karthagische und römische Funde zu bewundern, die sehenswertesten des ganzen Museums. Am bedeutendsten sind die berühmten großen Bronzeplastiken aus Volubilis. Bes. hervorzuheben ist ein 0,62 m langer, zum Sprung bereiter *Bronzehund* aus der Zeit Kaiser Hadrians (Beginn des 2. Jh.), der 1916 im »Haus des Hundes« gefunden wurde und urspr. in Begleitung seines Herrn zu einer Bronzegruppe gehör-

te. In seiner Drohhaltung erinnert er an den berühmten Hund des »Cave canem«-Mosaiks in Pompeji. Bemerkenswert sind auch die *Statue des Einschenkenden Epheben,* die römische Kopie eines griechischen Originals, wohl von Praxiteles (4. Jh. v. Chr.), Dionysos darstellend (gefunden 1929 in einem Haus südlich des »Orpheus-Hauses«), ein *Ephebe mit Efeukranz,* eine erlesene, 1,40 m hohe Vollplastik aus der Blütezeit des Hellenismus (1. Jh. v. Chr.), die zu den wichtigsten Funden der marokkanischen Antike überhaupt gehört (gefunden 1932, etwa 1,50 m unter der Erde in einem Haus nw des Triumphbogens Caracalla); die *Bronzebüste des Caton d' Utique* (Cato Uticensis, 1. Jh. n. Chr.), gefunden 1943 im »Haus des Venusgefolges«, und die *Bronzebüste von Juba II.* (1. Jh.), des von Kaiser Augustus als König von Mauretania eingesetzten Numidiers, dessen Gesichtsausdruck melancholisch wirkt (gefunden 1944 im »Haus des Maurenkönigs«). Daneben sind noch kleine Bronzestatuetten aus Volubilis, Banasa und Lixus ausgestellt, darunter ein alter »alexandrinischer Fischer« (1. Jh. v. Chr.), ein Ephebe auf einem Pferd, wieder eine röm. Kopie eines griech. Originals aus der Zeit vor Phidias, sowie einige Köpfe pausbackiger Eroten. Interessant sind die Eisenbeschläge eines Bettes, die u. a. einen Silen und eine mit Reben bekränzte eselsköpfige menschliche Figur darstellen. Andere Vitrinen enthalten Geräte und Instrumente des täglichen Lebens, der Arbeit (u. a. Chirurgenbesteck) und des religiösen Lebens. Schließlich zeigt eine Vitrine auch Schmuckgegenstände (eine Goldperlenkette, Elfenbeinarmreifen, Ringe und Kameen).

Musée des Oudaïa: Das Museum ist in einem von Moulay Ismaïl 1672–94 errichteten Gebäude untergebracht, das der Sultan während seiner Aufenthalte in R. als Nebenwohnsitz nutzte. Der ummauerte Palast besteht aus 4 Flügeln, die sich um einen kleinen arkadenumstandenen Innenhof gliedern und dessen Mittelpunkt von einem flachen marmornen Brunnenbecken geschmückt wird. Das ganze Ensemble wird von einem Turm beherrscht.

Die Südecke des Palastes ist als fünfstöckiger Turm ausgebaut. Zu dem Gebäudekomplex gehörten urspr. eine kleine Moschee mit heute überdachtem Vorhof und ein Hammam. In den beiden hofseitigen Sälen oder Diwans befindet

Rabat, Kasbah des Oudaïa

sich eine Töpfereisammlung mit einigen schönen Beispielen von Fayencen im berühmten »Fès-Blau«.

Ein großer Saal in der Nähe des Eingangs zeigt Möbel, Heiratstrachten, Stoffe und Teppiche städtischer (arab.) und berberischer Herkunft. Eine alte marokkanische Inneneinrichtung mit Bett, Wandschrank und verschiedenen, mit Kissen aus Seide und Goldbrokat (zweite Hälfte 19. Jh.) ausgestatteten Diwanen ist in einem weiteren großen Saal, der im südlichen Flügel zum Garten hin liegt, zu besichtigen. Goldbrokat und Seide stammen aus Fès, die Kissen kommen aus R., Salé, Meknès, Fès und Tétouan. Weitere Seiden- und Brokatstickereien stellen Vitrinen in einem kleinen Eckzimmer zur Schau. Die Stickerei ist ein vorwiegend städtisches Kunsthandwerk, und so gibt es auch von Stadt zu Stadt erhebliche Unterschiede in der Auswahl der geometrischen Motive oder anderer Vorlagen sowie in der Wahl des Stoffes, der Fäden, Farben und Stiche.

In den Durchgangsräumen des Museums ist eine reiche Sammlung an Koranmanuskripten (die ältesten stammen aus dem 13. Jh.) zu bewundern, außerdem eine Sammlung andalus.-maur. und berberischer Musikinstrumente sowie Teppiche, in erster Linie aus R. und Médiouna, sowie Berberteppiche aus dem Mittleren Atlas, der Ouzguita und der Chichaouas.

An der Rückseite des Museumspalastes schließt sich nach S hin ein großer, im andalus. Stil gehaltener sehr reizvoller Garten an. Neben den hübsch angelegten Blumenbeeten und Baumgärten ist eine kleine Noria zu sehen, d. h. ein von Eseln angetriebenes hölzernes Wasserrad, mittels dessen das Wasser aus Brunnen für Gärten und Felder geschöpft wurde. Der Garten entstand zusammen mit dem Café Maure, zu dem ein kleiner Mauerdurchgang führt, 1915–18. An der gegenüberliegenden Seite des Andalus. Gartens befinden sich ehem. Magazinräume, die in späterer Zeit entlang der Befestigungsmauer an den Palastkomplex angebaut wurden. An der Nahtstelle zwischen Palast- und Magazinbauten befindet sich ein weiterer Eingang zum Garten und zu den Magazingebäuden. Diese werden heute, ebenso wie der Palast, als Museum genutzt und enthalten in 3 Räumen eine Sammlung von Trachten aus den meisten Provinzen und von vielen Stämmen Marokkos sowie schöne Sammlungen berberischen, andalus. und arab. Schmucks.

Rabat, Kasbah des Oudaïa

Musée National d'Artisanat: Das Museum für Marokkanische Volkskunst ist in 2 großen, weißgetünchten und überwölbten Sälen, ehem. Speichergebäuden, untergebracht, die einst zur Aufbewahrung von Ausrüstungen der kleinen Schiffe aus dem nahe gelegenen, heute versandeten Flußhafen dienten. Heute sind dort reichhaltige Sammlungen aus allen Gebieten des marokkanischen Kunsthandwerks untergebracht. Zu bewundern sind überlange Knüpfteppiche an den Wänden, schöne Intarsienmöbel mit Elfenbeineinlagen, Holzskulpturen, Damaszierarbeiten mit Silberfädeninkrustationen aus Meknès, bemalte Keramik, Arbeiten aus Messing und Schmiedeeisen, Musikinstrumente, Kleider, Web-, Stick- und Brokatarbeiten sowie alte Koranausgaben. Leider sind viele Exponate überhaupt nicht, nur auf arab. oder unzureichend beschriftet und darüber hinaus ohne erkennbares System dargeboten. Ein Teil der Sammlung befindet sich im Musée des Oudaïa. Der Gesamtkomplex des Artisanat (Ensemble Artisanal) befindet sich auf der gegenüberliegenden, flußnahen Seite der Rue Tarik el Marsa. Hier kann man die verschiedenen Kunsthandwerker (Stickerinnen, Weberinnen, Holzschnitzer, Schreiner, Messing- und Kupferschmiede u.a.) in nach Sparten gegliederten Abteilungen bei ihrer Arbeit beobachten. Die Erzeugnisse haben faire Preise.

Musée des Sciences de la Terre: Das Museum wurde erst vor kurzem im Erdgeschoß des neuen Gebäudes des Ministère de l'Énérgie et des Mines (Ministerium für Energie und Bergwerk) auf der linken Seite der Rue Ma el Ainaine eingerichtet. Es enthält geologische, mineralogische und paläontologische Sammlungen, welche die Erdgeschichte Marokkos in übersichtlicher Weise darstellen. Prunkstück des Museums ist ein fossiler pflanzenfressender Saurier.

Palais Royal: Das Palastviertel enthält einen ummauerten riesigen Versammlungsplatz (Méchouar), die Freitagsmoschee El Fahs, die Gebäude des Obersten Gerichtshofes, des Ministère des Habous (Habous = Güter religiöser Stiftungen, deren Einkommen zur Erhaltung und zum Bau religiöser Einrichtungen dient) und des Ministerpräsidenten sowie den riesigen Palastkomplex. Wenn der König in Rabat weilt, kann man Freitag v. 12–13 Uhr dem Ritt des Königs auf einem Araberschimmel inmitten seiner

Rabat, Palais Royal

Leibgarde in großer Paradeuniform zum feierlichen Gebet in die El-Faeh-Moschee beiwohnen, eine Zeremonie, die an hohen religiösen Festtagen bes. eindrucksvoll ist, da sich der König dann von Familienmitgliedern, dem Ministerpräsidenten und anderen Staats- und Regierungsvertretern sowie dem Musikkorps der Königlichen Leibgarde begleiten läßt. Der erste königliche Palast wurde gegen Ende des 17. Jahrhunderts von Sidi Mohammed ben Abdallah erbaut, neue Bauten ließ 1864 Sidi Mohammed ben Abd er Rahman errichten, der häufig in R. residierte; diese Gebäudegruppe wurde wiederum unter Mohammed V. erweitert und modernisiert, auch sein Sohn Hassan II. veranlaßte Änderungen.

Der jetzige Dar el Makhzen umfaßt einen modernen Palast, eine Moschee und verschiedene Regierungsgebäude. Eine Besichtigung der Innenräume ist nicht möglich, doch finden Führungen durch den Palastbezirk statt, wobei neben dem Wechsel der Palastwache (ab 9.00 Uhr alle 2 Stunden) das prachtvolle Eingangstor des Palastes, die 1864 erbaute *Porte des Ambassadeurs* (Tor der Botschafter) mit überreichen span.-maur. Dekorelementen sehenswert ist.

Jardins Exotiques > de Bouknadel (Rabat)

Place Souk el Ghezel: Der »Wollmarkt« liegt an zentraler Stelle zwischen der Medina und der Kasbah des Oudaïa. Urspr. war er der Sklavenmarkt, auf dem die Piraten der Republik Bou Regreg ihre christl. Gefangenen verkauften.

Rue des Consuls: Die Straße erhielt ihren Namen von den Konsularvertretungen der Europäer, die bis 1912 nur hier wohnen durften.

Die Straße führt durch den belebten Souk der Schneider, der Tuch- und Teppichhändler. Jeden Donnerstag werden hier vormittags Teppichauktionen durchgeführt. R liegen 2 kleine Fondouks und etwas weiter die kleine Moschee El Guezzarin, die Fleischermoschee aus dem 19. Jh.

WEITERE SEHENSWÜRDIGKEITEN

Cathédrale Saint Pierre: Die Kathedrale aus weißem Kalkstein, die mit 2 schlan-

Rabat, Rue des Consuls, Hauseingang

Mehdia Kasbah (Rabat)

ken Türmen versehen ist, wurde nach dem Ersten Weltkrieg von den Franzosen errichtet.

Jamaa es Souna (Zutritt nur für Moslems): Die Große Moschee, deren Minarett ganz Rabat beherrscht, wurde im 18. Jh. von Sidi Mohammed ben Abdallah erbaut, seither wurde sie öfter umgestaltet.

Mosquée de Moulay el Mekki (Zutritt nur für Moslems): Die Moschee mit schön geschnitztem Vordach über der Außenseite ihres Hauptportals und hübschem Minarett wurde unweit des Grabmals des im 18. Jahrhundert verstorbenen Marabouts erbaut und 1907 vergrößert.

Sanctuaire de Lalla Qadiya: Bei dem Heiligtum der Lalla Qadiya pflegten die aus Mekka zurückkehrenden Pilger noch eine Nacht zu verbringen, bevor sie sich in ihre Heimatorte zerstreuten.

BRAUCHTUM UND VERANSTALTUNGEN

Mehrere Moussems in verschiedenen Stadtvierteln. Im Juni Moussem Sidi Lahcen in Témara (s von M.).

Umgebung

Marabout des Sidi Moussa (3 km n): Grabmal des heiligen Sidi Moussa, der im 14. Jh. lebte. Großer Moussem im September.

Kasbah Gnaoua (3,5 km n): Unter Moulay Ismaïl erbaute Garnison für die Negersoldaten (»Kasbah der Guinealeute«).

Jardins exotiques de Bouknadel (12 km n): Botanischer Garten mit zahlreichen exot. Pflanzen.

Kénitra (40 km n): Von den Franzosen 1913 gegr. moderne Stadt mit Ruinen ei-

Mehdia Kasbah (Rabat)

ner Kasbah aus älterer Zeit. 13 km n sehr spärliche Ruinen der römischen Siedlung Thamusida (161 n. Chr.). Im S und SO erstreckt sich der 60 km lange, 30–40 km breite Marmorwald *(Forêt de la Mamora)*, der größte zusammenhängende Wald Marokkos.

Mehdia Kasbah (41 km n): Von Spaniern errichtete Burg in der Nähe des Dorfs Mehdia. Diese später von Moulay Ismaïl ausgebaute Kasbah liegt oberhalb des Flusses Sebou und beeindruckt mit ihrem monumentalen Tor.

Rissani

Er Rachidia

Einw.: 2500 Höhe: 800 m S. 259 □ C 3

Das schon sehr an Saharasiedlungen erinnernde R. war vom Anfang des 19. Jh. bis 1917 Hauptstadt des Tafilalet und ist heute ein recht lebhafter Marktort mit mächtigen Befestigungsmauern und einem wehrhaft ausgebauten Ksar inmitten hübscher Oasengärten.

Kasbah: Die mächtige Kasbah wurde gegen Ende des 17. Jh. von Moulay Ismaïl wieder hergestellt. Reste der merinidischen Ornamentik aus dem 13. und 14. Jh. sind erhalten. Hier brachte Moulay Ismaïl die Söhne unter, die sich den Argwohn des auf seine Macht bedachten Sultans am Hof von Meknès zugezogen hatten.

Umgebung

Sijilmassa (2 km w): Nur spärliche Ruinen zeugen von der ehem. prunkvollen Hauptstadt des Tafilalet. Zwischen dem 11. und 15. Jh., ihrer Blütezeit, soll sie die größte Stadt Marokkos gewesen sein, über 100 000 Einwohner gezählt haben. Eine starke Mauer sowie über 600 Wehrbauten und Kasbahs schützten die Stadt. Nicht zu verifizieren ist der Bericht des Leo Africanus (ca. 1492–ca. 1550), nach dem S. bereits durch röm. Legionäre gegr. wurde, die sie nach ihrem Feldherren *Sigillum Massae* nannten. Mit dem arab. Geographen El Bekri ist jedoch ihre Gründung durch den Stamm der Meknassa-Berber im Jahre 757 (also 50 Jahre vor Fès) unter ihrem Führer Midrar anzunehmen, aus dem später die Dynastie der Midrariden hervorging. Jedenfalls gehen archäolog. Zeugnisse bis jetzt nur auf diese Zeit zurück. Trotz der nominellen Herrschaft der Fatimiden im 10. Jh. blieb S. weitgehend unabhängig. Aufgrund der immer selbstherrlicheren Regierung der Midrariden riefen die rebellierenden Einwohner schließlich die Almoraviden zu Hilfe, die S. 1055–1057 eroberten. Knapp 100 Jahre (ca. 1146/47) später kamen die Almohaden und weitere 100 Jahre später (1255) die Meriniden. In dieser Zeit stieg S. zu einer der größten Karawanenstationen des gesamten Maghreb auf. Datteln, Salz und Textilien aus Marokko und dem Mittelmeerraum wurden hier gegen Gold und Elfenbein sowie Sklaven aus Schwarzafrika eingetauscht. Die Stadt gelangte daher zu so immensem Wohlstand, daß sie wirtschaftlich und politisch zeitweise mit Marrakech und Fès konkurrieren konnte. Mehrfach rebellierte sie gegen die schwächer werdende Dynastie der Meriniden, etwa unter ihrem Statthalter Prinz Abou el Hassan gegen dessen Vater Abou Saïd Othman (1310–1331) und nochmals nach dem Tode des Merinidensultans Abou Inan Faris im Jahre 1358. Mitte des 17. Jh. (1666) übernahm die Alaouiten-Dynastie, die sich aus Arabien kommend schon seit frühester Zeit hier festgesetzt hatte, unter Moulay ech Chérif die Macht. Sein Sohn, Moulay er Rachid, eroberte dann innerhalb von 6 Jahren ganz Marokko, einschließlich der Königsstädte, und sicherte den Alaouiten eine Vormachtstellung, die sie bis heute nicht mehr abgegeben haben: auch König Hassan II. gehört dieser Dynastie an. Mit dem Niedergang des Karawanenhandels verlor S. jedoch im gleichen Jh. seine Bedeutung. An seine Stelle trat langsam Rissani, insbesondere seit Moulay Ismaïl (1672–1727) dort eine Kasbah errichten ließ, in die er unangenehm aufgefallene Verwandte verbannte. Die Nachfolger Moulay Ismaïls erbauten rund um Rissani zahlreiche prunkvolle Kasbahs, kehrten jedoch selbst nie mehr in das Tafilalet zurück und ließen S. völ-

Rissani, Kasbah

lig verfallen, bis die ehem. Großstadt Ende des 19. Jh. nur noch ein Trümmerfeld war, zum großen Teil von Sanddünen der Sahara überweht: ein Schicksal, das das gesamte Tafilalet bedroht.

Zaouïa de Moulay Ali Chérif (2 km sö): Das Heiligtum ist Moulay Ali Chérif, dem Vater von Moulay er Rachid und Stammvater der heute noch amtierenden Alaouitendynastie geweiht. Auf dem Weg zu seiner Zaouïa fallen auf der rechten Seite 2 Koubbas von Verwandten des Moulay Ali Chérif auf. Die eine ist mit einem pyramidenförmigen Dach aus grünlasierten Ziegeln bedeckt, die andere von einer Kuppel überwölbt. Der hufeisenförmige und mit Gipsstuck reich dekorierte Bogeneingang der Zaouïa wird von je einem Zinnenturm flankiert. Das Tor öffnet sich in einen rechteckigen Innenhof mit Pfeilergalerie und Marmorbrunnen. Grünlasierte Ziegel-Pyramidendächer ragen über die Umwallung. Das Mausoleum selbst ist mit herrlichen Mosaiken aus Fayencekacheln prachtvoll geschmückt. Neben der Zaouïa steht eine Moschee, die durch das verheerende Hochwasser des Oued Ziz von 1965 zerstört wurde, danach aber sofort wieder im modernistisch-traditionellen Stil erbaut wurde.

Ksar Akbar (2 km sö): Gleich hinter der Zaouïa beeindrucken die immer noch mächtigen Reste der gewaltigen Mauern des Ksar Akbar, die einst 6,5 m hoch waren und eine Fläche von 5 ha einschlossen. Sultan Abd er Rahman (1822–1859) ließ die Festung als Wohnsitz für lästige Mitglieder seiner Familie und für die Witwen seiner Vorgänger errichten, die er in das Tafilalet abschob.Gleichzeitig wurde hier ein Teil des Staatsschatzes ausgelagert und in der bes. stark befestigten Kasbah hinter einer dreifachen Mauer aus Stampflehm und Ziegeln, die mit Kanonen bestückt war, von 500 bis 600 »Abids« (Soldaten der schwarzen Elitetruppe des Sultans) gehütet. Verschiedene Höfe, mehrere Mauern, Bastionen, Türme, Reste einer kleinen Moschee und die ehem. Kasbah sowie ein kleiner Palast lassen sich zwar noch identifizieren, Innendekoration hat sich jedoch kaum erhalten. Beachtenswert sind in jedem Fall die schönen Stuckarbeiten, die Hufeisenbögen über einzelnen Toren und die Monumentalität der Gesamtanlage, die allein in Stampflehmtechnik und mit Lehmziegeln als statische Verbinder aufgeführt wurde und in vielen Details noch immer die saharische Lehmziegelornamentik, eine wohlüber-

Rissani, Kasbah, Detail

Rissani, Zaouïa de Moulay Ali Chérif

legte, meist geometrische Musterung, zeigt, in der sich durch vorstehende Lehmziegelgruppierungen Licht und Schatten reizvoll mischen.

Ksar d'Oulad Abd el Halim (3 km sö): Dieser Ende des 19. Jh. von Sultan Abou Ali Hassan I. (1873–1894) als Wohnsitz für seinen ältesten Bruder Moulay er Rachid, seinen Statthalter im Tafilalet, errichtete Ksar zählte zu den schönsten im ganzen Tafilalet.

Zwar ist auch hier von der Innenausstattung wenig erhalten, doch zeigen sich die Befestigungsmauern, die Türme und die Kasbah noch in relativ gutem Zustand. Die Ornamentik wiederholt das faszinierende Licht-und-Schattenspiel von *Ksar Akbar,* das durch geschickten, stufenweise versetzten Einbau von Ziegeln in die Fassade entsteht.

Ksar Dar el Beïda (4 km ö): Für die Errichtung dieses »Weißen Hauses« ließ Sultan Mohammed ben Abdallah (1757 bis 1790) sogar Baumaterial aus dem antiken Volubilis herbeischaffen.

S

Safi/Asfi

Marrakech

Einw.: 300 000 Höhe: 10–60 m S. 258 □ A 2

Die Hafen- und Industriestadt an einer felsigen Bucht der mittleren Atlantikkü-

Safi, Fischereihafen

ste Marokkos besitzt eine hübsche, vollständig von einer hohen Mauer aus portugies. Zeit umgebene Medina mit dem größten Töpferviertel Marokkos, an dessen zahlreichen kuppelförmigen Brennöfen einige 100 Töpfer arbeiten. Über die Gründungsgeschichte der Stadt gibt es nur wenig Erhellendes. Trotz einiger röm. Münzen mit dem Bildnis des Kaisers Valentinian (2./3. Jh. n. Chr.), die in der Gegend um S. gefunden wurden, läßt sich nicht klären, ob die bei Ptolemaios (2. Jh. v. Chr.) erwähnte Stadt *Mysokaras,* die zwischen dem Kap Beddouza (bei Ptolemaios *Soloeis*) und der Mündung des Oued Tensift *(Fut)* lag, als Vorgängersiedlung von S. in Betracht zu ziehen ist. Die erste Erwähnung aus islam. Zeit (11. Jh.) unter dem Namen *Asfi* findet sich bei dem arab. Geographen El Bekri. Im 12. Jh. besaß der Ort dem Geographen El Idrissi zufolge bereits einen bedeutenden Hafen. Ibn Khaldun vermeldet im 14. Jh. die Gründung des Ribats von Asfi, d. h. einer Klosterburg für eine Bruderschaft von Glaubenskämpfern. Erst um 1450 wurde portugies. Kaufleuten in der bis dahin den Europäern verschlossenen Stadt die Eröffnung von Handelskontoren gestattet. Die Portugiesen nutzten den von ihnen *Safi* genannten Ort hauptsächlich dazu, hier Sklaven, Gold und Elfenbein aus Guinea und Timbuktu einzuhandeln. Im Jahre 1508 lösten portugies. Truppen aus Mogador (Essaouira) unter Admiral Don Diego de Azambuja innere Streitigkeiten in der Stadt auf ihre Weise, indem sie S. auf Befehl König Manuels I. besetzten. Nachdem es dem Ouattasidensultan Abou Abdallah Mohammed im Jahre 1511 nicht gelungen war, die von ihm belagerte Stadt einzunehmen, umgaben die Portugiesen S. mit wehrhaften Befestigungsanlagen und nutzten ihren sicheren Schlupfwinkel zu mehreren Beutezügen in das Hinterland des Haouz, wobei sie sogar vor den Mauern von Marrakech erschienen. Das Ende ihrer Herrschaft kam mit dem Saadier-Sultan

Mohammed ech Cheikh, der sie 1541 nicht nur aus Agadir, sondern auch aus S. vertrieb. Zwar verwüsteten die Portugiesen die blühende Stadt vor ihrem Abzug fast völlig, doch wurde sie schnell wieder aufgebaut.

Schon ab dem Ende des 16. Jh. gestatteten die Sultane wieder den Handel mit den Europäern, die ihre Handelsprivilegien allerdings teuer bezahlen mußten. Zunächst kamen die Franzosen bis ins 17. Jh. in den Genuß des begehrten Handelsmonopols und richteten sogar ein Vizekonsulat ein, später folgten die Engländer und Niederländer, ab 1751 die Dänen und ab 1767 wieder die Franzosen.

Mit dem Aufstieg anderer marokkan. Häfen setzte jedoch der Niedergang von S. ein, das gegen Ende des 19. Jh. und zu Beginn des 20. Jh. zu einem kleinen Fischereihafen herabgesunken war. Erst die Protektoratszeit brachte neuen wirtschaftlichen Aufschwung, der v.a. mit der Tatsache verknüpft war, daß die Stadt zum Ausfuhrhafen für die seit 1931 bei Youssoufia ausgebeuteten reichen Phosphatvorkommen wurde. Von S. aus brach Thor Heyerdahl mit seinen Papyrusflößen *Ra* und *Ra II* zur Fahrt über den Atlantischen Ozean auf.

Chapelle portugaise: Eigentlich handelt es sich hier nicht um eine Kapelle, sondern um das einzige Bauteil, das nach der Zerstörung der Stadt von der ehem. portugiesischen Kathedrale erhalten blieb, nämlich den 1519 errichteten Chor im manuelinischen Baustil (aus der Übergangszeit zwischen manieristischer Spätgotik und Renaissance). Sein achtstrahliges Sternengewölbe ist in Marokko einzigartig. Die Schlußsteine dieses Gewölbes zieren verschiedene Wappen: das Wappen Portugals, das Wappen Manuels I. (1495–1521), unter dem S. 1508 erobert wurde, das Wappen des Papstes, die Schlüssel Petri, eine Mitra zwischen 2 Krummstäben, das auf die Würde von S. als Bischofssitz hinwies, sowie das Wappen des Christusordens (eine Darstellung der Himmelskreise, eine sog. Armilia), der die portugies. Kolonisations- und Eroberungszüge vorantrieb.

Dar el Bahr: Die auch *Château de la mer* (Meeresschloß) genannte quadratische portugies. Festung mit etwa 60 m Seitenlänge, im 16. Jh. zur Verteidigung des Hafens errichtet, wurde 1963 restauriert. Über dem Nordtor prangt noch das Staatswappen von Portugal. Eine Rampe im Inneren führt zur Geschützstellung

Safi, Dar el Bahr

Borj el Ablat empor, auf der noch 12 Bronzekanonen aus dem frühen 16. Jh. portugies., span. und holländischer Herkunft zu sehen sind. Der Dar el Bahr diente wohl zunächst dem portugies. Stadtkommandanten als Residenz, später richteten sich hier im 17. und 18. Jh. die Sultane ein, wenn sie S. einen Besuch abstatteten.

Kechla: Die früher *Bordj el Dar* (Ostfestung) genannte alte portugies. Festung schützt mit ihrer hohen, mit gezinnten Türmen und Bastionen versehenen Mauer (Anf. 16. Jh.) die O-Seite der Medina, wo die militärische Verwundbarkeit am größten war.

Ein von portugies. Wappenskulpturen geziertes Monumentaltor führt auf den *Méchouar,* an dessen Seite eine kleine Moschee und der *Dar el Makhzen* (Regierungspalast) stehen, die beide im 18. Jh. errichtet wurden. Im W genießt man von einer über eine Treppe zu erreichende Plattform einen bes. schönen Blick auf die Medina.

Neben der Kechla ragt am Hang der weiße Grabbau eines im 16. Jh. aus Spanien vertriebenen Arztes und Rabbiners auf. Es ist die Koubba des Brahim ben Djemiro, der in S. Zuflucht fand.

Brauchtum und Veranstaltungen: Keramikmesse (Juni); Kulturwoche (Juli).

Salé

Rabat

Einw.: 289 000	Höhe: 17 m	S. 256 □ B 2

Die Schwesterstadt von Rabat mit ihrer außerordentlich pittoresken Medina wurde zu Beginn des 11. Jh. von dem Zenata-Berberstamm der Beni Ifren gegründet und zur Hauptstadt ihres kleinen Königreichs erhoben. Aber schon 1050 eroberten die Almoraviden die *Sla* genannte Siedlung und zerstörten sie vollständig. Anschließend errichteten sie eine Kasbah, von der aus sie gegen die schiitischen Berghouata-Berber zu Felde zogen. Sla trat so in zunehmende Konkurrenz zu der am anderen Ufer des Bou Regreg liegenden Ribat-Siedlung. Im Jahre 1146 eroberten die Almohaden unter Abd el Mou'men die Stadt und machten sie eines Einwohneraufstands wegen dem Erdboden gleich. Seine Blütezeit erlebte Sla unter den Meriniden, deren Anführer Abou Yahia ben Abd el Haq es 1249 erobert hatte, da sie Rabat völlig

Salé, Blick auf die Stadt

Salé, Stadtmauer

verkommen ließen. Nach der 1260 erfolgten Plünderung der Stadt durch die Spanier am Feiertag Aïd es Seghir (er beendet den Fastenmonat Ramadan) versah Sultan Abou Youssef Yâcoub (1258–1286) die Stadt mit wehrhaften Mauern und Befestigungsanlagen, die noch heute die Medina umgeben, und schmückte sie mit schönen und bedeutenden Bauten. Die Gunst der Meriniden und das Handelsgeschick seiner Einwohner machten Sla zum wichtigsten marokkanischen Atlantikhafen während der nächsten 350 Jahre, in dem Teppiche, Elfenbein, Gold, Wachs, Honig, Leder, Wolle, Textilien, Keramik umgeschlagen wurden.

Mit dem Eintritt der Stadt in das Bündnis mit Rabat und der Bildung der Piratenrepublik Rabat-Salé im Jahre 1627, an deren Korsarenfahrten sich die Einwohner von S. in weitaus geringerem Maße beteiligten als allgemein vermutet, gewann die bis dahin völlig bedeutungslose Schwesterstadt Rabat an politischer und wirtschaftlicher Macht. Die Vergeltungsschläge der Europäer trafen das niedriger gelegene S. mehr als R., zudem zog S. bei den ständigen Querelen der beiden Zwillingsstädte zunehmend den kürzeren. Mit der Stationierung der schwarzen Abid-Soldaten des Alaouitensultans Moulay Ismaïl war es im späten 17. Jh. mit der Unabhängigkeit der Stadt endgültig vorbei. Als Sultansresidenz und Hauptstadt Marokkos seit dem französ. Protektorat stellte Rabat im 20. Jh. seinen Nachbarn am anderen Ufer des Bou Regreg völlig in den Schatten, so daß heute S. kaum mehr als ein Vorort von Rabat ist.

Grande Mosquée (Zutritt nur für Moslems): Die Große Moschee wurde wahrscheinlich bereits im 12. Jh. unter dem Almohadensultan Abou Yâcoub Youssef (1163–1184) gegr. Das Minarett mußte im 19. Jh. neu erbaut werden, nachdem es durch einen Blitzschlag zerstört worden war.

Salé, Grande Mosquée, Minarett

Salé, Bâb el Mrisa

Marabout de Sidi Abdallah ben Hassoun (Zutritt nur für Moslems): Der 1604 nach dem Tod des Schutzheiligen von S. errichtete Marabout mit seinen grünlasierten Ziegeldächern in Pyramidenform ist Mittelpunkt des bekannten »Wachslaternenfestes« am Vorabend des Geburtstages von Mohammed *(Mouloud)*. Die Einwohner tragen kleine bunte, mit Kerzen versehene Wachsskulpturen, die sog. »Wachslaternen«, in feierlicher Prozession durch die wichtigsten Viertel der Stadt und stellen sie anschließend im Marabout auf. Flötenspieler, Trommler, und Bannerträger begleiten die Prozession der buntgekleideten Kaufleute, Handwerker, Fischer und Seeleute. Nach dem zeremoniellen Teil finden während der ganzen Nacht im Viertel um den Marabout fröhliche Feiern statt. Früher legten alle, die eine Reise antreten wollten, auf das Grab des Schutzpatrons der Seefahrer bunte Hölzchen in einer ganz bestimmten Anordnung.
Hatte sich diese am nächsten Morgen verändert, konnte man getrost aufbrechen. Im anderen Falle war es durchaus üblich, die Abreise abzusagen oder zumindest einen günstigeren Zeitpunkt abzuwarten.

Marabout de Sidi Ahmed ben Achir (Zutritt nur für Moslems): Die Grabstätte wurde Mitte des 14. Jh. unter Abou Inan Faris (1351–1358) nach dem Tod des Heiligen und Asketen errichtet, dem Heilwunder an Nerven- und Geisteskranken nachgesagt werden.

Marabout de Sidi Ahmed Hadji (Zutritt nur für Moslems): Auch der Grabbau des Sidi Ahmed Hadji, eines Heiligen aus dem 17. Jh., wird am Wachslaternenfest mit den kleinen Wachsskulpturen geschmückt.

Médersa Abou el Hassan: Das schönste Bauwerk von S. ließ 1341 der »Schwarze Sultan« Abou el Hassan (1331–1351) errichten. Die Besichtigung ist auch Nicht-

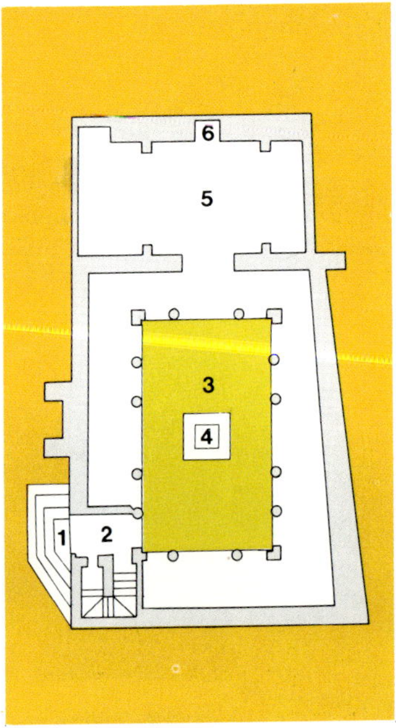

Salé, Médersa Abou el Hassan 1 Eingang **2** Vorraum **3** Innenhof **4** Reinigungsbrunnen **5** Betsaal **6** Mihrab

moslems gestattet. Durch ein großes, hufeisenförmiges Portal mit schönem zedernholzgeschnitzten Vordach gelangt man in einen kleinen Vorraum und danach in den kleinen, blumengeschmückten Innenhof. Diesen umgibt eine Galerie von 16 mit Zelliges verkleideten Rundsäulen mit Stuckkapitellen. Sämtliche Wandflächen des Innenhofes überzieht feines Gipsschneidewerk, darüber erheben sich in scharfem Kontrast die dunklen, schwarzbraunen, ebenso kunstvoll geschnitzten Zedernholzwände des ersten Stocks, in dem die 24 Studentenzellen liegen. Sehr schön sind die bemalte Decke und der reichverzierte Mihrab im Betsaal an der n Schmalseite des Innenhofes. Die Terrasse auf dem Dach der Medersa gestattet einen herrlichen Panoramablick auf S. und Rabat.

Zaouïa Sidi Ahmed et Tijani (Zutritt nur für Moslems): Sehenswert ist das mit Mosaiken und Stalaktitenbögen verzierte Portal.

Zaouïa de Sidi bel Abbès (Zutritt nur für Moslems): Die 1356 unter Sultan Abou Inan Faris errichtete Zaouïa enthielt eine Moschee, einen Hammam und Quartiere für mittellose Pilger. Sehenswert ist v.a. das schöne, in merinidischem Stil errichtete Portal.

Bâb el Mrisa: Das »Tor des kleinen Hafens«, das älteste erhaltene merinidische Bauwerk überhaupt, wurde unter Abou Youssef Yâcoub 1260–70 als Zugangstor für einen kleinen Hafen innerhalb der Stadtmauer erbaut. Ein kleiner Kanal, der durch dieses Tor führte, verband den Bou Regreg mit diesem kleinen Hafenbecken. Über dem im frühen 19. Jh. zugeschütteten Becken wurde die neue Mellah von S. angelegt.

Fondouk Askour: Urspr. wurde der einstöckige Bau, den an 3 Seiten lange Galerien umziehen, als Krankenspital unter dem Merinidensultan Abou Inan Faris (1351–1358) errichtet. Beachtung verdient das schöne Portal mit seinem stalaktitenverzierten Vordach.

Mellah: Die alte Mellah zählte zu den bedeutendsten und größten Judenvierteln von ganz Marokko. Der Friedhof des Viertels ist noch heute nach Ouezzane am jüdischen Passah-Fest das wichtigste Pilgerziel marokkanischer Juden, da hier der hochverehrte Rabbi Raphael Encaoua begraben liegt.
Der Rabbi war Präsident des Obersten Jüdischen Gerichtshofes von Marokko und wurde schon bald nach seinem Tod 1941 aufgrund seines frommen, untadeligen Lebenswandels und vieler postumer Wundertaten als Heiliger verehrt.

Souk el Kébir: Dieser fast dreieckige Platz bildet das malerische Zentrum der Medina. Früher wurden hier von den Seeräubern gefangene Christen als Skla-

Salé, Souk, Hauseingang >

10

ven zum Verkauf angeboten. Heute werden auf diesem Markt Teppiche, Korbflechtereien, Keramiken, Eisenschmiede- und Holzarbeiten angeboten, für die S. berühmt ist.

Brauchtum und Veranstaltungen: *Wachslaternenfest (Dor ech Chemaa)* am Vorabend des (beweglichen) Geburtstages von Mohammed.

T

Tafraoute

Tiznit

Einw.: 1700 Höhe: 1200 m S. 258 □ A 4

Bizarre, zyklopische Felsformationen von eigenwilliger, rauher Schönheit geben den spektakulären Rahmen für diesen wohlhabenden Ort in einem pittoresken Talkessel des Anti-Atlas ab. Hier wohnen die Ammeln, ein wohlhabender Stamm der Chleuh-Berber. Die rosa, bräunlich oder ocker getünchten Häuser der Stadt haben Fenster, Türme und Dachecken, die aus Furcht vor dem »bösen Blick« häufig in weißer, blauer oder grüner Farbe hervorgehoben werden. Die Stadt bietet selbst keine herausragenden Sehenswürdigkeiten, ist aber Ausgangspunkt für viele lohnende Exkursionen in die Umgebung.

Brauchtum und Veranstaltungen: *Mandelblütenfest* (Februar).

Umgebung:

Vallée des Ameln (3,5 km n): Das fruchtbare Tal der Ammeln ist eine einzige Oase, in der – wie in T. – vorwie-

Tafraoute, Felsgruppen mit rosa getünchten Häusern

gend Mandel-, Oliven-, aber auch andere Obstbäume, Getreide und Gemüse sowie Dattelpalmen und Feigenkakteen kultiviert werden. Die Hausfassaden der Ksour, Kasbahs und Karias (unbefestigte Dörfer) der Ammeln sind im gesamten Tal noch mit der traditionellen Berberornamentik verziert: Quadrate, Dreiecke, Bögen, einzeln und zusammengesetzt, als Bänder um die Hausfronten verlaufend, durch weiße Farbe hervorgehoben. Feingeschnitzte Türen aus Holz und schön verzierte Fenster bilden einen weiteren Schmuck, ebenso wie die auf die Terrassendächer aufgesetzten Zinnen. An diesen Dacheinrahmungen verblüffen eigenartige, schmale Steinplatten, die als Phallussymbole gedeutet werden; sie sollen dem Hausbesitzer Fruchtbarkeit garantieren. Zwischen den Häusern findet man häufig noch kleine, runde Dreschplätze, auf denen das Getreide mit von Eseln oder Rindern gezogenen Holzschlitten gedroschen wurde. Eines der schönsten Dörfer ist Oumesnat. Wie ein Adlernest bildet es den krönenden Abschluß eines aus dem Tal aufragenden, runden Felsens.

Agard Oudad (3 km s): Das Dorf liegt inmitten märchenhafter Felsgruppen aus rosafarbenem Granit. In der Umgebung (4 km) hat der belgische Maler Jean Vérame einige der hier bis zu 30 m hohen Felsen in den Farben Blau, Rot, Schwarz und Violett ganzflächig oder in geometrischen Mustern bemalt.

Agadir Tasguent (35 km nö): Die schönste Speicherburg *(Agadir)* der Chleuh-Berber wirkt durch das Fehlen von Zinnen und Ecktürmen auf ihrem wuchtig-gedrungenen Mauerwerk weit abweisender als die Kasbah-Wohnburgen. Die ständig bewachten Agadire waren Nahrungsmittelspeicher und Zufluchtsorte der Chleuh. Stall, Moschee und Zisterne garantierten neben den Speicherkammern mit ihren Vorräten an Gerste, Öl, Mandeln und manchmal Honig das Überleben eines Stammes in Notzeiten. Zu erreichen ist das verschachtelte Gewirr der auf mehr als 200 geschätzten Zellen im oberen Teil nur mehr durch vorspringende Trittsteine. Die Chleuh bewahren hier aber auch Dokumente, Waffen und Schmuck auf. Agadir Tasguent birgt darüber hinaus eine Rarität: die schriftliche Aufzeichnung des ansonsten nur mündlich überlieferten Gewohnheitsrechts der Berber. Sie existiert seit der Gründung der Speicherburg vor bald 1000 Jahren. Zuerst soll sie auf Hartholztafeln eingeritzt worden

Vallée des Ameln (Tafraoute)

sein, während sie inzwischen in Buchform vorliegt. Der Raum, in dem das seltene Schriftstück aufbewahrt wird, ist mit 12 Schlössern versperrt; die Schlüssel dazu hüten 12 ausgewählte Stammesangehörige, die nur gemeinsam den Raum öffnen können.

Agadir Amtoudi (45 km sw): Die südlichste und ebenfalls sehr eindrucksvolle Speicherburg des Anti-Atlas befindet sich bei Amtoudi. Der heute nicht mehr benutzte Speicher gehört den Mitgliedern des Berberstammes Aït Aïssa. Er erhebt sich auf einem Felsen hoch über dem Oasendorf Amtoudi, ist aber inzwischen auf einem Serpentinenweg bequem zugänglich. Im Speicher erkennt man noch einzelne Vorratskammern und Ansammlungen von Steinplattenfächern. Hier wurden nicht nur Vorräte, sondern auch Verträge und andere wichtige Schriftstücke aufbewahrt.

Agard Oudad (Tafraoute), > Chapeau de Napoléon

Tanger/Tanjah

Tanger

Einw.: 338 000 Höhe: 5–90 m S. 256 □ C 1

An der NW-Spitze Marokkos liegt die Stadt an der Bucht von Tanger, die nach Nordosten bis zum Cap Malabata reicht. Vom Hafen her steigen die Häuser malerisch dichtgedrängt am Hang eines Hügels hinauf. T., dessen Sittenverfall Franz von Assisi vor 800 Jahren beklagte, war das Mekka der Schmuggler, Mädchenhändler und Geheimagenten und Treffpunkt zahlreicher Schriftsteller wie Evelyn Waugh, Truman Capote, Gore Vidal, André Gide, Tennessee Williams, Paul Bowles und William Burroughs. Barbara Hutton, die sagenhafte Gastgeberin und Erbin des Woolworth-Vermögens, besaß hier ein Haus in der Medina. Die Anziehungskraft von T. liegt weniger in den historischen Baudenkmälern, als vielmehr im besonderen Flair einer Stadt zwischen Abend- und Morgenland.

GESCHICHTE

Die griech. Mythologie schreibt die Gründung von T. dem Riesen Antäus zu, Sohn des Meergottes Poseidon und der

Agadir Amtoudi (Tafraoute)

Erdmutter Gaia, der die Stadt nach seiner Ehefrau Tingis nannte. Altsteinzeitliche Funde belegen immerhin eine frühe Besiedelung der Gegend von Tanger. Auf jeden Fall muß die Stadt bereits um 1600 v. Chr. existiert haben, womit T. der Rang der ältesten, ständig bewohnten Siedlung Marokkos zukommt. Seit 1100 v. Chr. nutzten Phönizier und später Karthager die Gegend als wichtigen Ankerplatz für ihre Fahrten zu den atlantischen Küsten. Die erste Erwähnung unter dem Namen Thingi im 6. Jh. v. Chr. verdanken wir der »Erdbeschreibung« des griech. Schriftstellers Hekataios von Milet (geb. um 550/560 v. Chr.), der auch die Tradition von T., Fische einzusalzen und daraus eine köstliche Paste *(Garum)* zu produzieren, lobend hervorhob. Der karthagische Westafrikafahrer Hanno nennt sie ebenfalls. Aus karthagischer Zeit stammt das sog. »punische Grab«, das sö von T. bei Morora Srir gefunden wurde. War T. schon unter karthagischer Herrschaft recht unabhängig gewesen, so wurde die Stadt nach dem Untergang von Karthago (146 v. Chr.) zeitweise völlig selbständig, zeitweise gehörte sie, zumindest nominell, einem der mauretanischen Berberreiche an. Eine glückliche Hand bewies die in röm. Hände geratene Stadt, als sie sich im Machtkampf zwischen den römischen Triumvirn Octavian und Antonius auf die Seite des späteren Kaisers Augustus schlug, der sich erkenntlich zeigte und ihr den Status einer röm. Colonia verlieh und sie gleichzeitig 38 v. Chr. der Provinz Hispania (Spanien) eingliederte. Bei der Neuaufteilung der röm. Besitzungen in Nordafrika, nach der Eroberung des übrigen Nordmarokko, erhob Kaiser Claudius im Jahre 42 n. Chr. Tingis formell zur Hauptstadt der röm. Provinz Mauretania Tingitana, des w Teils von Mauretanien, doch residierte der röm. Prokurator, zur besseren Überwachung der angrenzenden, stets unruhigen Berberreiche im Atlasgebirge, vorwiegend in Volubilis. Als die Römer und auch der röm. Statthalter sich im 3. Jh. vor den Berbern nach Tingis zurückziehen mußten, schlug Kaiser Diokletian im Rahmen einer Neustrukturierung des Röm. Reichs 295 den Rest von *Mauretania Tingitania* mit der Hauptstadt Tingis als eine von 6 Provinzen der *Diocesis Hispaniae* zu. Römische Bauwerke aus der Zeit, da T., als freie Stadt von Tributzahlungen verschont, Öl, Wein, Getreide, Garum und Fischkonserven nach Rom exportierte, sind allerdings nicht erhalten geblieben, da

Tanger, Stadtansicht

der Stadtkern immer wieder überbaut wurde. 429 fiel T. als letzter röm. Standort in Marokko in die Hände der Wandalen unter Geiserich, die sich über 100 Jahre halten konnten. Dann, im Jahre 533, nahm der byzantinische Feldherr Belisar T. für den oström. Kaiser Justinian ein.

Ein neues Kapitel in der Geschichte von T. schlugen die Araber auf. Zwar konnte der bis zum Atlantik vorstürmende Oqba ben Nafi im Jahre 602 die Stadt nur für kurze Zeit einnehmen, deren berberische Bevölkerung sich heftig zur Wehr setzte, doch wurde es im Jahre 705 endgültig von den islamischen Eroberern unter Moussa ben Noceir besetzt und bildete als wichtiger Versorgungshafen das Sprungbrett für die islam. Eroberung von Spanien, die Tarik, ein arabisierter Berber und Gouverneur von T., einleitete. Islamische Thronstreitigkeiten machten T. in der Folgezeit fast 3 Jh. lang zum Spielball zwischen islamisierten Berberstämmen, den Idrissiden, den span. Omayyaden, die hier ihren Einfluß auf Spanien auszudehnen versuchten und den ägyptisch-tunes. Fatimiden, die ein Einfallstor zum unabhängigen Kalifat von Córdoba brauchten. Im Jahre 974 eroberten es die Omayyaden zum letzten Mal. 1075 kamen die Almoraviden, 1149 die Almohaden, 1243 die tunesischen Hafsiden und 1274 die Meriniden. Seit almohadischer Zeit entwickelte sich T. zu einem der bedeutendsten Umschlaghäfen an der westlichen marokkan. Mittelmeerküste, der beste Handelsbeziehungen mit Hafenstädten wie Venedig, Genua, Pisa, Marseille und Barcelona unterhielt.

Nachdem die Portugiesen 1437 bei einer ersten Belagerung von T. gescheitert waren, gelang es ihnen im zweiten Anlauf 1471, die Stadt einzunehmen. Als 1580 die portugies. Krone an die Spanier fiel, übernahmen diese von 1581 bis 1643 die Stadt. 1643–1661 gehörte T. wieder den Portugiesen, ehe die Stadt als Morgengabe der portugies. Infantin Katharina von Bragança anläßlich ihrer Vermählung mit dem engl. König Karl II. an England ging. Die Engländer wurden ihres Geschenks jedoch nicht froh. Die Spanier, denen die Anwesenheit der Engländer ein Dorn im Auge war, bedrohten die Stadt vom Meer her, die zudem seit 1678 von den Truppen des Alaouitensultans Moulay Ismaïl belagert wurde. So zogen die Briten 1684 aus der für sie wirtschaftlich nutzlos gewordenen Stadt ab, nicht ohne vorher die alten Befestigungsmauern der Römer und Portugiesen zu schleifen und die Innenstadt niederzubrennen. Moulay Ismaïl ernannte den Caïd ali Ben Abdallah el Hamani Errifi, den Kommandanten der Belagerungstruppen, zum Pascha von T. Dessen Sohn und Nachfolger Ahmed Ibn Ali trennte nach dem Tode von Moulay Ismaïl 1727 T. vom marokkan. Reich. Da die Stadt daraufhin ihre Bedeutung als Handelshafen einbüßte, ging ihre Einwohnerzahl im Jahre 1810 auf 5000 zurück.

Eine Gesandtschaft des französ. Bürgerkönigs Louis Philippe unter Führung des Grafen Charles-Edgar de Mornay, die 1832 zu Verhandlungen mit Abd er Rahman in T. eintraf, leitete die Wende ein. Zu dieser Delegation gehörte auch der französ. Maler Delacroix, der einige seiner bekannten Bilder in T. schuf. Sultan Abd er Rahmans Unterstützung des algerischen Berberrebellen Abd er Kader

Tanger, Kanone aus dem 16. Jh. auf der Place de France

rief 1844 die Franzosen erneut auf den Plan. Der Prinz von Joinville ließ die Stadt als Vergeltungsmaßnahme beschießen, marschierte mit einem Heer ein und ließ die Befestigungsanlagen schleifen. Immer mehr Diplomaten, Geschäftsleute und Händler, deren Aufenthalt sonst in Marokko unerwünscht war, nahmen nunmehr in T. ihren Wohnsitz. Auch Deutschland, das seit 1870 mit Marokko Handelsbeziehungen unterhielt, eröffnete ein Generalkonsulat. Die Europäer besetzten schon bald wichtige Posten in der Stadtverwaltung und bildeten 1874 einen sog. *Conseil sanitaire* (Gesundheitsrat), der sich um hygienische Probleme der Stadt kümmerte. Dieser Rat wurde 1892 zu einer internationalen Kommission erweitert, die Teile der Stadtverwaltung umfaßte und der Kontrolle durch den Sultan entzogen war. Da Frankreich seine Vormachtstellung in dieser Kommission immer deutlicher herausstrich, kam Kaiser Wilhelm II. auf den Rat des Reichskanzlers von Bülow am 31.5. 1905 zu einem aufsehenerregenden Besuch in die Stadt, bei dem er für die Souveränität Marokkos und für Handelsfreiheit eintrat. Damit löste er die erste Marokkokrise aus, die auf der von Deutschland geforderten Konferenz von Algeciras 1906 beigelegt wurde, wobei die Polizei Marokkos aber den Franzosen und den Spaniern unterstellt wurde. Als Frankreich und Spanien Marokko 1912 in 2 Protektoratszonen aufteilten, wurde T. und sein Umland zur »Internationalen Zone« erklärt, eine Regelung, die mit dem Statut vom 28.12. 1923, in dem T. zusätzlich zur entmilitarisierten Zone erhoben wurde, in Kraft trat. Eine Kommission, bestehend aus Vertretern von 21 europäischen Staaten sowie Marokkanern (6 Moslems und 3 Juden) übte als gesetzgebende Versammlung die Regierungsgewalt aus. Dem marokkan. Sultan mit dem *Mendoub* als Repräsentanten verblieb nur noch nominell die Oberhoheit über die Stadt. Neben Arabisch galten Französisch und Spanisch als offizielle Sprachen. In dieser Periode der Internationalisierung und der bis 1956 herrschenden Zoll- und Steuerfreiheit erlebte T. seine Blüte und entwickelte sich zu einem kosmopolitischen Handels- und Finanzzentrum. Zahlreiche europäische Dienstleistungs- und Industrieunternehmen ließen sich hier nieder, allerdings auch die internationalen Rauschgift-, Waffen- und Mädchenhändler sowie die großen Nachrichten- und Spionageringe, für die T. berüchtigt wurde. Den Ausbruch des Zweiten Weltkriegs nutzte Spanien zum Einmarsch (1940) und zur Annexon im darauffolgenden Jahr. Aufgrund französischer und britischer Intervention mußten die Spanier T. jedoch wieder räumen, und am 11.10. 1945 wurde die internationale Verwaltung wieder eingeführt. Die ständig wachsende Zahl der Europäer – meist Spanier – betrug 1956 etwa 50000. Politisch und wirtschaftlich dominierten jedoch die Franzosen.

Am 29.10. 1956 wurde die Stadt dem unabhängig gewordenen Königreich Marokko zugeschlagen, behielt jedoch ihren Status als Freihafen bei. Die Verträge zur Aufhebung des internationalen Status wurden von Belgien, Frankreich, Großbritannien, Italien, Marokko, den Niederlanden, Portugal, Spanien und den USA unterzeichnet. Bis 1960 genossen die Einwohner noch gewisse Steuervorteile. Danach wurde T. völlig in den marokkanischen Staat integriert, was wirtschaftlich eine Rückentwicklung einleitete, die heute noch an den großzügig geplanten, aber unbebauten Straßenzügen abzulesen ist, um die neue Stadtviertel entstehen sollten. Heute erlebt T. jedoch ein erneutes rasantes Wachstum.

SAKRALE BAUTEN

Grande Mosquée (Zutritt nur für Moslems): Die arab. *Jamaa el Kébir* genannte Moschee wurde 1684, nach dem Abzug der Briten, von Moulay Ismaïl an der Stelle einer ehem. portugies. Kathedrale errichtet. Davor soll hier allerdings ebenfalls eine Moschee gestanden haben, die wiederum an der Stelle eines Tempels aus röm. Zeit erbaut worden war. Die Erweiterungsbauten datieren von 1815. Das Eingangsportal ziert ein emailliertes Fayencemosaik in Flechtwerkdekor sowie ein polychromes holzgeschnitztes

Vordach mit kufischer Widmungsschrift. Das Minarett ist mit grünen Fliesen und geometrischen Verzierungen geschmückt. Gegenüber der Moschee steht eine nicht mehr genutzte alte Medersa aus der Merinidenzeit. Abou el Hassan (1331–1351) ließ sie erbauen, Mohammed ben Abdallah (1757–1790) sorgte für die Restauration. Nahebei gestattet eine Terrasse einen schönen Blick auf den Hafen.

Mosquée de las Kasba (Zutritt nur für Moslems): Die Kasbahmoschee besitzt ein achteckiges Minarett, das mit polychromen Fayencekacheln verziert ist.

Mosquée Sidi Bouabid (Zutritt nur für Moslems): Unweit des *Grand Socco* steht die 1917 errichtete Moschee mit ihrem mit bunten Kacheln verzierten Minarett.

Purísima Concepción: Im Chor dieser 1880 errichteten Kirche mit maurischem Bogenportal, kurz »Spanische Kathedrale« genannt, hängt eine sehr gute Kopie der berühmten »Inmaculada« (»Unbefleckte Empfängnis«) von Bartolomé Esteban Murillo (1618–1682). Das Original befindet sich im Madrider Prado.

St. Andrew's: Die anglikanische Kirche nahe dem brit. Konsulat wurde für die in Marokko lebenden Engländer erbaut. Im Inneren verbinden sich delikate Stuckarbeiten, dünne Säulen, kufische Schriftornamente und Hufeisenbögen mit der Ausstattung einer engl. Dorfkirche. Auf dem Friedhof liegt der um die Jahrhundertwende berühmte Londoner »Times«-Korrespondent und Orientalist Walter Harris begraben.

PROFANE BAUTEN

Bâb el Assa: Der ca. 12 m tiefe Spitzbogen-Durchgang mit Blendarkaden an den Längsseiten, das »Tor der Küstenwächter«, bildet den Hauptzugang zur *Kasbah*, der ehem. Sultansresidenz, und führt auf den *Grand Méchouar*, den Versammlungsplatz des Kasbahbezirkes. Früher nannte man das Tor auch *Porte de la Bastonnade,* weil hier an Übeltätern die Prügelstrafe auf Fußsohlen und Rücken vollzogen wurde. Matisse inspirierte das Tor zu seinem Gemälde *Porte de la Kasbah.*

Bit el Mal: Frühere Schatzkammer des Sultans, gleich neben dem *Dar ech Cheraa.* Sie wurde 1684 von Moulay Ismaïl errichtet. Hier stehen 5 schwere Zedernholztruhen, in denen die Sultane den Staatsschatz hüteten.

Bordj el Baroud: Der Bastion, welche die Nordfront der Stadt sicherte, sind Riffe im Meer vorgelagert, welche die Briten im 17. Jh. zu einer 225 m langen Hafenmole ausgebaut hatten. Moulay Ismaïl errichtete die Mole, die von den Briten bei ihrem Abzug zerstört worden war, neu und erweiterte sie auf 400 m Länge. Die heutige, 1370 m lange Mole wurde erst 1921 gebaut. Damit wurde ein 12 m tiefes Hafenbecken geschaffen, das auch größeren Schiffen das Anlegen erlaubt.

Bordj el Marsa: Die Hafenbastion, deren Hauptportal mit Blumenmotiven geschmückt ist, wurde 1882 unter Moulay

Tanger, Neue Moschee

el Hassan errichtet. 2 große Kanonen sind erhalten.

Bordj el Salam: Die Böllerschüsse dieser Bastion begrüßten einst die einlaufenden Schiffe.

Dar ech Cheraa: In diesem einstigen Gerichtsgebäude im Kasbahbezirk (frz. *Tribunal du Pacha*) sprach der Sultan als Oberster Herr aller Gläubigen nach islamischem Gesetz Recht. 3 weiße Marmor-Arkaden mit Kompositkapitellen bilden die Fassade zum *Méchouar.* Seit 1985 finden in dem Gebäude Kunstausstellungen statt.

Dar el Makhzen: Der ehem. Sultanspalast wurde in der Regierungszeit von Moulay Ismaïl vom Pascha von T., Ahmed Ibn Ali, Ende des 17. Jh. errichtet, als dieser beim Tode seines Vaters das Amt übernahm. Der Palast wurde seitdem jedoch häufig umgebaut und vergrößert. Ahmed Ibn Ali selbst erweiterte ihn bereits im Jahre 1735. Andere Veränderungen folgten, von denen die unter der Herrschaft von Sultan Moulay Slimane zu Beginn des 19. Jh. und die unter Moulay Hassan I. am Ende desselben Jh. durchgeführten die wichtigsten sind. Moulay Hassan lebte sogar selbst einige Zeit in diesem Palast und empfing dort 1889 das diplomatische Korps. Im Jahre 1888 hatte er das große Portal zu den Gärten des Sultans errichten lassen, das seitdem den Namen Bâb Riad Soltane trägt. 1922 wurde der Palast in ein Museum verwandelt, das die von Edmond Michaux Bellaire vermachten Sammlungen enthielt, dessen Namen das Museum bis 1956 trug. Heute sind in ihm 2 Museen untergebracht: das Kunsthandwerksmuseum und das Archäologische Museum.

MUSEEN

Légation des États-Unies: Im ehem. 1821 gegr. amerikanischen Konsulat sind in 15 Ausstellungsräumen Möbel, Bücher, Stiche und alte Dokumente zu sehen, welche die marokkanisch-amerikanischen Beziehungen seit 1777 illustrieren. Marokko war das erste Land, das die Souveränität der USA politisch anerkannte. Auch einige Gemälde von Delacroix sind hier ausgestellt.

Musée des Antiquités: Das Archäologische Museum im Dar el Makhzen befindet sich in den einstigen Küchenräumen des an den Patio angrenzenden und von ihm aus zugänglichen benachbarten Baues, des *Dar Chorfa.* In ihm findet man interessante Funde aus der frühgeschichtlichen und röm. Vergangenheit Tangers und Marokkos. Auch in diesem Palastteil befindet sich ein kleiner Innenhof, um den die Räume des Museums gelagert sind. Der Hof wird völlig von einer Kopie des berühmten Venusmosaiks aus Volubilis eingenommen. Die Säle im Erdgeschoß zeigen nacheinander paläolithische und neolithische Fundstücke aus ganz Marokko, eine Karte des Landes aus der Zeit von König Juba II. *(Saal 1),* punische und römische Funde aus Volubilis, Lixus, Banasa, Tamuda und Cotta *(Saal 2* und *3).* In den 9 Sälen des ersten Stocks wird die Geschichte von T. und seines Umlandes dargestellt. Funde aus vor- und frühgeschichtlicher Zeit (Keramik, Stein- und Knochenwerkzeuge) zeigt *Raum 1.* Im *Raum 2* findet man Objekte aus den Herkulesgrotten, von Sidi Kacem und vor allem ein naturgetreues Modell des punischen Grabes von Moghoga es Sria mit allen Grabbeigaben. Im *Raum 3* stehen kleine Bleisarkophage aus röm. Zeit sowie für die Bestattungsriten benötigte Utensilien. Außerdem sind die Grabbeigaben eines in einem Krug beerdigten Kindes aus der Nekropole von Khach zu sehen. Im *Raum 4* werden röm. Keramiken und Münzen ausgestellt. Außerdem sind Kopien der besten Bronzeplastiken aus Volubilis, darunter die Büste von Juba II. und ein gekrönter Ephebe, zu sehen (Originale im Archäologischen Museum in Rabat). An den Wänden hängen Bilder mit Darstellungen aus der Geschichte Tangers und einige Gemälde des französ. Malers Eugène Delacroix, der sich Anfang 1832 als Mitglied einer Gesandtschaft des Königs Louis-Philippe einige Wochen in Tanger aufhielt, bevor die

Malabata (Tanger)

Abordnung ihre Reise zum Sultan Moulay Abd er Rahman in Meknès antreten konnte.

Musèe des Arts Marocains: Das Museum für Marokkanisches Kunsthandwerk befindet sich im Hauptgebäude des *Dar el Makhzen* und in Nischen und Räumen, die sich zu dem bes. schönen Säulenpatio hin öffnen. In einem architektonisch reizvollen Rahmen wird regionaltypisches Kunsthandwerk aus zahlreichen Gegenden Marokkos vorgestellt. Bes. reichhaltig vertreten ist der Norden: T. und das Rifgebirge, aber auch Fès. In 15 Ausstellungsräumen werden Holzschnitzereien, Stickereien, Teppiche, Webarbeiten, Kupfer- und andere Metallarbeiten, Lederwaren, Keramik, Musikinstrumente, Waffen, Schmuck, Stammestrachten und traditionelle Möbel gezeigt. Die Ausstellungsräume selbst sind als charakteristische ehem. Wohnräume eines hohen marokkanischen Würdenträgers bzw. Sultans reichhaltig gestaltet. Neben dem bes. prächtigen Thronsaal sind in vielen Räumen die mit Mosaiken oder Fayencekacheln bedeckten Wände, die Stukkaturen aus floralen geometrischen und epigraphischen Motiven und die reichhaltigen, in Stalaktitenform geschnitzten und bemalten Holzdecken sehenswert. Das Zentrum des Palastes ist der bewundernswerte Säulenpatio, ein Innenhof mit einem zentralen Wasserbecken, an dessen Seiten große Keramiken aus Tétouan stehen. Die das Wasserbecken umgebenden Säulenbogen ruhen auf marmornen Säulen mit verschiedenartigen Kapitellen, dekoriert mit emaillierten Fayencekacheln.

Musée Forbes des Miniatures Militaires: Das Museum, eine große weiße Villa mit überreichem Schmuck von violetten Bougainvillien, stellt 115 000 Zinnsoldaten des amerikanischen Sammlers Malcolm Forbes aus. Damit werden, mit Ton- und Lichteffekten versehen, große Schlachten aus der marokkanischen und europäischen Geschichte dargestellt, darunter die »Dreikönigsschlacht« von Ksar el Kébir (1578), die Schlacht von Waterloo (1815), die Somme-Schlacht des Ersten Weltkriegs, die Schlacht von Dien Bien Phu (1954) und auch der »Grüne Marsch« der Marokkaner zur Annexion der Westsahara (1975).

PLÄTZE, STRASSEN UND GÄRTEN

Grand Socco: Offiziell heißt der weite Platz am Südrand der Medina (arab. *Souk Dbarra*) heute *Place du 9 Avril 1947* und ist damit nach dem Tag benannt, an dem Sultan Mohammed V. in Tanger öffentlich die Forderung nach Unabhängigkeit Marokkos der Istiklal-Partei unterstützte. Bei dem Namen »Grand Socco« handelt es sich um eine Wortschöpfung der französisch-span. Mischsprache »Franpagnol«, die teilweise noch heute in T. gesprochen wird. Der Platz ist besonders an Donnerstagen und Sonntagen sehenswert, wenn oft blonde und blauäugige Rif-Berber hier Lebensmittel und Viktualien anpreisen. Die Frauen dieses Stammes tragen riesige breitkrempige, mit blauen Wolltroddeln verzierte Strohhüte und große rot, weiß und blau gestreifte Foutas (Tücher). Wasserverkäufer, Schuhputzer, Souvenirhändler, Gaukler, Märchenerzähler und Schlangenbeschwörer verleihen dem Platz seinen besonderen orientalischen Charme, den Joseph Kessels Tanger-Roman »Au Grand Socco« beschreibt.

Jardin du Mendoubia: Im Mendoubia-Park, nw des Grand Socco, steht die Mendoubia, der ehem. Amtssitz des Sultanbeauftragten *(Mendoub)* unter der internationalen Verwaltung von T. Im Park mit uraltem Baumbestand (einer der Drachenbäume soll an die 800 Jahre alt sein) sind etwa 40 alte europäische Bronzekanonen aus dem 17. Jh. aufgestellt, die in dieser Umgebung allerdings etwas deplaziert wirken. Auf dem nahe gelegenen Friedhof findet sich auch das Grabmal des aus T. stammenden berühmten Weltreisenden Ibn Battuta, der auf seinen Fahrten im 14. Jh. bis nach China und Timbuktu gelangte.

Jardins du Sultan: Dieser von einer hohen Mauer umgebene hübsche Garten trägt mit seinen Obstbäumen, Blumen, dem Brunnen und den schön angelegten

Malabata (Tanger)

Cap Spartel (Tanger)

Rabatten andalusische Züge. Im s Teil der Gärten befindet sich ein hübscher Lustpavillon. Der Garten dient heute gleichzeitig der Ausstellung verschiedener punischer und röm. Bauteile, Kapitelle, Säulen, Statuenreste und Grabsteine mit Inschriften. Zusätzlich sind mehrere islamische Grabsteine aus der Gegend von T. ausgestellt.

Méchouar de la Kasbah: Um den Paradeplatz der Sultane liegen die wichtigsten Gebäude des Kasbah-Viertels: im W der *Dar el Makhzen* (Sultanspalast) und im S der *Dar ech Chera* (ehemaliger moslemischer Gerichtshof). In der SO-Ecke steht das *Bâb el Assa*, im N das Spitzbogentor *Bâb er Raha* mit Blick auf die Straße von Gibraltar.

Petit Socco: Dieser einst berüchtigte Platz (arab. *Souk Dakhil*) mit seinen alten Hotels und Kaffeehäusern im Zentrum der Medina war während des Zweiten Weltkriegs Treffpunkt für Spione und Agenten. Im Hotel Fuentes wohnte einst der französ. Komponist Camille Saint Saëns (1835–1921). Die schmiedeeisernen Fenstergitter und Balkone an den Häusern verleihen dem Platz spanisches Flair.

Rue es Siaghîn: Die belebte »Straße der Juweliere« mit zahlreichen Läden, die den *Grand Socco* mit dem *Petit Socco* verbindet, ritt 1905 Kaiser Wilhelm II. mit seinem Gefolge zur Kasbah hinauf. Auf Nr. 41 befindet sich der *Dar Niaba,* ein Gebäude mit nachempfundener Renaissancefassade, wo früher die Amtsstuben des Naïb, des Vertreters des Sultans, untergebracht waren.

Veranstaltungen: Tanger-Messe (Ende Juli/Anf. August). Kunsthandwerkswoche (Dezember).

Umgebung

Malabata (11 km ö): Im Ferienzentrum Malabata steht die Luxusvilla, die der Korrespondent der Londoner »Times«, Walter B. Harris, Ende des 19. Jh. für sich errichten ließ. Harris wurde berühmt, als er Anfang dieses Jh. von dem Banditen und späteren Pascha von Asilah, Raïssouli, entführt und erst gegen hohes Lösegeld wieder freigelassen wurde.
Zu bewundern ist auch ein malerisches Schlößchen, das sich ein reicher Marok-

Cotta (Tanger)

kaner Anfang des 20. Jh. im Stil einer ma Burg errichten ließ.

Cap Spartel (14 km w): Das Kap mit Panoramablick, das in der Antike »Ampelusium« genannt wurde, ist der nordwestlichste Punkt Afrikas. Die Straße dorthin passiert das eleganteste Wohnviertel von T., *La Montagne,* in dem der Sommersitz von König Hassan II. liegt, die ehem. Residenz der Sultane Abd el Aziz (1894–1908) und Abd el Hafiz (1908–1912). 4 km weiter liegen die *Grottes d'Hercule* (Herkulesgrotten), natürliche Kalksteinhöhlen, die in prähistorischer Zeit wahrscheinlich bewohnt waren. Spuren des damaligen Abbaus von Mahlsteinen, die heute noch bei Berberinnen zum Mahlen von Gerste und Weizen in Gebrauch sind, können noch entdeckt werden.

Cotta (19 km w): Die kleine Ruinenstätte war wohl schon zur Zeit der Phönizier besiedelt, man hat aber bisher nur Fundamente röm. Gebäude aus dem 2.–3. Jh. ausgegraben, darunter einen Tempel, Thermen und eine Fabrik zur Herstellung von Garum. Bei dieser handelt es sich um die besterhaltene antike Fabrik für Fischpaste. Dennoch lohnt sich eine Besichtigung nur für archäologisch besonders Interessierte.

Ksar es Seghir: (33 km ö): Der kleine Fischerort mit schönem Sandstrand war im MA unter dem Namen *Ksar Masmouda* oder *Ksar Madjaz* bekannt, da von hier aus die Heere der Almohaden nach Spanien zum Heiligen Krieg gegen die Christen übersetzten. So legte der almohadische Sultan Yâcoub el Mansour 1192 eine Festung an, die diesen wichtigen Brückenpunkt schützte. Im Jahre 1458 eroberten die Portugiesen den Ort unter Alfons V., mußten ihn aber unter Johann III. wieder aufgeben. Seitdem stand er unter der Hoheit des marokkan. Sultans, da er als unbedeutender Fischerort von den Spaniern nicht behelligt wurde. Erst 1912 wurde er, wie der gesamte Norden Marokkos, der span. Protektoratszone zugeordnet. Sehenswert sind Reste der almohadischen Festung und der merinidischen Siedlung und Teile der von den Portugiesen angelegten, 8 m hohen Stadtmauer und die Ruinen der Zitadelle. Die Stadtmauer hatte einen Wehrgang, Zinnen und Schießscharten. Die Zitadelle enthielt einen mächtigen Turm und ein großes Waffen- und Pulvermagazin. Sie war mit der Stadt durch 2 Tore verbunden. Am Gesims des einen Tores ist noch ein Christusmonogramm zu erkennen.

Ksar es Seghir (Tanger)

Taroudannt Agadir		
Einw.: 36 000	Höhe: 256 m	S. 258 □ A 3

Die alte Hauptstadt der Sous-Ebene wird wegen ihrer schönen Lage vor der Kulisse der meist schneebedeckten Gipfel des Hohen Atlas und wegen ihrer 6 bis 8 m hohen und 8 km langen Lehmmauer aus dem frühen 18. Jh. sowie ihrer quirligen Souks »Klein-Marrakech« genannt. Die Gründungsgeschichte von T. liegt im dunkeln, doch im Jahre 1030 n. Chr. wurde es zur Hauptstadt eines fatimidisch-schiitischen Fürstentums, das 1056 von Abou Bekr Ibn Omar in das Almoravidenreich eingegliedert wurde. In der Epoche der Almohaden war T. Sitz der unabhängigen Fürsten der Yadder-Dynastie. Im Jahre 1306 nahmen die Meriniden die Stadt ein und zerstörten auch den Befestigungswall, der aber bald neu errichtet wurde. Die zunehmende Agonie der Merinidenherrscher bedeutete für T. dann eine Periode weitgehender Selbständigkeit. Zu dieser Zeit hatte in der Stadt eine Oligarchie der einflußreichsten Familien das Sagen, deren Mitglieder schon nach jeweils 6 Monaten ihre Regierungsposten wieder räumen mußten. Der Gründer der Saadier-Dynastie, Mohammed ech Cheikh, erhob T. um 1520 zur Hauptstadt seines Herrschaftsbereiches, von der aus er mit seinem Bruder Ahmed el Araj, der seit 1524 von seiner Hauptstadt Marrakech aus Marokko als Sultan regierte, um den Sultansthron kämpfte. Nach der Vertreibung der Portugiesen aus Agadir im Jahre 1541 stieß er seinen Bruder 1554 vom Thron und verlegte daraufhin im selben Jahr seine Residenz nach Marrakech, um von dort als Sultan Mohammed I. von 1554–1557 über ganz Marokko zu herrschen. T. blieb die Hauptstadt des Sous' und wurde als bevorzugte Stadt der Saadier mit zahlreichen Privilegien, wie z. B. dem Münzrecht, ausgestattet. Nach der Eroberung von Timbuktu (1591) unter Ahmed el Mansour floß unermeßlicher Reichtum in die Stadt, die zum Zentrum des Gold- und Sklavenhandels von Marokko wurde. Da zahlreiche schwarze Sklaven in der Landwirtschaft eingesetzt

Folgende Seiten: >

Links: Taroudannt, Stadtmauer
Rechts: Ziege auf Arganiabaum

Taroudannt, Stadtmauer

wurden, konnte T. bald Gemüse, exotische Früchte sowie Baumwolle, Zuckerrohr, Indigo und Reis exportieren und damit zur reichsten Stadt Marokkos aufsteigen. Ein politischer Fehler leitete den Niedergang von T. ein, das nach dem Tode des ersten Alaouitensultans Moulay er Rachid (1666–1672) dessen Sohn Ahmed unterstützte. Als jedoch wider Erwarten sich dessen Onkel Moulay Ismaïl den Thron erkämpfte, rächte dieser sich unbarmherzig an der Stadt, die er erst 1687 hatte einnehmen können, indem er sie von seinen Soldaten plündern und verwüsten ließ, wobei viele ihrer Einwohner umkamen. Die verringerte Bedeutung des Sklavenhandels und die sinkende Nachfrage nach Zuckerrohr, das sich die Europäer nunmehr billiger aus der Karibik beschafften, waren ein schwerer Schlag für die Stadt. Den endgültigen Ruin bedeutete die 1765 erfolgte Schließung des Ausfuhrhafens der Stadt, Agadir, für den Handel mit Europa durch Sultan Mohammed ben Abdallah, der Essaouira bevorzugte. 1912–13 residierte hier der Rebell El Hiba, der sich, nach der Unterzeichnung des für viele Marokkaner als schändlich empfundenen Protektoratsvertrages, in Tiznit zum Gegensultan ausrufen ließ. Von T. aus zog er im August 1912 in Marrakech ein, das er einen Monat später aber wieder räumen mußte, bevor ihn die Franzosen 1913 endgültig besiegten. Danach eroberten die Soldaten franzosenfreundlicher Berberstämme aus dem Hohen Atlas die Stadt, bis 1917 schließlich die Franzosen selbst einmarschierten. In letzter Zeit erlebt die Stadt zaghaften Wirtschaftsaufschwung.

Remparts: Die alte, 8 km lange und 8 bis 14 m hohe Mauer aus Stampflehm, von der die Stadt fast vollständig umgeben ist, weist Verstärkungen mit zahlreichen Türmen und Bastionen auf. 5 Tore führen in die Innenstadt. Aufgrund ständiger Ausbesserungsarbeiten bis zur Besetzung der Stadt durch die Franzosen 1917 hat sich die Anlage der bestens erhaltenen Mauer seit dem 18. Jh. kaum verändert. Eine Rundfahrt lohnt sich vor allem gegen Abend, wenn die blaßroten Mauern im Licht der untergehenden Sonne zu leuchten beginnen.

Souks: Die lebhaften, aber recht teuren Souks von T. sind zwar kleiner als jene von Marrakech, dafür aber wesentlich unverfälschter. Berühmt sind sie für ihre ziselierten Waffen, ihren Silberschmuck

Taroudannt, Modernes Verwaltungsgebäude im Kasbah-Stil

und ihre Leder- und Kupferschmiedearbeiten, die dort feilgeboten werden.

Taza		
Taza		
Einw.: 80000	H.: 500-580m	S. 257 □ C 1

Die Berberstadt an einem der frühesten Verkehrswege Nordmarokkos, der O-W-Verbindung, liegt auf 2 durch den engen Durchbruch des Oued el Abiod getrennten Plateaus, in strategisch wichtiger Position im Korridor von Taza, dem »Weg des Sultans«, der im Norden von den Gebirgszügen des Rifgebirges begrenzt wird und im Süden von jenen des Mittleren Atlas. Wichtigstes Ausflugsziel in der Umgebung ist der herrliche Nationalpark um den Djebel Tazzeka. Sehenswert ist die schön gelegene, ummauerte Medina der Stadt, die noch sehr gut erhalten ist. Zwar gibt es etwa 25000 Jahre alte paläolithische Schädel- und Knochenfunde, die Römer haben außer einigen Gräbern und Resten einer alten Brücke allerdings wenig Spuren hinterlassen. Meknassa-Berber haben die Stadt wohl als Bollwerk gegen die anbrandenden arab. Eroberer errichtet, das jedoch weder dem ersten (682) noch dem zweiten (705) Sturmlauf der Glaubenskämpfer gewachsen war. So fanden sich die berberischen Bewohner von T. zunächst mit der Oberhoheit der Idrissiden (9. Jh.) und später der tunesischen Fatimiden aus Kairouan (10. Jh.) ab. Letztere machten den Caïd der Meknassa, Moussa ibn Ali el Afia, zu ihrem Statthalter und Gouverneur für Stadt und Region. Im Jahre 1074 nahmen die Almoraviden unter Youssef ben Tachfîn T. ein, ein halbes Jh. (1132) später lösten sie die Almohaden unter Abd el Mou'men ab, der T. mit einer wehrhaften Stadtmauer umgab, wodurch die Stadt zur stärksten Festung der Almohaden wurde und sogar zur einstweiligen Hauptstadt seines Reiches, bis er 1147 seinen blutigen Einzug in die noch von den Almoraviden verteidigte eigentliche Hauptstadt des damaligen Marokkos, Marrakech, hielt. Zu Beginn des 13. Jh. war T. eines der letzten Widerstandsnester der untergehenden Almohadendynastie gegen die vordrängenden Meriniden, die T. erst 1248 erobern konnten. Der Merinidensultan Abou Youssef Yâcoub (1269–86) machte es für kurze Zeit zur Residenzstadt und stiftete Moscheen, Medresen, Hammams und

Taza, Stadtansicht

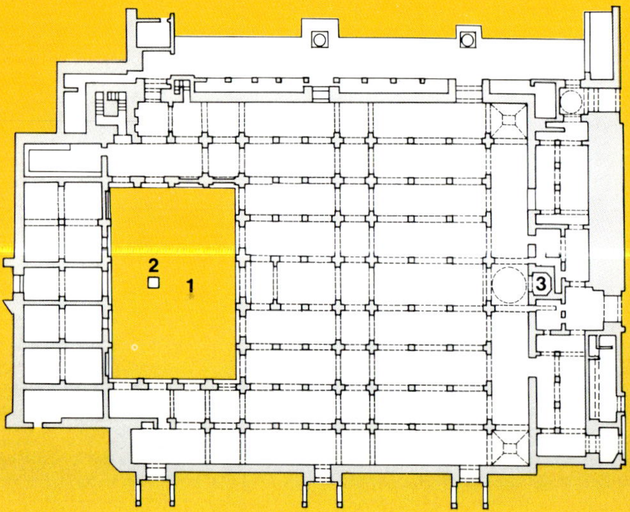

Taza, Grande Mosquée 1 Vorhof **2** Reinigungsbrunnen **3** Mihrab

weitere Repräsentationsbauten sowie Befestigungsanlagen. Auch seine Nachfolger Abou el Hassan (1331–51) und Abou Inan (1351–58) errichteten weitere Moscheen und andere religiöse Gebäude (Zaouïas). Abou Inan ließ außerhalb der Stadtmauern auch ein Hospiz für mittellose Reisende gründen. Zur Zeit der merinidischen Agonie wurde die Stadt von Anarchie, Kriegen und Seuchen heimgesucht, doch war sie zu Beginn des 16. Jh. wieder, wie bei Leo Africanus nachzulesen ist, die bedeutendste Festung Ostmarokkos, die von den Saadiern noch weiter ausgebaut wurde. Die Alaouiten unter ihrem ersten Sultan Moulay er Rachid (1666–72) vermochten T. und Ostmarokko dennoch einzunehmen, ehe sie von T. aus ihren Siegeszug durch ganz Marokko antraten. Moulay Ismaïl (1672 bis 1727) ließ die Stadt weiter ausbauen und befestigen, um die Türken, die sich bereits in Algerien festgesetzt hatten, mit Erfolg abzuwehren. Im Jahre 1902 ließ sich der ehem. Sultansbeamte Bou Hamara, der seit 1895 die umliegenden Berberstämme um sich geschart hatte, in der Stadt zum Gegensultan proklamieren. Ein Jahr darauf drangen Sultanstruppen in die Stadt ein, zerstörten v.a. die Mellah und erschlugen deren der Kollaboration bes. verdächtigte jüdische Bewohner. Zwar konnte Bou Hamara die Stadt zurückerobern und sich bis 1908 an der Macht halten. Als er jedoch Franzosen und Spaniern das Minenrecht im Rifgebirge einräumte, kündigten ihm die Berberstämme die Gefolgschaft auf, worauf der Rebell von den Truppen des Sultans 1909 gefangengenommen und wie ein tolles Tier in einem Käfig auf dem Rükken eines Kamels nach Fès geschafft wurde. Dort wurde er am 12.9. 1909 auf Befehl des Sultans Abd el Hafiz (Moulay Hafid; 1908–12) hingerichtet. (Angeblich warf der Sultan den Rebellen den Löwen

Gouffre du Friouato (Taza)

seines Privattiergartens im *Dar el Makhzen* zum Fraße vor.) Am 10. Mai 1914 rückten schließlich französ. Truppen in T. ein, das sie als Ausgangsbasis für ihre erst 1926 beendeten Befriedungsaktionen im Rifgebirge und im Mittleren Atlas nutzten. (Aufgrund der langen Zeit der Kämpfe fand in der französ. Militärsprache damals die Redewendung von der »Schande von Taza« Eingang.) Während dieser Zeit saß in der Stadt eine starke Garnison Fremdenlegionäre, die den ungehinderten Verkehr zwischen Algerien und Marokko für die Franzosen sicherte. Nach der Unabhängigkeit Marokkos 1956 wurde T. Provinzhauptstadt, in der sich aufgrund der immer wieder aufflammenden Konflikte mit Algerien immer noch starke Militärkontingente befinden.

Djemaa es Souk (Mosquée du Marché): Die Moschee (Baubeginn 12. Jh.) besitzt ein auffallendes Minarett mit vorkragendem Obergeschoß.

Grande Mosquée (Zutritt nur für Moslems): Die Große Moschee ließ der Almohadensultan Abd el Mou'men (1130 bis 1163) errichten. Sie ist noch älter als die ebenfalls von diesem Sultan erbaute Moschee von Tin-Mal (1153/54), die als Prototyp der almohadischen Moschee gilt. Die almohad. Anlage ist hier jedoch nur noch bedingt zu erkennen, da die Meriniden den Innenraum völlig umbauten. Im Inneren befinden sich über dem Joch vor dem Mihrab eine kostbare merinidische Stuckrippenkuppel und ein bemerkenswerter Minbar, den Einlegearbeiten aus Elfenbein und wertvollen Hölzern zieren. In der Mitte hängt eine Nachbildung des großen, urspr. merinidischen Bronzeleuchters mit 514 feinziselierten Öllämpchen. Die geöffnete Eingangstüre gestattet auch Nichtmoslems, einen Blick darauf zu werfen.

Mosquée des Andalous (Zutritt nur für Moslems): Das Minarett der Andalusier-Moschee ist noch almohadischen Ur-

Tétouan, Stadtansicht

sprungs (12. Jh.). 100 m weiter befindet sich eine ehem. Medersa aus merinidischer Zeit, die 1321 der damalige Kronprinz Abou el Hassan (1331–51) stiftete. Ihr schöner Mihrab wird von 2 Marmorsäulen mit Onyxkapitellen geschmückt. Leider kann sie nicht besichtigt werden.

Bestioun: Die mächtige, aus Ziegelsteinen als Eckpfeiler der Kasbah und zur Verstärkung der Mauer errichtete Bastion (der Name ist aus dem Französischen abgeleitet), gab der Saadier Ahmed el Mansour (1578–1603) in Auftrag, der die Stadt vor den von Algerien nach W einfallenden Türken schützen wollte. Von der umzinnten Terrasse der 3 m dicken und 26 m langen Mauern, die einst selbst heftigstem Artilleriebeschuß zu trotzen vermochten, bietet sich ein herrlicher Ausblick auf das ganze Tal, das man von hier aus mit Kanonen unter Feuer nehmen konnte. In der nahe gelegenen, heute stark verfallenen Höhle *Kifan el Ghomari* wurden 1916 menschliche und tierische Knochen sowie eine Sonnenscheibe und Werkzeuge aufgefunden, die etwa 25 000 Jahre alt sein sollen.

Dar el Makhzen: Der in Ruinen liegende Königspalast wurde unter Moulay er Rachid (1666–72) errichtet.

Bâb er Rih: Das »Tor des Windes« stammt aus dem 12. Jh. Der Abschnitt der Stadtmauer zwischen diesem Tor und der *Tour Sarrasine* ist noch weitgehend almohadisch (12. Jh.).

Bâb Tit: Die Stadtmauern zu beiden Seiten dieses Tores wurden unter den Meriniden (14. Jh.) verdoppelt und durch einen in den Fels geschnittenen Graben in ihrer Wirkung verstärkt.

Tour Sarrasine: Der Sarazenenturm fällt durch seinen Aufbau auf, der im unteren Abschnitt eckig, im oberen Teil aber rund konstruiert ist.

Tétouan, Grande Mosquée

Brauchtum und Veranstaltungen: Zahlreiche Moussems im September und Oktober; *Manifestations culturelles et artistiques à l'occasion de l'anniversaire de la Marche Verte et la Fête de l'Indépendance* (Kultur- und Artistenwoche zum Gedenken an den Grünen Marsch und das Unabhängigkeitsfest; 6.–18. November).

Umgebung

Grottes de Chikker (21 km sw): Die nur schwer zugänglichen Tropfsteinhöhlen im Djebel Tazekka-Massiv des Mittleren Atlas mit ihren beeindruckenden Stalaktiten und Stalagmiten gelten in Nordafrika als einzigartig.

Gouffre du Friouato (24 km sw): Die bis zu 250 m tiefen Tropfsteinhöhlen, die zu den tiefsten begehbaren Höhlen der Welt gehören, sind über den 180 m tiefen Bergtrichter Friouato zugänglich und

Tétouan, Brunnen am Bâb el Oqla

leichter zu besichtigen als die Chikker-Grotten.

Tétouan/Titwan

Tétouan

Einw.: 200000 Höhe: 90 m S. 256 □ C 1

Die frühere Hauptstadt der span. Protektoratszone besitzt eine der besterhaltenen Medinas von Marokko, geschützt von einer gezinnten Stadtmauer. Ihre hellen, mit schmiedeeisernen Gittern geschmückten Häuser, ihre hübschen Plätze sowie ihre Arkadengänge, Winkelgassen und steilen Treppen verraten die andalusisch-maurische Architektur des MA. Ein mauretanischer König hat 4 km s der heutigen Stadt um 200 v. Chr. eine Vorgängersiedlung gegründet, die beim röm. Historiker Plinius unter dem Namen *Tamuda oppidum* erscheint und wahrscheinlich bei der Niederschlagung des großen Berberaufstandes unter Aedemos ca. 40 n. Chr. durch die Römer zerstört wurde. Etwa 100 Jahre später errichteten röm. Legionäre hier ein Militärlager, das um 420 unter Kaiser Honorius aufgegeben wurde, als sich die Römer aus Afrika zurückzogen. Zwar fällt die erste Erwähnung von T. schon in das Jahr 828, eine erste kleine Berbersiedlung ist allerdings erst seit dem 11. Jh. belegt. Diese lag im Bereich der heutigen Medina in der Nähe von Quellen (Tétouan bedeutet in der Berbersprache »die Quellen«). Nachdem diese Siedlung 1286 in merinidische Herrschaft gefallen war, stattete sie Youssef ben Yâcoub mit einer ersten Kasbah aus. Die eigentliche Stadtgründung durch den Merinidensultan Abou Thabet Amor ben Abdallah war 1307. Der Sultan ließ hier eine Festung anlegen, um das benachbarte Ceuta (Sebta) zu blockieren, wo sich ein anderer merinidischer Thronprätendent, Osman ben Idriss, eingenistet hatte. In den folgenden Jahren entwickelte sich T. immer mehr zu einem wichtigen Schlupfwinkel von Korsaren, die insbesondere den europäischen Schiffsverkehr im Mittelmeer empfindlich störten. Als Vergeltungsaktion machten die Spanier unter König Heinrich III. von Kastilien (1379–1406) die Stadt kurzerhand dem Erdboden gleich, töteten ihre Einwohner oder verschleppten sie als Sklaven nach Spanien. Etwa 100 Jahre lebte niemand mehr an diesem Ort, bis 1492 nach der Eroberung Granadas durch die Katholischen Könige Tausende von andalusischen Mauren und Juden, die ihrem Glauben nicht abschwören wollten, trotz zunächst garantierter Religionsfreiheit nach Marokko fliehen mußten und auch in T. eine neue Heimstatt fanden. Als die Bevölkerung ihre Liebe für das Korsarentum wiederentdeckte und aus Rache hauptsächlich span. Schiffe überfiel, zerstörten die erbosten Spanier 1565 unter Philipp II. den Hafen wiederum völlig. 1609 suchte erneut eine Welle andalusischer Morisken und Juden, die von Philipp III. (1598–1621) aus Spanien ausgewiesen worden waren, in T. Zuflucht. Da zu den Flüchtlingen viele reiche Kaufleute und Gebildete zählten, setzte rascher wirtschaftlicher Aufschwung ein. Der Alaouitensultan Moulay Ismaïl (1672 bis 1727) bescherte der Stadt ihre erste Blütezeit, da er ihren Hafen ausbauen ließ, um den Handel mit den europäischen Staaten anzukurbeln. So entwickelte sich T. bis Mitte des 18. Jh. zum blühenden Handelszentrum, in dem sich viele euro-

Tétouan, Méchouar

Tétouan, Kasbah >

päische Gesandtschaften niederließen. Diese wurden jedoch 1770 aufgrund zunehmender Abschirmungsbestrebungen des scherifischen Königreichs ausgewiesen. Da im 19. Jh. die Auseinandersetzungen zwischen Marokkanern und Spaniern zunahmen, marschierten die Spanier 1859 in die Stadt ein, auf die sie seit langem ein Auge geworfen hatten. Da der Sultan T. jedoch mit geliehenem britischen Geld 1861 wieder auslösen konnte, mußten die Spanier eher widerwillig abziehen. Für die Marokkaner bedeutete diese Kreditaufnahme jedoch einen Meilenstein in der zunehmenden Abhängigkeit von westlichem Kapital, die letztlich zum Protektorat führte. Von 1913–56 saßen die Spanier wieder in T., das sie zur Hauptstadt ihrer Protektoratszone *Marruecos Español* (Spanisch-Marokko) machten. Eine Belagerung durch eine Rifkabylenarmee unter Abd el Krim scheiterte 1921. Später, im span. Bürgerkrieg (1936–39), wurde T. als Hochburg der nationalistischen Truppen General Francos von span. republikanischen Flugzeugen schwer bombardiert.

Grande Mosquée (Zutritt nur für Moslems): Die Große Moschee stammt aus dem 18. Jh. Neben ihr befindet sich der *Fondouk en Najjar* (19. Jh.) und die *Zaouïa en Nasiria* (Mitte 17. Jh.).

Mosquée Sidi es Saidi (Zutritt nur für Moslems): Das Minarett der Moschee ist mit schönen Fayence-Mosaiken dekoriert.

Zaouïa el Abbasiya: Das Heiligtum wurde 1760 vom Pascha von T. zu Ehren des um 1200 in Sebta (Ceuta) lebenden heiligen Abou el Abbas es Sebti errichtet.

Bâb el Oqla: Das »Tor der Königin« an der O-Seite der Medina wird als das schönste erhaltene Stadttor von T. betrachtet. Nahebei befindet sich ein sehenswerter alter Brunnen, der mit glasierten Fayencekacheln geschmückt ist. An der Außenseite des Tores liegt die *École artisanale* (Kunsthandwerksschule), wo man den Schülern bei der Arbeit zusehen, ihre Produkte aber auch kaufen kann.

Dar el Makhzen: Der Palast wurde im 17. Jh. unter Moulay Ismaïl errichtet und gehört zu den eindrucksvollsten Beispielen andalus.-maurischer Baukunst. Der Pavillon an der NO-Seite der *Place Hassan II* ist heute Teil des Königspalastes.

Tétouan, Souks

Während der span. Protektoratszeit war der Palast die Residenz des Khalifa, eines Vertreters des Sultans im span. besetzten Gebiet. 1948 und 1988 wurde der Palast renoviert. Da er als Wohnsitz des Königs bei seinen Aufenthalten in T. dient, kann er nicht besichtigt werden.

Kasbah: Von der Terrasse in einem vorgelagerten Park der Kasbah genießt man einen herrlichen Ausblick auf die Stadt. Die aus dem 17. Jh. stammende Kasbah selbst kann nicht betreten werden.

Mellah: Die 1807 anstelle des älteren, wohl noch aus dem Jahre 1492 stammenden Judenviertels erbaute Mellah zeichnet sich durch ihre rechtwinklige Straßenanlage mit teils rundbogenüberwölbten Gassen aus. Die Häuser sind mit ihren Holzbalkonen, schmiedeeisernen Fenstergittern und andalus. Patios hübsch anzusehen. Die meisten Juden sind heute ausgewandert, doch zeugen noch einige der reichdekorierten Synagogen wie die *Große Synagoge*, die *Synagoge Benguali* und bes. die *Synagoge Hayn Aburdarhan*, deren Besichtigung gestattet ist (nur mit Kopfbedeckung), vom Reichtum der früheren Bewohner des Viertels.

Musée d'Art et du Folklore Marocain: Das in einer 1831 errichteten Bastion der Stadtmauer untergebrachte Kunst- und Folkloremuseum zeigt Exponate aus Nordmarokko, bes. dem Rifgebirge. Zu sehen sind Berberschmuck und -teppiche, aber auch maurisch-andalus. geprägte Möbel und Kostüme, die z. T. zur Ausstattung einer sehenswerten Darstellung eines maurischen Empfangsraumes und eines Hochzeitssaales mit Hochzeitszeremonie beitragen. Zu letzterer gehörte auch die restaurierte Brautsänfte. In weiteren Räumen findet man eine Sammlung nordmarokkanisch-andalus. Musikinstrumente, eine Waffensammlung und einen Bestand archäologischer Funde aus Nordmarokko.

Musée Archéologique: Bes. Erwähnung verdienen die prähistorischen Exponate aus den Herkuleshöhlen bei Tanger, die Ausgrabungsstücke aus der nahen, ehem. Römersiedlung Tamuda und aus Lixus. Die Wand der Eintrittshalle zeigt ein röm. Mosaik aus Lixus mit dem Thema der »Drei Grazien« und Allegorien der 4 Jahreszeiten. Im Saal r neben der Eingangshalle ist ein Modell des neolithischen Kromlechs (Steinkreis) von Msoura sowie ein Basaltblock aus dem

Tétouan, Place Hassan II

Tinerhir, Ruine Kasbah der Glaoua-Familie

Tinejdad, (Tinerhir), Ksar Asrir >

Boulmalne du Dadès (Tinerhir), Kasbah Aït Youl

Boulmalne du Dadès (Tinerhir), Kasbah von Imiter

Boulmalne du Dadès (Tinerhir), Gorges du Dadès

saharischen Smara mit neolithischen Felszeichnungen aufgestellt. Steinwerkzeuge und Waffen zeigen die Vitrinen desselben Raumes. Im Saal 1 der Eingangshalle sind v.a. römische Mosaiken aus Lixus zu sehen, darunter eines mit Venus und Adonis und eines mit Mars und Rhea. Die Vitrinen desselben Saales enthalten außerdem punische und röm. Münzen aus Lixus, goldene Schmuckartikel, röm. Terra-sigillata-Gefäße sowie schöne, kleine röm. Bronzestatuen. Am faszinierendsten sind 2 Figurengruppen: Herkules, der den Riesen Antaios in der Luft erwürgt, und Theseus, der den Minotaurus bezwingt. Beide Bronzen stammen aus dem 1.Jh. n.Chr. Der große Saal im ersten Stock stellt Werkzeuge und Gebrauchsartikel der verschiedenen Berufe und des täglichen Lebens (Küche, Bad, Toilette; Fischfang, Weberei, Töpferei, Chirurgie und Heilkunde etc.) aus, die zum größten Teil im röm. Tamuda und in Ad Mercurium (bei Asilah) gefunden wurden. Daneben ist noch eine röm. Münzsammlung und eine große Keramiksammlung mit Objekten aus der prähistorischen bis röm. Zeit zu sehen. Im Gang informieren Karten über die Lage und Grundrisse der archäolog. Fundplätze Marokkos.

Im Museumsgarten sind röm. Grabstelen, Amphoren und ältere islam. Grabsteine aufgestellt. Außerdem birgt das Museum eine interessante Bibliothek mit mehr als 60000 Werken zum Maghreb. Sie wurde in der Zeit des span. Protektorats geschaffen.

Place Hassan II: Der Platz bildet den Mittelpunkt der Stadt und verbindet Alt- und Neustadt.

Hier spielt sich das orientalisch-bunte Leben von T. ab. Das Aussehen des Platzes wird sich in Zukunft stark verändern, da hier auf dem Grundstück des ehem. Kalifenpalastes ein neuer königlicher Palast errichtet wird.

Place l'Ousaa: Pittoresker, mit Weinlaub überwölbter schattiger Platz mit maurischen Cafés inmitten der labyrinthischen Medina.

Souks: Sehenswert sind v.a. der *Souk Gherz el Kebira,* das Zentrum des Basarviertels mit Lebensmittel- und Trödlermarkt, und der *Souk el Fouki,* der Brot- und Gewürzmarkt und Standort der Korb- und Flechtwaren.

Brauchtum und Veranstaltungen: Touristik- und Kunsthandwerkswoche (Juli); Internationales Musikfestival (gelegentlich im August).

Umgebung

Oppidum Tamuda (4 km sw): Römische Ausgrabungsstätte, nur für Archäologen von Interesse. Die Siedlung war schon seit dem 3. Jh. v. Chr. bewohnt, wurde im 1. Jh. n. Chr. von den Römern zerstört, anschließend wiederbesiedelt und im 5. Jh. aufgegeben.

Tinerhir/Tineghir

Ouarzazate

Einw.: 3000 Höhe: 1342 m S. 259 □ C 3

Das Oasenstädtchen liegt am Südrand des Hohen Atlas auf dem Hochplateau zwischen diesem und dem Djebel Saghro. Aufgrund seiner strategisch günstigen Lage war T. schon immer ein wichtiger Militärstützpunkt, der durch eine mächtige Kasbah, die im Besitz der Glaoua-Familie war, geschützt wurde. Um den Marktplatz gruppieren sich viele Läden in Häusern, deren Kegeldächer an Architekturformen der Sahara erinnern. Zu diesem wichtigen Marktzentrum strömen an jedem Montag zum großen Souk die Berbernomaden der Aït Atta, Aït Haddidou und Aït Morrhad und tauschen ihre landwirtschaftlichen Produkte und Handwerksartikel gegen Wolle, Teppiche und Vieh. Außerdem ist T. bedeutsamer Sitz von Handwerkern und

Goulmima (Tinerhir), Einheimischer

Kunsthandwerkern, die Keramik, Holzschnitzereien, Babuschen, Teppiche, schmiedeeiserne Artikel und Silberschmuck herstellen, wobei man das Silber ganz in der Nähe in Minen s des Ksars *Timadriouine* gewinnt. Die Stadt ist Ausgangspunkt für Fahrten in die spektakulären Todrhaschluchten. Bemerkenswert dort v.a. der »See der heiligen Fische«, die *Zaouïa Sidi Abdelali* und die schönen Kasbahs von *Tamtattoucht.*

Umgebung

Boumalne du Dadès (53 km w): Am Rande der Flußoase liegt das alte Ortszentrum, der Ksar Boumalne, einer der ältesten und besterhaltenen der Region. Gleichzeitig ist er ein schönes Beispiel für die in der Gegend übliche Stampflehmarchitektur der berberischen Ksour, die aus mehreren einzeln befestigten

Tinejdad (Tinerhir), Ksar Asrir

Wohnburgen mit 4 Ecktürmen besteht. Das alte Städtchen wird beherrscht von einer großen Kasbah auf dem Hochplateau, das mit steilen Hängen zum Flußtal des Dadès abfällt. Der Ort ist Ausgangspunkt für lohnende Exkursionen in die Dadès-Schlucht *(Gorges du Dadès),* in der viele Dörfer mit schönen Kasbah-Bauten aufeinanderfolgen. Besonders sehenswert sind dabei die gut erhaltenen Glaoua-Kasbahs *Aït Arbi* und *Aït Youl,* wobei die wechselnden Farbnuancen von Rotocker und Gelb bis Schwarz und dazu bizarre Erosions- und Verwitterungsformen der Felsenkulisse einen tiefen Eindruck hinterlassen. In der einst im Inneren kunstvoll gestalteten Kasbah *Aït Youl* pflegte der mächtige Pascha El Glaoui Gäste zu empfangen, um deren Wohlwollen er bemüht war. Auch Generäle der französ. Kolonialtruppen waren in dieser Burg oft eingeladen. In der Umgebung sehenswert ist der *Ksar Imdiazen* und das Dorf Moudou im Massiv des *Djebel Saghro.*

Tinejdad (55 km ö): Die Oase zieht sich als Palmenhain in einer Länge von 8 km hin. Ein Wehrdorf reiht sich an das andere. Dabei fällt der unterschiedliche Zustand der Bauten auf. Bricht ein Bau zusammen, wird auf seinen Wiederaufbau verzichtet, statt dessen errichtet man den Neubau gleich daneben. Das erklärt, weshalb entlang der gesamten Wegstrecke immer wieder abwechselnd alte Ruinen, die niemand abreißt, und zum Teil gerade erst erbaute neue Wehrdörfer zu sehen sind. Vorrangig wohnen hier Chleuh-Berber, gemischt mit auffallend vielen schwarzen Haratin, deren Vorfahren Sklaven waren. Besonders bemerkenswert ist der *Ksar Asrir.*

Goulmima (79 km ö): Die etwa 3000 Einw. zählende Hauptsiedlung der Oase Gheris (Rheris) besteht aus 20 Ksour mit dicht aneinandergebauten, fensterlosen Stampferdehäusern und Kasbahs, deren Außenmauern verstärkt sind; nur ein von 2 hohen Schutztürmen flankiertes Tor durchbricht diesen Mau-

Er Rachidia (Tinerhir), Source bleue de Meski

erring, der zur Zeit erbitterter Kämpfe der hier beheimateten Aït Merrhad mit den benachbarten Aït Atta im 19. Jh. angelegt wurde. Gerade die Wehrdörfer von Goulmima konnten den Angriffen feindlicher Stämme infolge ihrer massiven Verteidigungsanlagen erfolgreicher standhalten als die Wehrdörfer anderer Wüstenorte.
Endgültige Ruhe kehrte erst ein, als die Franzosen hier einen Militärstützpunkt einrichteten. Dieser wurde später von der marokkanischen Armee übernommen.
Er Rachidia (139 km nö): Das frühere *Ksar es Souk*, in dem die Straße der Kasbahs endet, war früher als Garnisonstadt der französ. Fremdenlegion (1916–56) berüchtigt.
Die 11 000 Einwohner zählende Provinzhauptstadt liegt mit 5 älteren Ksour, einer Mellah und einer tristen Neustadt in einer Oase des Oued Ziz. In der Umgebung befindet sich die berühmte blaue Quelle von Meski.

Tin-Mal

Marrakech

Höhe: 2000 m S. 258 □ A 3

An die einst bedeutende Stadt, die um einen Ribat (islamisches Kloster) der Almohaden errichtet wurde, erinnern nur noch Reste der mächtigen Stadtmauer und die Ruinen der Großen Moschee. T., die Wiege des Almohadenreiches, wurde von dem Almohadenführer Mohammed ibn Toumert gegründet, der nach langen Studienjahren an den besten islamischen Universitäten den Koran in die Berbersprache seines Stammes, das Tachelhait, übersetzt hatte und strenge Einhaltung der islamischen Vorschriften predigte. Gegen die seiner Meinung nach sittlich verderbte Almoraviden-Dynastie rief er seine Stammesgenossen alsbald zum Heiligen Krieg *(Djihad)* auf, was noch im Jahre 1122 zu Aufruhr und Straßenkämpfen in Marrakech führte. Nach dem

Tin-Mal

Rückzug ins Gebirge ernannte sich Ibn Toumert selbst zum Mahdi und gründete den Ribat von T., um den sich schnell viele Anhänger niederließen, die sich *Al Muwahidin* (Bekenner der Einheit Gottes) nannten. Bald befestigten die Almohaden T. durch eine starke Schutzmauer, die dem Ansturm des Almoravidensultans Ali ben Youssef im Jahre 1127 (oder 1129) trotzte, worauf die Almohaden im Gegenzug die Angreifer bis nach Marrakech zurücktrieben, das sie zwar belagerten, aber nicht einnehmen konnten. Abd el Mou'men, den Ibn Toumert zu seinem Nachfolger erkoren hatte, nahm den Titel Kalif (Führer der Gläubigen) an und unterwarf zunächst die umliegenden Bergregionen, später Gesamtmarokko. Schließlich eroberte er 1147 Marrakech, dessen almoravidische Bauten er dem Erdboden gleichmachte. Doch wurde das um so schöner wieder aufgebaute Marrakech zur neuen Hauptstadt der Almohadendynastie. T. blieb jedoch die heilige Stadt der Almohaden. Neben dem Grab des Mahdi Ibn Toumert ließ Abd el Mou'men 1153/54 eine große Moschee errichten; er selbst sowie sein Sohn und Nachfolger wurden hier begraben. 1276 erstürmten die Meriniden die letzte Bastion der Almohaden, plünderten sie, schändeten die almohadischen Sultansgräber und rissen alle Gebäude bis auf die Große Moschee nieder. Die Stadt wurde nie wieder aufgebaut (im O sind Teilstrecken der Umfassungsmauer erhalten), und die Moschee verkam im Laufe der Zeit zur Ruine.

Grande Mosquée: Die 1153/54 erbaute Große Moschee, ein Prototyp der klassischen almohadischen Moschee, bedeckt eine Grundfläche von 48 × 44 m. Ihre Außenmauern wurden restauriert, das Dach fehlt. Die Moschee ist aus Stampflehmblöcken errichtet, die man mit Kalkzusätzen zu einem widerstandsfähigen, fast betonartigen Baumaterial gemacht hatte. Der Bau gliederte sich in 9 verhältnismäßig kurze Längsschiffe, die

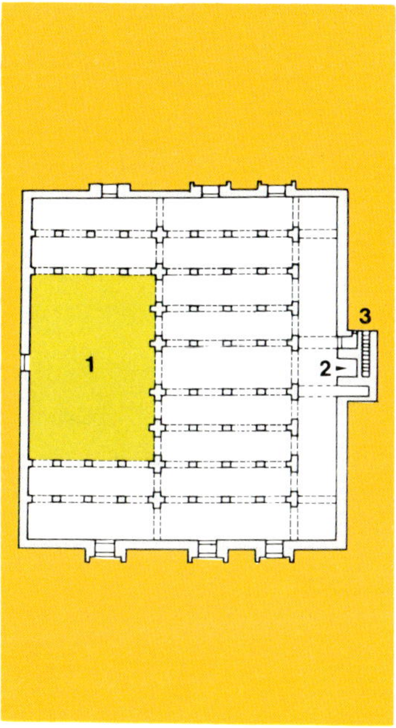

Tin-Mal, Grande Mosquée 1 Vorhof **2** Mihrab **3** Eingang für Nicht-Moslems

Tin-Mal, Moschee

auf das quer zu ihnen angelegte Kiblaschiff zulaufen. Nur eine Pfeilerreihe des breiteren einstigen Mittelschiffs und die kiblaparallelen Bogenstellungen, die den Hof vom überdeckten Saal und in diesem das Querschiff von der Kibla trennten, sind erhalten. Die Längsschiffe wurden von 52 in 8 Reihen angeordneten Pfeilern getragen, wobei die vier inneren aus je 5 Pfeilern mit vier Jochbögen und die beiden äußeren aus je 8 Pfeilern mit 7 Jochbögen bestanden. Durch diese Anordnung wurde vor dem Gebetssaal ein Vorhof gebildet, der zu beiden Seiten von zweischiffigen Galerien flankiert war. Die Pfeiler und Bögen wurden aus Ziegelmauerwerk gebaut und mit feinem, geschnitztem Stuck verkleidet. Die Querbögen zwischen den Pfeilern sind viellappig, die Längsbögen in Hufeisenform gestaltet. Die Wandpfeiler besitzen mit Palmen- und Akanthusmustern verzierte Halbkapitelle. Das Kiblaschiff vor der Gebetsnische *(Mihrab)* ist mit 3 prächtigen Stalaktitengewölben versehen, den frühesten und vielleicht schönsten ihrer Art in Marokko. Der von einer kunstvollen Stalaktitenkuppel gekrönte Mihrab ist mit Stuckreliefs, Arabesken, Blendbogengitterwerk, Wandsäulchen mit akanthus- und palmenverzierten Halbkapitellen reich dekoriert; daneben steht in einer Nische der Mimbar (Predigtkanzel). Das schlichte, mit Blendbogen und schmalen übereinander angelegten Spitzbogenfensterchen verzierte Minarett ist ohne vollständige Spitze. Es erhebt sich hier – einzigartig in der marokkanischen Sakralarchitektur, bei der es sonst über eine Ecke der Westmauer aufragt – an der Kibla-Seite direkt über dem Mihrab und besitzt eine rechteckige Grundfläche – anders als bei den berühmten Almohadenminaretten (Koutoubia in Marrakech, Hassanturm in Rabat oder Giralda in Sevilla), die einen

Tin-Mal, Moschee

Kerdous, zwischen Tafraoute und Tiznit

quadratischen Grundriß aufweisen. Als Moscheeruine kann das Bauwerk (nur mit Führung) besichtigt werden (Eintritt für Nichtmoslems durch die backsteinumrahmte Doppelbogentür im Minarett), allerdings nicht zur Zeit des Freitaggebets.

Tiznit

Tiznit

Einw.: 23000 Höhe: 224 m S. 258 □ A 4

Angeblich soll die legendäre Büßerin Fatma Tiznit eine Stadt um 500 n. Chr. gegründet haben, die sich bei der jetzt innerhalb von T. liegenden »blauen Quelle« *(Source Bleue)* befunden haben soll. Historisch gesichert ist jedoch erst die Gründung einer Kasbah im Jahre 1882 durch den Alaouitensultan Moulay el Hassan, dem es darum ging, den Berberstämmen in diesem südlichen Randgebiet Marokkos seine Macht zu demonstrieren.

Die Stadt umgab er mit einer 5 km langen Lehmmauer, die heute im restaurierten Zustand noch zu besichtigen ist. Aus der Kasbah erwuchs bald ein wichtiger Handelsplatz, an dem Nomaden und die seßhafte Bevölkerung ihre Produkte tauschten. Im Jahre 1912 ließ sich der gegen die Franzosen kämpfende Rebell El Hiba hier zum Sultan ausrufen, dessen Würde von der gesamten Sous-Region einschließlich der berühmten »blauen Männer« aus der Sahara anerkannt wurde, was ihm zu dem Beinamen »Blauer Sultan« verhalf. Doch wurden die fanatischen Glaubensstreiter bei Sidi Othman von den modernen Waffen der Franzosen niedergemetzelt. 1917 besetzten französ. Truppen T. und erhoben es zur Garnisonstadt.

Durch den Westsaharakonflikt hat die Stadt als Stützpunkt der marokkanischen Armee wieder an Gewicht gewonnen. Zwar weist der Stadtkern mit seinem Labyrinth an staubigen Gassen selbst keine herausragenden Sehenswürdigkeiten auf, ist jedoch als Sitz der Silberschmiede und Waffenproduzenten des Sous berühmt. Ständig halten sich in T. zahlreiche Tänzer, Akrobaten, Sänger und Märchenerzähler auf.

Tiznit, Grande Mosquée, Minarett

Grande Mosquée: Bemerkenswert an dieser Moschee ist das Minarett, das vorstehende Querstangen aufweist, ähnlich den Moscheen in der südlichen Sahara. Sie sollen angeblich ein Ruheplatz für die toten Seelen sein, bevor sie in das Jenseits schweben. In Wirklichkeit handelt es sich jedoch nur um die Übernahme einer sudanesischen Bauweise.

Souk: Auf dem kleinen rechteckigen Platz, dem Zentrum der Silberschmiedesouks, wird gelegentlich noch alter Berberschmuck angeboten. Beliebt sind bes. die ziselierten, silbernen und mit grünem Perlenaufsatz und Emaileinlagen verzierten Dreieckfibeln.

Brauchtum und Veranstaltungen: Mandelblütenfest (Februar); *Moussem Sidi Ahmed ou Driss* (August); *Moussem Sidi Ahmed ou Moussa* (August) u. a.

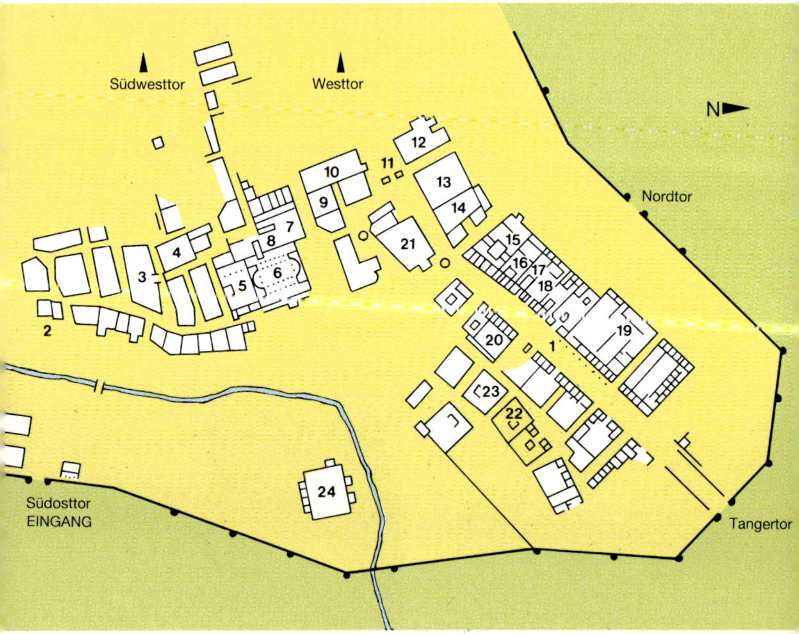

Volubilis: Ausgrabungsstätte 1 Decumanus Maximus **2** Huilerie **3** Maison d'Orphée **4** Thermes de Gallien **5** Capitole **6** Basilique **7** Forum **8** Macellum **9** Maison au Desultor **10** Maison au Chien **11** Arc de Triomphe **12** Maison à l'Ephèbe **13** Maison au Colonnes **14** Maison au Cavalier **15** Maison des Travaux d'Hercule **16** Maison de Flavius Germanus **17** Maison de Dionysos et les Quatre Saisons **18** Bains des Nymphes **19** Palais de Gordien **20** Maison des Néréides **21** Thermes du Nord **22** Maison du Cortège de Vénus **23** Maison de la Buste de Bronze **24** Temple B

Volubilis Meknès	
Höhe: 512 m	S. 256 □ C 1

V. war die bedeutendste Römersiedlung auf dem Boden des heutigen Marokko.

Neolithische Funde weisen auf eine frühe Besiedelung der Gegend hin. Seit dem 3. Jh. v. Chr. belegen Keramikfunde, Inschriften, Münzen und Namen im Siedlungsbereich von V. karthagische Einflüsse, ohne daß der Ort zum Herrschaftsbereich Karthagos gehört hätte. König Juba, der Statthalter von Kaiser

< Vorhergehende Seite:

Volubilis, Blick vom Eingang zum Kapitol

Augustus über ganz Mauretanien seit 25 v. Chr., residierte teilweise in V. Die Romtreue von V. während des großen Berberaufstandes 40 n. Chr. brachte der Stadt die Erhebung zum Municipium durch Kaiser Claudius ein, was in den folgenden 200 Jahren einen einzigartigen Aufschwung mit sich brachte. In V. residierten die Prokuratoren der Provinz *Mauretania Tingitana.* Kaiser Septimus Severus (193–211) stattete V. mit zahlreichen sakralen und profanen Prachtbauten aus. In den Tempeln verehrten die 10000 Einwohner alle möglichen Götter in friedlicher Eintracht: die Göttertrias Jupiter, Juno und Minerva, den Gottkaiser, Baal, Saturnus, Bacchus, Mithras, Isis, Anubis und sogar einen Berbergott. Stets war der Wohlstand der Stadt jedoch von den unruhigen Berberstämmen des Mittleren Atlas bedroht; daher erneuerte man die vorrömische Stadtmauer und sicherte die Stadt durch Militärlager in der Umgebung. Um die Mitte des 3. Jh. verlegten die in Bedrängnis geratenen Römer den Statthaltersitz der zusammengeschmolzenen Provinz Mauretania Tingitana nach Tanger, woraufhin die Berber bald fast kampflos die Stadt einnahmen. Als Stammeshauptort der Aouraba-Berber existierte das antike V. weiter, anfangs mit vorwiegend christlicher, nach der Islamisierung durch die einfallenden Araber mit moslemischer Bevölkerung. Im Jahre 786 suchte Idriss ben Abdallah, ein Nachkomme von Fatima, der Tochter des Propheten Mohammed, in V., das inzwischen Oualili (Ouli-li) hieß, um Asyl nach und stieg bald zum Oberhaupt der Aouraba und schließlich gar zum ersten unabhängigen Herrscher eines marokkanischen Reiches auf. Der von Abgesandten des Bagdader Kalifen Harun al Rachid im Jahre 792 ermordete Idriss wurde in Moulay Idriss begraben, V. bzw. Oualila wurde aufgegeben. Beim großen Erdbeben 1755 stürzten die noch stehenden Bauten ein, die schon vorher von dem Alaouitensultan Moulay Ismaïl für seine eigenen Prachtbauten in Meknès geplündert worden waren. 1874 »entdeckte« der französ. Gelehrte Tissot die von den Berbern inzwischen *Ksar Pharaoun* genannte Ruinenstadt. Seit 1887 finden in V. Grabungen statt, die wichtigsten Fun-

Volubilis, Maison d'Orphée

de kommen in die Archäologischen Museen von Rabat und Tanger.

Decumanus Maximus: Die Hauptstraße von V. erstreckte sich vom Tangertor im NO bis zum doppelbogigen Westtor über eine Länge von etwa 900 m quer durch die ganze Stadt.
An dieser Hauptstraße lagen vom Triumphbogen an die vornehmsten Villen der Stadt und der Gordianus-Palast, der Sitz des Prokurators.

Huilerie (Olivenpresse): Bereits im ersten Haus am gekennzeichneten Rundweg durch V. fand man eine Olivenpresse, eine von über 100, die in V. ausgegraben wurden.

Maison d'Orphée (Haus des Orpheus): Mittelpunkt dieses Hauses mit zahlreichen Räumen, das in der prunkvollen Anlage mit den Villen im vornehmen NO-Viertel der Stadt zu vergleichen ist, war das Peristyl mit einem rechteckigen Impluvium (Wasserauffangbecken) in der Mitte und einem schwarz-weißen Mosaik am Rande, auf dem ein Seepferdchen einen Wagen mit einem geflügelten Gott zieht; im Wasser erkennt man verschiedene Meerestiere. Auf einem anderen Mosaik ist Amphitrite, die Personifikation des Meeres, abgebildet, die auf einem Seepferdchen reitet. Amphitrite, die Tochter des Okeanus, wurde von Poseidon, dem Gott des Meeres, der Erdbeben und der Pferde begehrt. Vor seinem Eheantrag flüchtete sie in das Reich des Titanen Atlas. Der hartnäckige Poseidon ließ Amphitrite jedoch durch marine Sendboten suchen. Einer von ihnen, ein Delphin, spürte sie beim Felsen Abyla auf, und es gelang ihm, das Mädchen zur Heirat mit dem Meeresgott zu bewegen. Den Boden des 7 × 8 m großen repräsentativen Empfangs- und Wohnraums, des *Tablinum* s des Peristyls, ziert ein meisterliches Mosaik, das den Orpheusmythos behandelt (daher auch der Name des Hauses). Es zeigt den sagenumwobenen Sänger mit der Lyra, dessen Spiel und Gesang sogar die Steine erweichen ließ, inmitten einer Zuhörerschaft von gebannt lauschenden Tieren. Auf einem anderen Mosaik des Hauses sind 2 Meeresgottheiten auf Zweiergespannen abgebildet. Den Fußboden eines weiteren Raumes verschönert ein Mosaik mit 9 spielenden Delphinen. Die gelehrigen Meerestiere findet man auch auf den Rändern von 4 miteinander verbundenen ovalen Wasserbecken der be-

Volubilis, Decumanus Maximus

heizbaren Badeanlage wieder, die aus *Laconicum* (Trockenschwitzbad), *Caldarium* (Warmwasserbad), *Tepidarium* (Abkühlraum) und *Frigidarium* (Kaltwasserbad) bestand.

Thermes de Gallien (Gallienus-Thermen): Die 900 m² großen Gallienus-Thermen, die auf das Haus des Orpheus folgen, gelten als das luxuriöseste Badehaus der Stadt. Den Fußboden der Eingangshalle ziert ein geometrisches Mosaik sowie eine Widmungsinschrift für Kaiser Gallienus (260–268), der die Erneuerung der Thermen veranlaßte. Diese bestanden aus dem *Apodyterium*, wo man sich auszog, dem *Sudatorium* (Dampfschwitzbad), dem *Caldarium* (Warmwasserbad), dessen Ruheecken der Konversation dienten, dem *Tepidarium* (Bad zur Abkühlung) und dem *Frigidarium* (Kaltwasserbad), das als einziger Raum der Thermen nicht beheizt war.

Capitole (Kapitol): Neben den Gallienus-Thermen befindet sich das Kapitol, der Haupttempel der Stadt, der den drei Hauptgöttern Jupiter, Juno und Minerva geweiht war und unter dem röm. Kaiser Macrinus (217/18), der aus Mauretanien stammte, errichtet wurde. Im Zentrum des Kapitols von V. befand sich ein von Säulenhallen umgebener Hof mit einem kleinen Altar, hinter dem eine breite 13stufige Treppe zum Tempel hinaufführt. Die Säulen der Portiken, der Altar, die Monumentaltreppe zum Tempelpodium und mehrere knapp 5 m hohe Säulen des kapitolinischen Tempels, darunter die 4 Frontsäulen mit korinthischen Kapitellen, wurden von den Archäologen wieder aufgerichtet. 2 Bauten gingen dem Kapitol voraus: ein Tempel aus dem 2. Jh. und ein vorrömisches Heiligtum aus der Epoche Jubas II.

Basilique (Basilika): Das einst fünfschiffige Gerichtsgebäude, die größte Ruine von V., diente wohl auch als Versammlungsstätte, Behördensitz und Wechselbank.
Das w Seitenschiff mit seinen 8 rundbogigen Eingängen, die Säulen korinthischer Ordnung flankieren, steht noch in voller Höhe. Je eine Apsis, in der die Gerichtsverhandlungen abgehalten wurden, schloß das hohe Mittelschiff an den Enden ab.

Forum: 2 ältere Foren liegen unter dem weiträumigen, zum Teil noch gepflasterten Platz, auf dem sich das öffentliche

Volubilis, Thermes de Gallien

Volubilis, Capitole >

Leben der Stadt abspielte. In seiner heutigen Größe stammt er aus dem frühen 3. Jh. Einige Denkmalsockel weisen heute noch darauf hin, daß sie früher Statuen oder Büsten bedeutender Römer und verdienter Bürger der Stadt trugen. Auf einem Sockel ist der Name des Kaisers Marcus Valerius Severus eingraviert, der 42 n. Chr. den großen Berberaufstand des Aedemon niederschlug.

Macellum: Die Markthalle für Lebensmittel ragte in das Forum hinein.

Maison au Desultor (Haus des Desultors): Das Haus ist nach seinem Mosaik benannt, das einen Desultor mit dem Siegespreis zeigt. »Desultoren« waren Kunstreiter, die sich in vollem Galopp von einem Pferd auf ein anderes schwangen. Der Desultor auf dem Mosaik reitet rücklings und hält einen Kantharos, ein Gefäß mit 2 senkrechten Henkeln, als Siegespreis in der Hand.

Maison au Chien (Haus des Hundes): In diesem Haus fand man 1916 die berühmte Bronzestatue eines bissigen Hundes aus der Zeit des Kaisers Hadrian (117 bis 138), die heute im Archäologischen Museum von Rabat steht.

Arc de Triomphe (Triumphbogen): Zu Ehren des im gleichen Jahr ermordeten Kaisers Caracalla und dessen Mutter Julia Domina wurde 217 der monumentale Triumphbogen, der den *Decumanus maximus* mit einem einzigen Durchgang überspannt, von dem Prokurator Marcus Aurelius Sebastenus erbaut. In den Nischen der beiden wuchtigen Stützen des 6 m breiten und 8 m hohen Rundbogens, der im eigentlichen Sinne natürlich kein Triumphbogen, sondern ein Denkmal sein sollte, standen einst Götterstatuen; je ein Säulenpaar mit Kompositkapitellen rahmte die Nischen. Die Flachreliefs an der Rückwand der Brunnen, die Wasser aus dem Mauerwerk auffingen, zeigen Darstellungen der Kaiserfamilie.

Maison à l'Ephèbe (Haus der Epheben): Benannt ist das Haus nach der zauberhaften Bronzefigur eines efeuumkränzten Epheben (Jünglings), die man hier fand und die heute im Archäologischen Museum von Rabat steht. Die vornehme Stadtvilla an der NO-Seite des *Decumanus maximus* zeigt in ihrer Anlage die übliche Trennung von Wohn- und Wirtschaftstrakt, wobei sich in letzterem die wichtige Ölpresse und die Schlafkammern der Bediensteten befanden. Den

Volubilis, Basilique

großen Peristylhof mit einem hier eher dekorativen *Impluvium* umgaben die repräsentativen Räume, zu nennen ist v. a. das *Tablinum* mit schönem Fußbodenmosaik aus runden und ovalen Medaillons und ein anderer Raum mit einem Mosaik, das Bacchus auf einem von 2 Panthern gezogenen Wagen zeigt. Außerdem läßt sich eine vorrömische Grabkammer ausmachen, die von den römischen Bewohnern des Ephebenhauses zum Weinkeller umfunktioniert wurde. Auch der Wohntrakt umschloß einen – allerdings wesentlich kleineren – Peristylhof.

Maison au Colonnes (Haus der Säulen): Das Haus aus der Zeit des Kaisers Gordianus III. (238–244) enthält ein kreisrundes *Impluvium* in der Mitte des Peristyls. Vor dem *Triclinium* stehen 2 schöne, schraubenförmig kannelierte Säulen.

Maison au Cavalier (Haus des Reiters): Das Haus wurde nach der kleinen Bronzestatue eines jungen Reiters benannt, die hier gefunden wurde. Den Boden pflastert ein schönes Fußbodenmosaik mit dem Thema: »Dionysos entdeckt Ariadne am Strand von Naxos“.

Maison des Travaux d'Hercule (Haus der Arbeiten des Herkules): Vor dem Haus der Herkulesarbeiten stehen noch 3 Arkadenbogen. Hier findet sich das vielleicht interessanteste Mosaik von V., das in ovalen Feldern die »Arbeiten« des Herkules zeigt. 2 Ovale des Mosaiks sind leer. Die Außenovale zeigen (im Uhrzeigersinn): Vertreibung der Stymphalischen Vögel (6. Arbeit); Verschleppung des Höllenhundes Cerberus aus der Unterwelt (12. Arbeit); das Erdrosseln zweier Schlangen (bisher nicht gedeutete Arbeit); Tötung des Nemeïschen Löwen (1. Arbeit); leeres Oval; Tötung der vielköpfigen Lernäischen Schlange (2. Arbeit); Herbeiholung des Erymanthischen Ebers, wobei sich der geängstigte König Eurysteus hinter einem tönernen Vorratsgefäß versteckt (4. Arbeit); Ausmistung der Ställe des Augias, wobei Herkules kurzerhand einen Fluß umleitet (5. Arbeit). – Innen: Fang des Kretischen Stiers (7. Arbeit); leeres Oval; Raub des Gürtels der Amazonenkönigin Hippolythe (9. Arbeit); Erwürgung des Giganten Antaios in der Luft (auf dem Weg zur 11. Arbeit, dem Eurysteus die goldenen Äpfel der Hesperiden zu bringen). Die restlichen Arbeiten, das Einfangen der Kerynischen Hirschkuh (3. Arbeit) sowie

Volubilis, Arc de Triomphe

der Diebstahl der menschenfressenden Stuten des Dionysos (10. Arbeit), sind nicht abgebildet.

Maison de Flavius Germanus (Haus des Flavius Germanus): Eine Inschrift an dem kleinen Hausaltar weist einen gewissen T. Flavius Germanus als Hausbesitzer aus.

Maison de Dionysos et les Quatre Saisons (Haus des Dionysos und der vier Jahreszeiten): Dieses Haus birgt ein schönes Mosaik der 4 Jahreszeiten.

Bains des Nymphes (Badende Nymphen): »Badende Nymphen« sind das Thema des Fußbodenmosaiks in diesem Haus.

Palais de Gordien (Palast des Gordian): Der Palast, der in der Herrschaftszeit von Kaiser Gordian III. (238–244) restauriert wurde, diente dem röm. Provinz-Prokurator als Residenz. Ein repräsentativer Portikus schmückte das große, jedoch kaum erhaltene Gebäude. Im Inneren des Palastes befand sich ein großzügiger Peristyl mit 12 Säulen und einem Wasserbecken in Hufeisenform, ein weiterer Hof mit Becken und schließlich inmitten der Wohnräume noch ein drittes, von Arkaden umgebenes Atrium.

Maison des Néréides (Haus der Nereiden): Das Haus enthält ein schönes Mosaik mit Darstellungen der 50 Töchter des Meergottes Nereus.

Thermes du Nord (Nordthermen): Diese Thermen bei der Basilika waren größer als die Gallienus-Thermen, aber weniger prächtig ausgestattet.

Maison du Cortège de Vénus (Haus des Gefolges der Venus): Dieses Haus gehörte zu den luxuriösesten Privatvillen von V. Es war 31,5 m breit und 37 m lang, bedeckte also eine Fläche von fast 1200 m^2. Die hier gefundenen Kunstschätze gehören zu den Meisterwerken röm. Bildhauer in der gesamten Provinz *Mauretania Tingitana.* Die hier gefundene Bronzebüste des Cato Uticensis (1. Jh. v. Chr.) und die Bronzestatue eines alten Fischers sind heute im Archäologischen Museum von Rabat zu bewundern. Den gesamten Fußboden des Hauses mit seinen 17 Zimmern schmückten Mosaiken, wobei das Mosaik »Seefahrt der Venus« (spätes 2. Jh.), das einst den Hauptraum, das 8 × 10 m große *Tablinum* schmückte

Volubilis, Maison au Colonnes

Volubilis, Maison des Travaux d'Hercule

Volubilis, Maison des Travaux d'Hercule

Tamegroute (Zagora), Zaouïa

Tassouht im Dra-Tal (Zagora), Verfallender Kasbah-Turm

Rechte Seite: Agdz (Zagora) >

und heute im Archäologischen Museum in Tanger zu besichtigen ist, dem Haus zu seinem Namen verhalf. In Begleitung von Nymphen, Najaden und Tritonen befährt die Göttin der Liebe die Meere. Vor Ort sind noch die Mosaiken »Wagenrennen der Tiere« und »Bacchus und die 4 Jahreszeiten« (beide spätes 2. Jh.) sowie »Diana im Bade«, »Liebe der Vögel«, »Der bestrafte Amor«, »Entführung des Hylas« (alle frühes 3. Jh.) zu bewundern.

Maison de la Buste de Bronze (Haus der Bronzebüste): Hier wurde 1943 die Bronzebüste eines unbekannten Fürsten mit Diadem (viell. Juba II.) gefunden.

Temple B (Tempel B): Das von den Archäologen so bezeichnete Heiligtum jenseits des Fertassa-Baches war in vorrömischer Zeit dem Kult des Baal-Saturnus geweiht. Hier wurden über 600 bildnerische Kunstwerke oder deren Fragmente sichergestellt.

Z

Zagora

Ouarzazate

Einw.: 10000 Höhe: 750 m S. 259 □ C 3

Das Verwaltungszentrum des Dra-Tales ist ein wichtiger Marktort am Rande der großen Palmengärten von Ternata und

Ferzouta und wichtige Militärgarnison. Zeugnis der legendären Ära der Trans-sahara-Karawanen ist das große Hinweisschild am s Ortsende, auf dem neben dem Bild eines Kamels »52 Tage nach Timbuktu« (= die Reisezeit einer Kamelkarawane nach Timbuktu, dem einstmals so bedeutsamen Ausgangs- und Zielpunkt des Karawanenhandels in der Sahelzone) angeschrieben steht. Von der nicht zugänglichen almoravidischen Festung (11. Jh.) existieren nur einige Mauerreste. Die hübsche Vorwüstenstadt mit den typischen rosafarbenen Häusern und arkadengesäumten Geschäften in der Hauptstraße bietet zwar keine bes. Sehenswürdigkeiten, ist jedoch Ausgangspunkt für Fahrten in die attraktive Umgebung.

Umgebung

Amazrou (4 km s): Der Ksar liegt inmitten herrlicher Palmenhaine. Die einzelnen Gärten dieser Oase sind durch hohe Mauern von den manchmal sehr heftigen, heißen Saharawinden geschützt. Am Rande der Palmengärten sind bereits erste größere Sanddünen der nahen Sahara zu sehen. Der Ort ist für seinen von den Haratin hergestellten, schweren Silberschmuck weithin bekannt.

Tamegroute (20 km sö): Der Ort, in dem grünlasierte Töpferwaren hergestellt werden, ist in erster Linie wegen seiner bedeutenden Zaouïa aus dem 16. Jh. berühmt. Diese Zaouïa ist der Hauptsitz der Nassirija-Bruderschaft, deren Einfluß sich einst nicht nur auf das gesamte Dra-Tal und Dadès-Tal erstreckte, sondern sogar bis zum Sous und dem Anti-Atlas reichte. Im 17. Jh. erhielt sie eine Bibliothek von Abou Abdallah Mohammed Bennacer, der auch die Koranschule der Zaouïa gründete und diese mit Werken aus allen arab. Ländern bestückte. Von den noch vorhandenen, rund 40000 Werken (überwiegend handgeschriebene Bücher- und Pergamentrollen) werden zahlreiche berühmte Koranhandschriften gezeigt, deren älteste aus der Zeit vom Ende des 12./Anfang des 13. Jahrhunderts stammt.

Außerdem befinden sich im Zaouïa-Komplex die Gräber von 7 Marabouts und einer weiblichen Heiligen, die mit grünen Brokatdecken gedeckt und in einem eigenen Raum untergebracht sind. Sie stellen ein wichtiges und oft besuchtes Wallfahrtsziel der Bewohner des Dra-Tales und seiner Umgebung dar.

Agdz (96 km nw): Am Ortsende des wichtigen Marktortes (3800 Einw.) des n Dra-Tales liegt am linken Dra-Ufer der Ksar Tamenougalt, das einstige Zentrum dieser Region, die das Stammesgebiet der Mezguita-Berber ist.

Dieser Ksar ist wegen seiner außergewöhnlich pittoresken Wohnburgen bemerkenswert. Die Straße nach Zagora führt weiter an vielen weiteren Ksour (*Timidert, Tamkasselt, Tansikht, Tamezmoute, Oulad Atmane, Igdaoun* und *Timesla*) vorbei.

Foum Rjam (65 km s): Diese in Marokko einzigartige Nekropole enthält einige 100 konisch zulaufende Steintumuli aus dem 9./8. Jh. v. Chr., die z. T. mehrere Meter hoch sind. In der Mitte dieser Tumuli zeigt eine kleine Öffnung, wo der Tote ruht. Die Ausgrabungen sind erst seit 15 Jahren im Gang, die wissenschaftliche Auswertung noch nicht abgeschlossen.

Mhamid (78 km s): Der ehemals wichtige Handelsplatz für die Nomadenstämme der Sahara, die »blauen Männer«, hat längst seine Bedeutung verloren, da das Grenzgebiet zwischen Marokko und Algerien umstritten ist. Noch 1963 gab es schwere Kämpfe zwischen Truppen dieser Länder in der Nähe von Mhamid. Der heute verfallene Ksar stammt aus dem 16. Jh., als unter dem Saadier-Sultan Ahmed el Mansour (1578–1602) die marokkanische Macht bis Timbuktu reichte. Erbaut wurde er von Soldaten, die Timbuktu eroberten und die zum größten Teil urspr. Christen waren. Daher auch sein Name *Ksebt el Alouj* (Festung der Renegaten). Zunehmend beginnt der Saharasand diese Oase zu erobern.

Foum Zguid (125 km w): Die 700 m hoch an einem Südhang des mittleren Djebel-Bani-Gebietes liegende Oase wird dominiert von einer kleinen Festung, von deren Mauern man einen schönen Blick hat.

Register der Fachausdrücke

Abbasiden: arabische Dynastie
Abd: Diener, Knecht, Sklave (oft bei Eigennamen, gefolgt von einem der 99 Beinamen Allahs)
Ablution: rituelle Waschung
Abou, Abu: Vater (oft Bestandteil von Namen)
Agadir (Mehrzahl Igoudar; berber.): Speicherburg, befestigter Gemeinschaftsspeicher
Agdal, Aguedal: Parkanlage, Obstgarten, auch Lagerplatz für Truppen
Aguelmane: See, Bergsee
Aïd: Fest
Aïn: Auge, Quelle
Aït: Kinder, Söhne von …, v.a. bei berberischen Stammesnamen
Alaouiten: marokkanische Dynastie
Almohaden: marokkanische Dynastie
Almoraviden: marokkanische Dynastie
Arabeske: Ein stilisiertes Blattwerk, das als Schmuckmotiv verwendet wird
Artesonado: kassettierte Holzdecke
Asif: Fluß
Asrou: Fels
Atrium: der zentrale Raum des röm. Wohnhauses
Ayad, Ayd: Fest
Bâb: Tor, Eingang
Babouches, Babuschen: pantoffelartige spitze Schuhe ohne Fersenleder und Absatz
Baraka: Segen, heilige Gnade, magische Kraft in Menschen und Dingen
Batha: Esplanade
Beduine (arab. »der Herumstreifende«): städt. Bezeichnung für den Nomaden
Ben (Mehrzahl Beni): Sohn
Bidonville: Kanistersiedlung, Slum
Bit: Zimmer
Bled: Land (im Gegensatz zu Stadt), Ebene
Bordj, Borj: Bastion, Fort, Turm
Bou, Bu: Abkürzung von Abou (Vater)
Caïd: ursprünglich Statthalter des Sultans, heute höherer Verwaltungsbeamter
Cella: Hauptraum des antiken Tempels mit dem Götterbild
Cheikh [sprich: schaik]: Dorfältester, Vorsteher einer Sippe oder Bruderschaft
Chergui [sprich: schär'gih]: trockener, heißer Ostwind
Chérif, Scherif (Mehrzahl Chorfa; arab. »vornehm, edel«): Titel der Nachkommen von Hassan oder Hussein, der beiden Enkel des Propheten Mohammed
Corniche [sprich: kor'nisch]: Küstenstraße
Dar: Haus
Daya, Dayet: See
Djama: Moschee
Djebel, Jebel: Berg, Gebirge
Djedid: neu
Djellabah: vorn geschlossener, langer Kapuzenmantel
Djemaa: Versammlung
Djinn: Geist
Douar: Zeltdorf, Zeltlager; heute Dorf
Emir (arab. »Befehlshaber«): Titel islamischer Fürsten
Erg: Sandwüste mit Dünenbildung
Fantasia: wettkampfartiges Reiterspiel der Berber
Fatimiden: arab. Dynastie
Fayence: Töpferwaren mit Glasurüberzug, nach der ital. Stadt Faenza benannt.
Foggara: unterirdischer Bewässerungskanal
Fondouk: Rast- und Lagerhaus, Karawanserei
Forum: meist zentral gelegener Marktplatz römischer Städte, zugleich Mittelpunkt des öffentlichen Lebens
Fouta: gestreiftes Kleid der Rifkabylinnen
Gandura: kittelartiges Gewand der Araber
Garum: antike, scharf gewürzte Fischpaste
Gharb: der Westen
Glaoua: einflußreiche Berbersippe
Gnaoua: Nachfahren von Sklaven aus Guinea
Guedra: erotischer Schleiertanz im Süden
Habous: religiöse Stiftungen
Hadj, Hadji: Mekkapilger(fahrt)
Hammam: Dampfbad, warme Quelle
Haratin: negride Oasenbewohner, z.T. von schwarzen Sklaven abstammend
Harem (arab. »verboten«): Frauengemächer, privater Wohnbereich
Henna: Pflanzenfarbstoff zum Rotfärben der Hand- und Fußflächen. Die Henna-Ornamente dienen als glückbringendes, unheilabwehrendes Kosmetikum
Heri: Getreidespeicher
Horm: Eintrittsverbot, heiliger Bezirk
Huris: Schöne Frauen, die laut Koran im Paradies die rechtgläubigen Männer als Geliebte umsorgen.
Hypokausten: Heizgewölbe unter dem Fußboden
Ibn: Sohn
Idrissiden: marokkanische Dynastie
Impluvium: Regenwasserbekken im Atrium
Intarsien: Einlegearbeiten
Istiklal: marokkanische Unabhängigkeitspartei
Joch: Gewölbeeinheit in mehrschiffigen Bauwerken, jeweils durch vier Pfeiler oder Säulen begrenzt
Kalif (arab.: »Nachfolger«): offizieller Titel der Nachfolger Mohammeds
Kasbah (Mehrzahl Ksabi; arab.): Stadtburg und das dazugehörige Viertel, Burg im allgemeinen, Zitadelle, Residenz der Feudalherren im Atlas, befestigte Siedlung
Kelaa: Festung der Berber
Khettara: unterirdischer Bewässerungskanal
Kibla: Gebetsrichtung der Moslems nach Mekka
Kissaria, Kaysaria: Markthalle für kostbare Waren (Schmuck, Textilien, Parfüms)

Kompositkapitell: röm. Form des oberen Säulen- oder Pfeilerabschlusses (Kapitell), bestehend aus einem korbähnlichen Kern mit Akanthusblättern und aufgesetzten spiralförmigen Ornamenten (Voluten)
Koran: heiliges Buch des Islam
Koubba: Kuppelgrab (eines Heiligen)
Kromlech: prähistorischer Steinkreis
Ksar (Mehrzahl Ksour; arab.): bäuerliche Siedlung im Saharavorland, meist von Mauern umgeben
Kufi: archaisch monumentale, eckige Form der arab. Schrift
Lalla: islamische fromme Frau, Heilige
Ma: Wasser
Maghreb (arab. »Sonnenuntergang«): der westliche Teil der islamischen Welt. Maghreb-Staaten: Marokko, Algerien, Tunesien
Mahdi (arab. »der von Gott Geleitete«): Titel mehrerer islamischer Umstürzler
Makhzen (arab. »Schatzkammer«): Staatsgewalt, Regierung
Marabout (Mehrzahl Marabitum): islamischer frommer Mann, Heiliger, auch Bezeichnung für seinen Grabbau (Koubba)
maurisch: arab.-berber. Mischkultur in Nordwestafrika und Spanien
Méchouar: Empfangshof des Palastes, häufig auch öffentliche Versammlungs- und Gerichtsstätte
Medersa (Mehrzahl Medresen): Hochschule für Theologie, islamisches Recht und andere Disziplinen
Medina: arab. Stadt, heute jeweils die historische Altstadt
Mellah: Judenviertel
Mendoub: Repräsentant des Sultans bei den europäischen Mächten zur Zeit des Protektorats
Menzeh: Lustpavillon
Meriniden: marokkanische Dynastie
Mihrab: Gebetsnische, in Richtung Mekka weisend
Minarett: Turm der Moschee
Minbar, Mimbar: Predigtkanzel in der Moschee
Mohammed: Prophet des Islam
Morisken, Moriscos: Muslime, die nach der christlichen Eroberung in Spanien blieben und sich taufen ließen.
Moucharabieh: kunstvoll gedrechselte Holzgitter vor Fenster- und Türöffnungen
Moulay (arab. »Mein Gebieter«): Titel hoher marokkanischer Würdenträger (bes. für Angehörige der Königsfamilie)
Mouloud: Geburtstag des Propheten Mohammed (wird nur im Maghreb gefeiert)
Moussem: Wallfahrt zum und Fest am Grab eines islamischen Heiligen
Muezzin: Gebetsrufer
Mukarnas: islamisches Architektur-Ornament von kristallinem Aussehen (Stalaktiten)
Municipium: mit römischem Bürgerrecht ausgestattete Gemeinde
Nekropole: große Begräbnisanlage (Friedhof)
Noria: Wasserschöpfrad
Omayyaden: arab. Dynastie
Ou (Mehrzahl Aït; berber.): Sohn
Ouattasiden: marokkanische Dynastie
Oued: Fluß, Flußbett
Oum: Mutter
Passah: Jüdisches Osterfest
Pendentif: sphärisches Dreieck zur Eckübeleitung vom kubischen Raum zur Kuppel
Ramadan: moslemischer Fastenmonat
Riad: Garten im Hof eines Hauses
Ribat: befestigtes islamisches Kloster
Risalit: Gebäudeteil, der in ganzer Höhe aus der Fluchtlinie einer Gebäudefront leicht vorspringt.
Riwaks: islamische Klosterburg
Saadier, Saaditen: marokkanische Dynastie
Schiiten: Moslems, die nur den Koran und nicht die Sunna anerkennen (vgl. Sunniten). Die Schiiten gehören der 2. großen Glaubensrichtung des Islams an.
Ihre Abspaltung beginnt mit Ali, dem Vetter und Schwiegersohn Mohammeds, der 656 vierter Kalif wurde. Nur leibliche Nachfahren des Propheten werden von den Schiiten als dessen Nachfolger anerkannt.
Segouia (Mehrzahl Souagui; arab.): Bewässerungsgraben in Oasen
Sidi: Herr (Anrede)
Souk: Markt, Marktgasse
Spolien: Antike Bauteile, die für spätere Bauwerke verwendet wurden.
Stalagmit: Tropfstein, der vom Boden der Höhle nach oben wächst; Bauornament
Stalaktit: Tropfstein, der von der Höhlendecke nach unten wächst; Bauornament
Sufi: islamischer Mystiker
Sunniten: Gläubige, die den Koran und die Sunna (Sammlung von Berichten über das Leben und die Aussprüche des Propheten Mohammed, die als Richtschnur im Leben eines Moslems dienen) anerkennen.
Sure: Kapitel des Korans
Tighremt (Mehrzahl Tigermatin): berber. Wohnburg, Speicherburg
Tizi: Bergpaß
Tolbas: islamische Studenten
Ulema, Oulema: islamischer Rechtsgelehrter
Voluten: Ornament in Form einer Spirale, eines Schneckenhauses
Wesir: Minister eines moslemischen Fürsten
Wilaya: Stadtpräfektur
Zaouïa: islamisches Kloster oder Versammlungsstätte einer religiösen Bruderschaft
Zelliges [sprich: sä'liesch]: bunte Kachelmosaiken als Flächenschmuck an Wänden und als Fußbodenbelag in Sakral- und Profanbauten

Marokkanische Herrscher und Dynastien

Idrissiden (Araber)

789–791	Idriss I. ben Abdallah
808–828	Idriss II. ben Idriss I.
828–836	Mohammed ben Idriss II.
836–849	Ali ben Mohammed
849–863	Yahya I. ben Mohammed
863–866	Yahya II. ben Yahya I.
866– ?	Ali II. ben Omar
? –905	Yahya III. ben el Kassim
905–919/920	Yahya IV. ben Idriss ben Omar

917 Ende der Selbständigkeit. Abwechselnde Herrschaft von ägyptisch-tunesischen Fatimiden und spanischen Omayyaden

925–927	El Hassan el Hadjdjam ben Mohammed ben el Kassim
937/38–948/49	El Kassim Gannoun ben Mohammed ben el Kassim
948/49–954/55	Abou el Aysh Ahmed ben el Kassim Gannoun
954/55–974	El Hassan ben el Kassim Gannoun

Almoraviden (Berber)

1061–1107	Youssef ben Tachfîn
1107–1143	Abou el Hassan Ali ben Youssef
1143–1146	Tachfîn ben Ali
1146	Ibrahim ben Tachfîn
1146/47	Ishak ben Ali

Almohaden (Berber)

1147–1163	Abd el Mou'men
1163–1184	Abou Yâcoub Youssef
1184–1199	Abou Youssef Yâcoub el Mansour
1199–1213/1214	Mohammed en Nasir
1213/1214–1224	Youssef el Mostansir
1224	Abd el Wahid el Makhlou
1224–1227	El Adil
1227–1232	El Mamoun
1232–1242	Abou Mohammed el Wahid er Rachid
1242–1248	Abou Hassan Ali as Saïd
1248–1266	El Mourtada
1266–1269	Abou el Oula Abou Dabbous

Meriniden (Berber)

1269–1286	Abou Youssef Yâcoub
1286–1307	Abou Yâcoub Youssef
1307–1308	Abou Thabit
1308–1310	Abou Rebia
1310–1331	Abou Saïd Othman
1331–1351	Abou el Hassan (der »Schwarze Sultan«)
1351–1358	Abou Inan Faris
1358–1359	Abou as Saïd
1359–1361	Abou Salim

1361–1366	Abou Zian Mohammed
1366–1372	Abou Faris Abd el Aziz I.
1372–1374	As Saïd V.
1374–1384	Abou el Abbas (erste Periode)
1384–1386	Abou Faris Moussa
Okt.–Nov. 1386	Abou Zian Mohammed el Mostansir
1386–1387	Abou Zian Mohammed el Wathik
1387–1393	Abou el Abbas (zweite Periode)
1393–1396	Abou Faris Abd el Aziz II.
1396–1398	Abou Amir Abdallah
1398–1421	Abou Saïd Othman III.
1421–1465	Abd el Haqq

Ouattasiden (Berber)

1472–1505	Mohammed ech Cheikh
1505–1524	Abou Abdallah Mohammed al Burtukali (= der Portugiese)
1524–1547	Abou el Abbas Ahmed (el Ouattassi; erste Periode)
1547–1548	Mohammed el Nasir el Kasri
1548–1550	Abou el Abbas Ahmed (el Ouattassi; zweite Periode)
1550–1554	Ali Abou Hassoun

Saadier (Araber)

1554–1557	Mohammed ech Cheik el Mahdi (= Mohammed I.)
1557–1574	Abdallah el Ghalib (Moulay Abdallah)
1574–1575	Mohammed el Moutaouakkil
1576–1578	Abd el Malik I.
1578–1602/1603	Abou el Abbas Ahmed el Mansour
1605– ?	Abou Faris Abdallah
1605–1627	Zidan (Marrakech)
1605–1623	Mohammed Cheikh el Mamoun (Fès)
1630–1635	Abd el Malik ben Zidan
1635–1636	El Oualid
1636–1654	Mohammed Cheikh el Asgar

Alaouiten (Araber)

1666/67–1672	Moulay er Rachid
1672–1727	Moulay Ismaïl
1727–1757	Moulay Abdallah
1757–1790	Sidi Mohammed ben Abdallah
1790–1792	Moulay el Yazid
1792–1822	Moulay Suleiman (Slimane)
1822–1859	Mohammed Ben Abd er Rahman
1859–1873	Sidi Mohammed Ben Abd er Rahman (= Mohammed II.)
1873–1894	Abou Ali Hassan (= Moulay el Hassan I.)
1894–1908	Abd el Aziz
1908–1912	Moulay Abd el Hafiz
1912–1927	Moulay Youssef
1927–1961	Mohammed V.
seit 1961	Hassan II.

Ortsregister

Anschluß-Seite 258

Anschluß-Seite 259

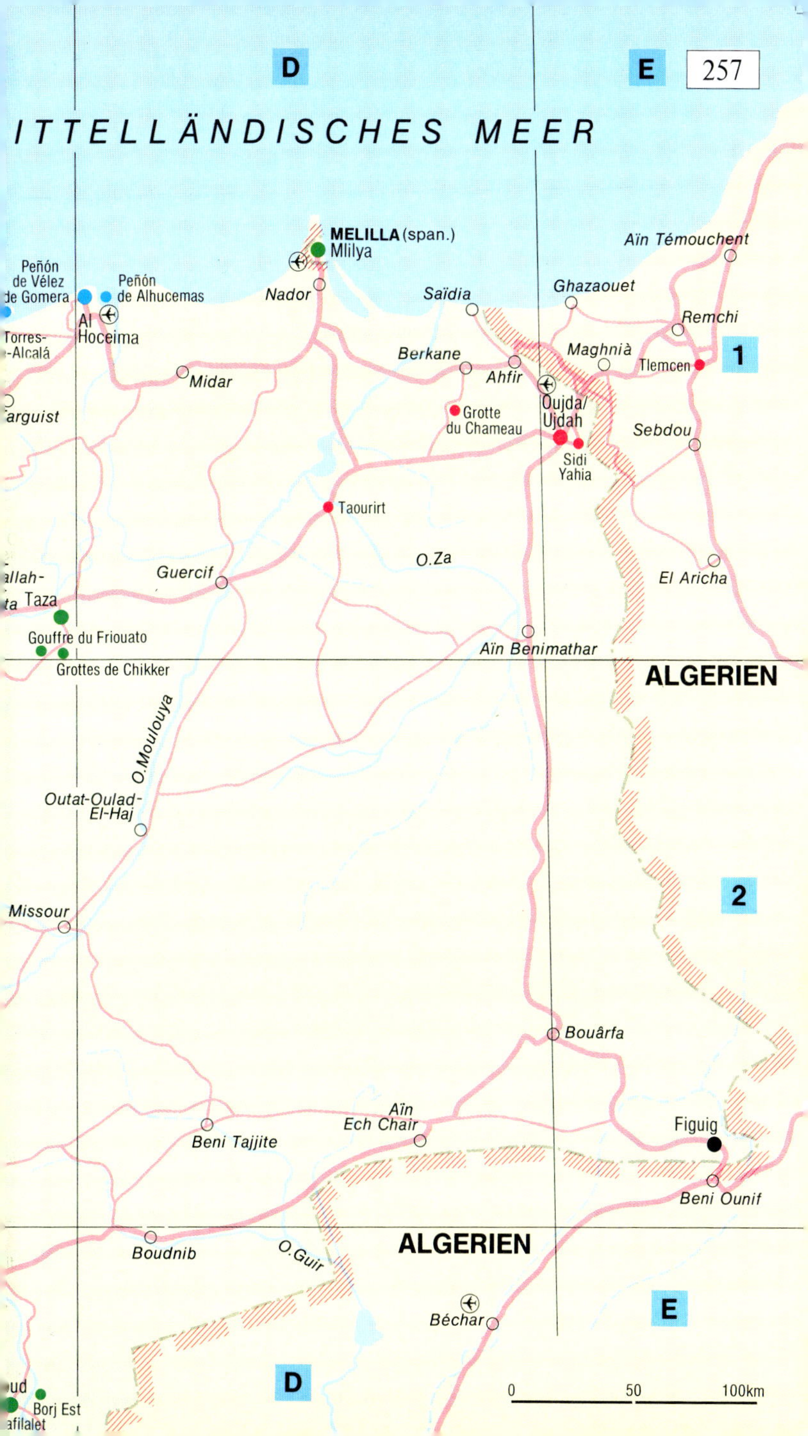
D
E
ITTELLÄNDISCHES MEER
MELILLA (span.)
Mlilya
Nador
Peñón de Vélez de Gomera
Peñón de Alhucemas
Al Hoceima
Torres-Alcalá
Midar
arguist
Saïdia
Berkane
Ahfir
Ghazaouet
Aïn Témouchent
Remchi
Maghnià
Tlemcen
1
Oujda/ Ujdah
Sidi Yahia
Grotte du Chameau
Sebdou
Taourirt
O.Za
El Aricha
Guercif
Taza
Gouffre du Friouato
Grottes de Chikker
Aïn Benimathar
ALGERIEN
O.Moulouya
Outat-Oulad-El-Haj
2
Missour
Bouârfa
Aïn Ech Chair
Beni Tajjite
Figuig
Beni Ounif
Boudnib
O.Guir
ALGERIEN
Béchar
E
D
Borj Est
afilalet
0
50
100km

A
2
3
4
B
ATLANTISCHER
OZEAN
Casablanca/
Dar el Beida
Médiouna
Bir Jdid
El G.
Berrechid
Azemmour/
Azimur
Moulay
Abdallah
El Jadida/
Al-Jadidad
Settat
Ben Ahr
Khourib
Boulâouane
Kasbah
de Boulâouane
Sidi Smaïl
Oualidia
Khemisset
Khemis
des Zémamra
Sidi Bennour
El Borouj
Safi/ Asfi
Youssoufia
Ben Guerir
Tleta
de Sidi Bouguedra
Chemaïa
El-Kelaâ
des-Sraghn
Sebt
des Gzoula
Tamelelt
Demnat
O.Tensift
Marrakech/
Marrakusch
Palmeraie
Zaouïa de
Moulay Bou Zerktoun
Ounara
Âït Ourir
Îles
de Mogador
Essaouira/ As-Sawirah
Ghichaoua
Tamesloht
Dar Caïd Ouriki
Diabat
Ourika-
Tal
Télouet
Asni
Setti Fatma
Aït
Benhaddou
Imi n Tanoute
Amizmiz
Oukaïmeden
Tin-Mal
Djebel Toubkal
4165m
Tazenakht
Tamri
Taroudannt
O.Sous
Taliouine
Agadir
Âït Melloul
Igherm
Agadir Tasguent
Tata
Vallée
des Ameln
Tiznit
Tafraoute
Agard Oudad
O.Drâ
Akka
Ifni
Bouizakarne
Guelmim/
Goulimine/ Kulimin

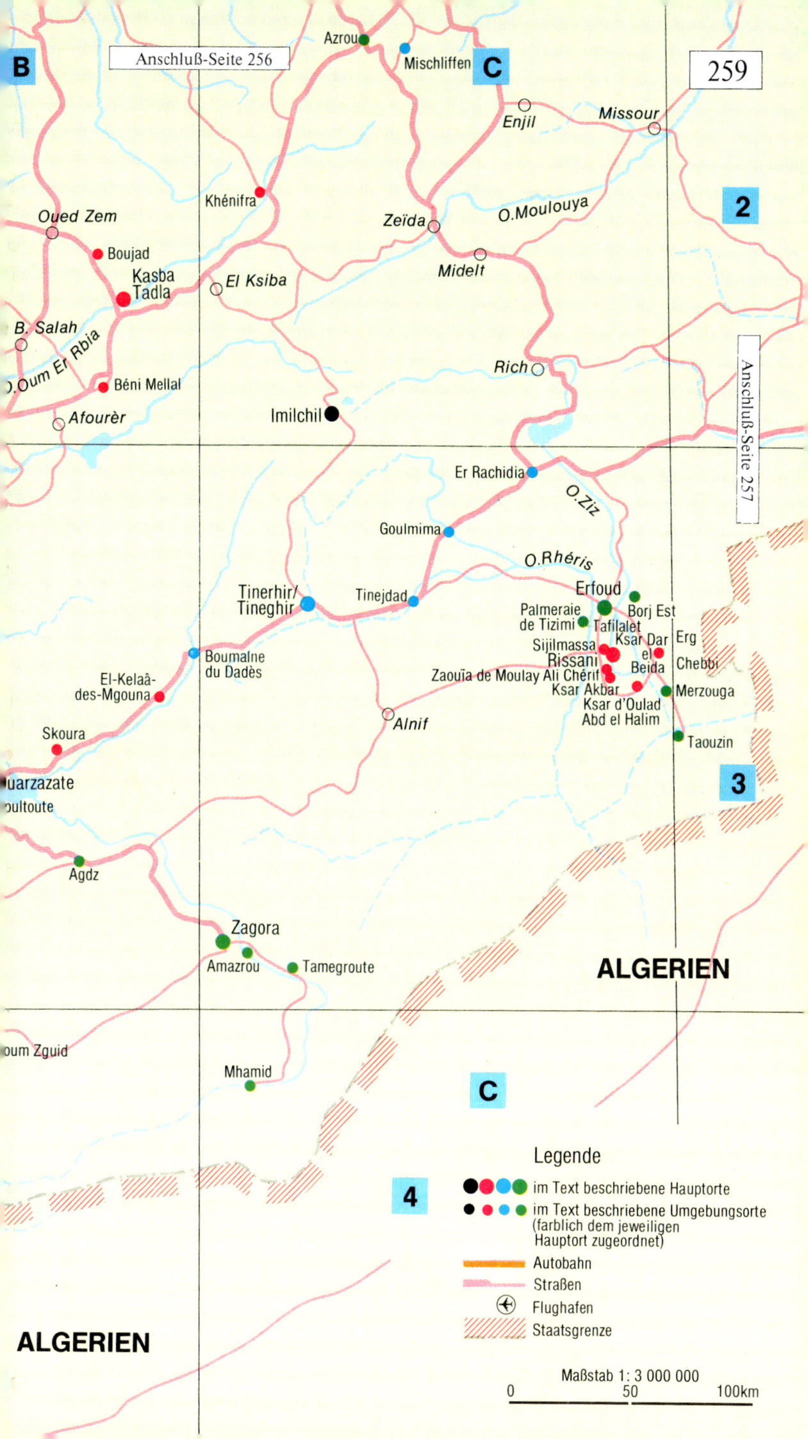

B
Anschluß-Seite 256
C
2
3
4
C
Anschluß-Seite 257
Azrou
Mischliffen
Enjil
Missour
Khénifra
Oued Zem
Zeïda
O.Moulouya
Boujad
Midelt
Kasba Tadla
El Ksiba
B. Salah
O.Oum Er Rbia
Béni Mellal
Rich
Afourèr
Imilchil
Er Rachidia
O.Ziz
Goulmima
O.Rhéris
Tinerhir/ Tineghir
Tinejdad
Erfoud
Borj Est
Palmeraie de Tizimi
Tafilalet
Sijilmassa
Ksar Dar el Beida
Erg Chebbi
Rissani
Zaouïa de Moulay Ali Chérif
Ksar Akbar
Merzouga
Ksar d'Oulad Abd el Halim
Boumalne du Dadès
El-Kelaâ-des-Mgouna
Alnif
Taouzin
Skoura
uarzazate
oultoute
Agdz
Zagora
Amazrou
Tamegroute
ALGERIEN
oum Zguid
Mhamid
ALGERIEN
Legende
im Text beschriebene Hauptorte
im Text beschriebene Umgebungsorte (farblich dem jeweiligen Hauptort zugeordnet)
Autobahn
Straßen
Flughafen
Staatsgrenze
Maßstab 1: 3 000 000
0
50
100km

Filme, die an marokkanischen Schauplätzen gedreht wurden

Le chevalier marocain, Frankreich 1897 (Regie: Louis Lumière).
Marokko (Morocco), USA 1930 (Regie: Joseph von Sternberg; mit Marlene Dietrich und Gary Cooper)
Große Entscheidung (Alerte en Méditerranée), Frankreich 1938 (Regie: Léo Joannon)
Casablanca, USA 1943 (Regie: Michael Curtiz; mit Ingrid Bergman und Humphrey Bogart)
Eine Nacht in Casablanca (A Night in Casablanca),
USA 1946 (Regie: Archie L. Mayo; mit den Marx Brothers)
Othello, USA 1949/52 (Regie: Orson Welles)
Frauen, Liebe, Legionäre (Le capitaine ardant), Frankreich 1952 (Regie: André Zwoboda)
Ali Baba und die 40 Räuber (Ali Baba et les quarante voleurs), Frankreich 1954 (Regie: J. Becker; mit Fernandel und Dieter Borsche)
Die letzte Etappe (Le grand jeu), Frankreich/Italien 1953 (Regie: Robert Siodmak; mit Gina Lollobrigida)
Oase (Oasis), Frankreich/BRD 1954 (Regie: Y. Allégret; mit Michèle Morgan und Pierre Brasseur)
Der Mann, der zuviel wußte (The Man Who Knew too Much), USA 1956 (Regie: Albert Hitchcock, mit Doris Day und James Stewart)
Lawrence von Arabien (Lawrence of Arabia), GB 1962 (Regie: David Lean; mit Alec Guinness, Peter O'Toole und Anthony Quinn)
100 000 Dollar in der Sonne (Cent mille dollars au soleil), Frankreich/Italien 1963 (Regie: Henri Verneuil; mit Jean-Paul Belmondo und Lino Ventura)
Der Mann, der König sein wollte (The Man Who Would Be King), GB 1975 (Regie: John Huston; mit Sean Connery und Michael Caine)
Marrakesch (Our Man in Marrakesh), GB 1966 (Regie: Don Sharp)
Edipo Re – Bett der Gewalt, Italien 1967 (Regie: Pier Paolo Pasolini; mit Silvana Mangano)
Jesus von Nazareth (Gesù di Nazareth), Italien/GB 1975 (Regie: Franco Zeffirelli)
Harem, Frankreich 1984 (Regie: Arthur Joffé; mit Nastassja Kinski)

Abkürzungen

arab.	arabisch	Jh.	Jahrhundert	r	rechts
archäolog.	archäologisch	Jtd.	Jahrtausend	röm.	römisch
berber	berberisch	jüd.	jüdisch	S	Süden, Süd-
bes.	besonders	kath.	katholisch	s	südlich
christl.	christlich	km	Kilometer	sog.	sogenannt(e)
d. Gr.	der Große	l	links	span.	spanisch
d. h.	das heißt	lat.	lateinisch	St.	Sankt
Durchm.	Durchmesser	m	Meter	u. a.	und andere, unter anderem
ehem.	ehemalig(e)	ma	mittelalterlich		
eigtl.	eigentlich(e)	MA	Mittelalter	u. ä.	und ähnliche
gegr.	gegründet	marokk.	marokkanisch	urspr.	ursprünglich
gen.	genannt	maur.	maurisch	usw., etc.	und so weiter
got.	gotisch	moslem.	moslemisch	v.	von, vom
griech.	griechisch	N	Norden, Nord-	vgl.	vergleiche
hellenist.	hellenistisch	n	nördlich	W	Westen, West-
Hl., hl.	Heilige(r), heilig(e)	O	Osten, Ost-	w	westlich
		ö	östlich	z. B.	zum Beispiel
islam.	islamisch	portug.	portugiesisch	z. Zt.	zur Zeit
ital.	italienisch	qm	Quadratmeter		

Knaurs
Kulturführer
in Farbe
Griechische
Inseln

Knaurs
Kulturführer
in Farbe
Großbritannien
und Irland

Knaurs
Kulturführer
in Farbe
London
und Umgebung

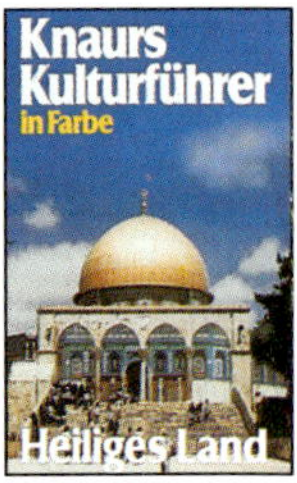
Knaurs
Kulturführer
in Farbe
Heiliges Land

Knaurs
Kulturführer
in Farbe
Holland

Knaurs
Kulturführer
in Farbe
Italien

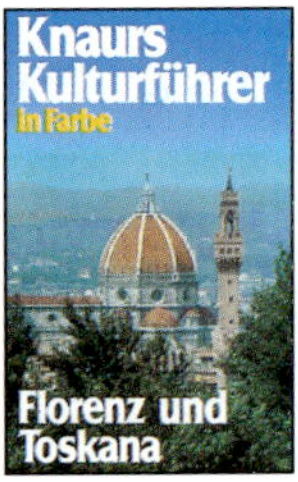
Knaurs
Kulturführer
in Farbe
Florenz und
Toskana

Knaurs
Kulturführer
in Farbe
Rom
und Latium

Knaurs
Kulturführer
in Farbe
Sizilien

Knaurs
Kulturführer
in Farbe
Südtirol

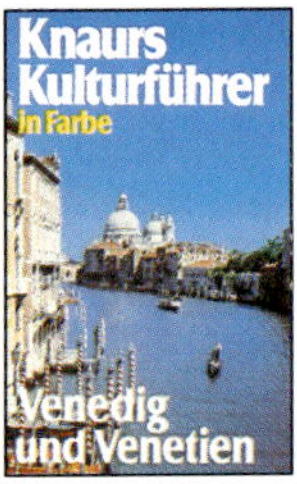
Knaurs
Kulturführer
in Farbe
Venedig
und Venetien

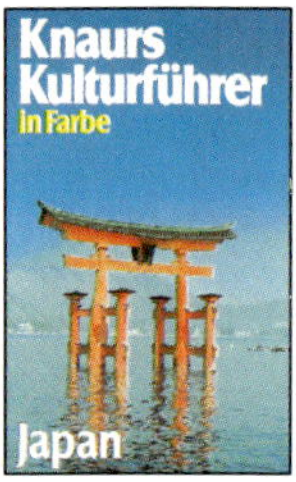
Knaurs
Kulturführer
in Farbe
Japan

Knaurs
Kulturführer
in Farbe
Jugoslawien

Knaurs
Kulturführer
in Farbe
Norwegen

Knaurs
Kulturführer
in Farbe
Österreich

Knaurs
Kulturführer
in Farbe
Kärnten